COMME
UN ÉLÉPHANT BLANC

Du même auteur :

Le Guide de l'opéré,
avec Philippe Gorny, Éd. Denoël, 1989

Le Guide de vos artères,
avec Philippe Gorny, Éd. Denoël, 1990

Chirurgien du bout du monde,
Éd. Lattès, 1993

ALAIN DELOCHE

COMME UN ÉLÉPHANT BLANC

Agir à cœur ouvert...

Avec la collaboration
d'Yves Schaetzle et d'Emmanuel Haymann

Michel LAFON

7-13, boulevard Paul-Émile Victor – Île de la Jatte
92521 Neuilly-sur-Seine Cedex

– Préface –

Certes, Alain Deloche est un vieil ami avec qui j'ai vécu des moments inoubliables. Mais ce n'est pas ici la raison de mon émotion. C'est le profond message d'espoir et d'amour qui vibre à travers ces pages qui m'a bouleversé. Pas de sensiblerie, juste l'évidence humaine. Il est difficile de fermer ce livre avant d'en avoir fini la lecture.

J'ai connu Alain à l'aube des années quatre-vingt. Il avait déjà obtenu l'agrégation de médecine et le titre de professeur. En fait, il était un chirurgien cardiaque reconnu et renommé. D'ailleurs, en lisant cet ouvrage, on se passionne pour l'épopée des audacieux pionniers de la greffe et de toutes les premières opérations « à cœur ouvert » qui sauvent tant de vies aujourd'hui.

Mais l'expression « à cœur ouvert » peut revêtir un autre sens et c'est de cela que nous parlions, Alain et moi, dans les camps de réfugiés cambodgiens. Avec d'autres, après m'être penché sur la misère de l'Inde, je tentais, dans ces camps de la frontière thaïlandaise, de créer des écoles, des lieux d'apprentissage pour une jeunesse en proie au désespoir. Alain, lui, avait fondé avec son ami Bernard Kouchner Médecins sans Frontières, puis

Médecins du Monde afin, sous d'autres cieux, de mettre les techniques occidentales au service d'êtres démunis, malades ou blessés. Belle démarche s'il en fut, à condition de ne pas laisser la technologie prendre la place de l'altruisme, et de ne pas perdre son humanité en faisant de l'humanitaire. Ne pas oublier les traditions et les cultures des personnes auxquelles on vient en aide. Agir, aimer, et ne jamais désespérer.

« Quand je vois, en Asie ou ailleurs, un gamin promis à une mort certaine alors que, en l'espace d'une heure et demie d'opération, je pourrais lui rendre sa vie, ne pas intervenir m'est intolérable », m'a dit un jour Alain après avoir créé La Chaîne de l'Espoir.

« La Chaîne »... Le mot est bien trouvé. Alain a su mobiliser toutes les énergies, toutes les générosités, toutes les compétences pour servir sa cause. Des milliers d'enfants sont désormais opérés, des hôpitaux se construisent, ce qui paraissait impossible se réalise. Parce que, selon la parole du Mahatma Gandhi : « Tout est difficile, mais cela peut être fait. »

Oui, j'ai aimé ce livre, et ses « éléphants blancs » chers à Alain Deloche, qui repoussent les limites de leur destin pour rendre à d'autres, près de chez eux ou aux antipodes, non seulement leur santé, mais leur dignité et leur confiance en l'avenir. J'ai aimé cette évolution de l'humanitaire vers une certaine vision de l'humanité, sans laquelle l'équilibre du monde serait à jamais compromis, et l'âme de l'Occident perdue.

Père Ceyrac
Loyola College,
Madras.

– Prologue –

LA MARCHE DE L'ÉLÉPHANT BLANC

Solide sur ses pattes blanches, observant le monde de ses yeux blancs, l'éléphant avance, à la fois étrange et rassurant. Pour les esprits rationnels, ce n'est qu'un pachyderme albinos. En revanche, pour le bouddhisme, auquel je suis très attaché, il est l'animal sacré par excellence. Il incarne la prospérité, le bonheur et l'harmonie. Durant des siècles, en Thaïlande, au Laos, au Cambodge, au Sri Lanka, tout éléphant blanc repéré était offert au monarque pour être vénéré, somptueusement logé et nourri dans une vaisselle d'or.

En Afrique, l'éléphant n'est pas sacralisé, mais le vieux chef de troupeau est respecté par une sorte d'identification au vieux chef du village. Selon la tradition, l'éléphant est le seul animal qui honore ses ancêtres, à l'image des Africains eux-mêmes.

Pour moi, l'éléphant blanc symbolise la différence. Il est celui qui ne se sent guère à l'aise avec les gris, celui que les autres considèrent comme mystérieux et déconcertant. Dans ma vie, j'ai rencontré quelques spécimens de cette espèce, et j'ai souvent tenté de les suivre. Personnages atypiques, étonnants, animés de convictions et de détermination, ils vont de l'avant et font évoluer le monde. J'ai essayé d'emprunter les chemins de traverse qu'ils me désignaient, celui d'une chirurgie cardiaque encore balbutiante, celui d'une médecine humanitaire à ses débuts.

J'ai aussi parfois croisé de faux éléphants blancs... Comment ne pas songer alors à la comptine qui raconte l'histoire du pachyderme gris vautré dans la farine... et qui prend l'allure de l'éléphant blanc ? Dans le vain miroir des apparences, certains éléphants gris tentent de se faire passer pour des éléphants blancs.

Pour les Anglo-Saxons, en revanche, le *white elephant* signifie le raté, le perdant, l'hurluberlu. Et pourquoi pas ? Ma vie n'est pas un long fleuve tranquille ponctué de réussites. J'ai élaboré d'ambitieux projets qui ont échoué, j'ai tenté de brillantes actions qui ont mené à des impasses. Parfois, dans la douleur, celui qui se voulait éléphant blanc s'est fait *white elephant.*

Pourtant, quand le roi du Cambodge me décore de l'Ordre de l'Éléphant blanc ou quand les parents du petit Issa, enfant tchadien opéré du cœur, m'offrent un éléphant de bois sculpté, la trompe levée en signe de chance, j'y vois comme un clin d'œil amusé du destin...

N'empêche, adolescent perturbé, l'éléphant blanc avait mal commencé son existence. Forcément, puisqu'il se trouvait chez les gris et que les parents gris lui martelaient : « Tu seras gris, mon fils ! »

– I –

UNE ENFANCE TRÈS « PROTESTANTE »

C'était la débâcle de 1940 et je venais juste de pousser mon premier cri dans un appartement coquet du XVIIe arrondissement de Paris. À l'époque, on naissait chez soi, on vivait chez soi, on mourait chez soi.

Âgé de trois semaines, j'étais sur les routes de l'exode, fuyant l'avancée de la Wehrmacht jusqu'à Bordeaux. Ma mère m'a raconté plus tard les attaques aériennes endurées par cette majestueuse cité... Lasse de courir à la cave pour se protéger, peut-être surprise par l'alerte, seule avec ses enfants dans l'appartement, ma mère essuya courageusement un nouveau bombardement allié... Un éclat d'obus traversa mon berceau, frôla mon crâne et finit sa course dans l'oreiller de mon frère, à seulement quelques centimètres de sa tête.

La seconde tentative de nous mettre à l'abri se heurta, une fois encore, à la brutale réalité. Au printemps 1944, en effet, mon père crut sage de nous envoyer en Normandie, entourés de deux vaches et de quelques poules... Le débarquement du 6 juin devait un peu bousculer notre refuge ! Les Allemands ont longtemps résisté pour conserver la place forte que représentait notre petit jardin. Finalement, les Américains, soutenus par des chars, ont réussi leur percée et repoussé l'occupant hors des limites de notre potager. Je ne garde bien sûr aucun souvenir de cette période, sauf peut-être une senteur de chocolat, un vague goût de chewing-gum à la menthe... Cadeaux des GI's ou souvenirs reconstitués à partir des récits entendus dans le cercle familial ?

Après la guerre, nous avons regagné Paris pour nous établir dans le XVIe arrondissement, où se sont déroulées mon enfance et mon adolescence.

J'ai grandi entre une mère protestante calviniste, issue d'une des familles de la banque protestante parisienne, et un père, également protestant calviniste, descendant d'une vieille lignée du Nord, aussi digne que désargentée. Lorsqu'on naît protestant, on le reste pour toujours jusqu'aux tréfonds de l'âme, c'est-à-dire que l'on se sent coupable, coupable de tout, peut-être même d'exister. La vie ne consiste qu'en un long parcours destiné à racheter ses fautes... Et les fautes s'accumulent car, chez nous, il n'y a pas de confession, cette grande lessive qui permet de remettre les compteurs à zéro. On porte jusqu'à la mort un lourd fardeau puisque le protestantisme met en avant la responsabilité personnelle et donc – à moins d'être parfait – la culpabilité.

Mon père était ingénieur chez Peugeot, entreprise protestante. Pénétré des valeurs du devoir et du travail, il était attelé à son bureau dès 8 heures du matin et rentrait généralement vers 21 heures pour dîner seul, après nous, en silence. Ces austères habitudes avaient été réglées une fois pour toutes, et je ne me souviens pas qu'elles aient jamais été bouleversées.

Ma mère avait été une fille dévouée, elle était une épouse dévouée, une mère dévouée. Elle avait si bien intégré ses devoirs de fille, ses obligations d'épouse, ses responsabilités de mère qu'elle avait fini par s'imprégner de contraintes et se rigidifier d'interdits. Je l'imaginais minéralisée, tel un végétal emprisonné dans une couche géologique. Elle nous dispensait un amour maternel qui, comme la lumière du soleil, ne se divisait pas, mais se faisait au contraire complet, total, pour chacun de ses quatre fils. Elle nous aimait – elle nous aime encore –, mais ne cherchait pas à nous comprendre. Elle nous aimait parce qu'une mère comme il faut aime ses enfants et les éduque pour en faire des adultes comme il faut. D'ailleurs, chez nous, tout était comme il faut. Le quartier, la rue, l'immeuble, l'appartement, l'ameublement. Même le comportement, les discussions, les pensées étaient comme il faut.

Je savais en rentrant de l'école ce que ma mère allait me dire et comment elle allait m'embrasser. Je savais ce que serait le goûter et de quoi serait composé le dîner, puisque immanquablement, compte tenu des variations saisonnières, les mêmes menus se répétaient de semaine en semaine. Je savais que toujours la même lampe, surmontée du même abat-jour, serait posée au même endroit sur le même meuble. Le même livre, avec le même coupe-papier intercalé à la même page, serait à la même place, sur la même table. Le moindre changement aurait été vécu comme un insupportable désordre. Il n'y avait aucune fantaisie dans cet univers fossilisé et, lorsqu'un remplacement s'imposait, il se faisait à l'identique.

À force d'être convenables, les discussions étaient convenues. Il n'était pas question de parler de quoi que ce soit avec un peu de conviction ou un brin d'indépendance. Toute idée, toute proposition nouvelles étaient immédiatement engluées, comme par une huître perlière, pour se muer en une masse lisse, dépourvue de la moindre aspérité. Un fonds inépuisable de références familiales, de versets bibliques, de réflexions de bon sens rodé par des générations de bourgeoisie composait comme un édredon où toute innovation venait s'absorber jusqu'à disparaître. Et il y avait tant de thèmes sur lesquels on ne s'exprimait jamais ! La religion parce qu'il n'y en a qu'une, la politique parce que c'est polémique, l'argent parce qu'on en possède. On ne parlait pas plus de goûts, de couleurs, de littérature ou de philosophie, on n'évoquait ni soi-même ni les autres. Enfin, il y avait des sujets que l'on n'abordait pas car ils n'existaient pas. Ainsi, le corps humain constituait une structure simple, avec la tête en haut, les jambes au-dessous des genoux et le cœur entre les deux. Pour le reste, il n'y avait rien. Lorsqu'on souffrait, l'estomac retourné ou les intestins en feu, on avait « mal au cœur ».

Cet empilement de conventions, de non-dits, d'interdits et de tabous semblait à mon regard d'enfant constituer une forteresse inexpugnable. J'aurais tant aimé que quelque chose bouge... Hélas, l'édifice de certitudes se dressait, imperméable à la fantaisie. J'ai essayé l'humour, lequel suscitait plus de perplexité que de rire, comme si j'avais proféré quelques paroles dans une langue étrangère. J'ai tenté aussi la provocation, lâchant un jour avec l'assurance et la morgue de la jeunesse :

– Le niveau intellectuel de cette famille me consterne !

Seul l'écho d'une nécropole me répondit.

Il ne me restait que la révolte. Révolte évidemment réprimée. Une année, je fus privé de réveillon de Noël. Vaniteux, je lançai cette proclamation :

– Ce n'est pas une punition, c'est un soulagement d'être dispensé de dîner avec vous.

La colère et l'affection paternelles ne se manifestaient pour moi que dans les formes d'une glaciale rigidité.

L'école ne m'offrait aucun dérivatif. Les premiers de la classe que l'on me citait en exemple me semblaient déjà aussi assommants d'ennui que mes parents. De toute manière, puisque je voulais échapper au conformisme, je n'allais pas me plier aux modèles scolaires !

Si mon père était affligé par mes résultats en classe, c'est qu'en bon protestant il n'attachait aucune importance à l'héritage matériel, considérant que son devoir consistait avant tout à nous mettre en état de responsabilité, à nous donner l'éducation qui nous permettrait de suivre notre propre chemin. Alors il me punissait. Là encore, tout était réglementé, prévisible : je connaissais d'avance le type de sanction qui me serait appliquée et, si je devais recevoir des coups, le nombre précis de coups que j'aurais à supporter avec l'insolence d'un galopin plein de fierté et d'arrogance.

J'étais un enfant hyperactif, agressif, agité, qui ne trouvait que dans le sport la respiration et les émotions fortes que son envie de bouger exigeait. Le football, le cyclisme, plus tard le tennis, étaient pour moi la vraie vie, celle de l'effort, de la compétition, de la camaraderie. Dans le sport, mon trop-plein d'énergie pouvait s'épancher. C'est dans sa tension extrême que m'habitait la tentation de la performance.

Il y avait de l'exploit, de la gloriole, de la provocation chez les héros que je m'étais choisis. Jacques Anquetil était pour moi un dieu, champion sportif se plaçant résolument au-dessus des conventions du sport pour apparaître comme un grand seigneur. Anquetil gagnant le *Dauphiné libéré*, partant de nuit pour être au départ du Bordeaux-Paris et le remporter, Anquetil, entouré de la sulfureuse réputation de bouteilles de champagne, de dîners fins, de femmes légères, m'impressionnait et me faisait rêver.

Le panache, l'héroïsme, je le trouvais aussi chez les scouts où je m'étais pleinement engagé. J'appréciais l'esprit d'équipe, le défi permanent, la rivalité complice. J'aimais les marches de nuit, l'illusion du danger, les bivouacs, les récits et les épopées à la lumière incertaine du feu de camp. Pour échapper au cénotaphe familial, j'étais de tous les camps de vacances. Débarrassé du métronome qui scandait ma vie familiale, j'y découvrais l'aventure, le mouvement, la liberté. C'était la sincérité d'amitiés confiantes, d'affrontements assumés, loin des conventions ouatées des rapports figés. Là, je pouvais faire et dire. C'était aussi ce que je cherchais dans la rue lors de mes innombrables escapades buissonnières que mes parents et le principal du lycée appelaient des fugues. Je retrouvais ma bande, et l'on se faisait peur en croyant être de vrais voyous... Nous étions seulement des chenapans du XVIe et imaginions briser l'ordre social en volant des chewing-gums à l'étalage ! Et les jeunes filles restaient inaccessibles, sources de revers et d'agitation...

Et puis, il y avait aussi – il y avait surtout – ma grand-mère. La mère de mon père était une Monod... Chez les protestants français, être issus des Monod revenait un peu à sortir de la cuisse de Jupiter. Assez riche pour se désintéresser de l'argent, assez honorée pour mépriser le snobisme, assez cultivée pour fuir la cuistrerie, assez reconnue pour enjamber les préjugés sociaux, ma grand-mère voyait dans le protestantisme révolte et critique. En fait, elle privilégiait une autre forme de protestantisme, incarnant une religion peut-être plus authentique, celle des origines, celle du dialogue direct avec Dieu. L'expression de la foi chez ma grand-mère était très différente de celle de ma mère. Cette dernière m'apprenait le devoir, le respect, la contrainte ; ma grand-mère, elle, me faisait découvrir une autre voie, où l'on pouvait être libre dans ses pensées, dans ses actes, dans ses paroles. Les deux interprétations sont sans doute complémentaires, indispensables l'une à l'autre, menant toutes deux vers la réussite terrestre, fruit de la manifestation d'une protection divine.

Ma grand-mère appartenait à une culture où, dans le grand temple d'Anduze, n'importe quel planteur de châtaignes, n'importe quel berger des Cévennes pouvait se lever et contredire le prédicateur. Si les Écritures étaient strictement respectées, elles étaient cependant soumises à l'examen du libre arbitre. Cette indépendance d'esprit donnait à ma grand-mère la force de rire, de se moquer, de s'insurger, de critiquer, d'interroger.

– Tu n'aimes pas l'école, bon, soit, mais pourquoi ? As-tu mesuré les conséquences de tes échecs répétés ? me demandait-elle.

Et elle me traînait au Louvre, m'expliquant la vie de sacrifices et de labeur acharné des grands artistes. Elle me conduisait au temple, évoquant les renonciations et la persévérance des plus illustres pasteurs. Elle m'emmenait à Notre-Dame pour écouter l'orgue, insistant sur l'effroyable discipline des musiciens. Sur le Pont-Neuf, devant la statue d'Henri IV, elle me racontait ce roi et les premiers protestants français, leur courage, leur fierté, leur impérieuse obligation de se placer au-dessus des autres, pour pouvoir simplement être comme les autres. Elle me parlait aussi d'Albert Schweitzer, pasteur et musicologue qui fit sa médecine à plus de quarante ans pour s'engager en Afrique au service des déshérités et ouvrir dès 1913 un hôpital à Lambaréné, au Gabon. Prix Nobel de la paix, le Dr Schweitzer, un grand-oncle allié aux Monod, rejoignait Anquetil, Coppi et Just Fontaine dans mon panthéon personnel.

Ma grand-mère m'aimait plus que ses autres petits-fils et ne s'en cachait pas. Non seulement elle m'aimait, mais elle me comprenait ! Elle seule pouvait deviner que mon orgueil et mes prétentions à une vie intellectuelle n'étaient en rien altérés par mes échecs scolaires répétés. Je n'avais pas à me sentir humilié : je n'avais pas perdu puisque je n'étais pas entré dans la compétition.

De là à penser que si j'étais mal jugé, c'était par des professeurs que je trouvais imbéciles ! Si j'avais proféré cette conviction devant ma mère, elle m'aurait contemplé de ses yeux aimants mais le regard ébahi, parce qu'on ne peut pas penser des choses comme ça. Mon père m'aurait appliqué un châtiment adapté, parce qu'on ne peut pas dire des choses comme ça. Ma grand-mère, elle, écoutait et argumentait. Avec infiniment de finesse, avec infiniment de tendresse, elle me dirigeait comme on amène un poulain rétif à devenir un cheval de concours.

Depuis longtemps, depuis toujours, je m'étais habitué à être le vilain petit canard de ma famille comme il faut, ma famille où j'étais le seul à ne pas l'être. Tout l'art de ma grand-mère a été de jouer de ma vanité pour que le déclic se fasse, pour que je cesse d'avoir peur, pour que j'arrête de ressentir peut-être une certaine honte d'exister. Elle m'a fait miroiter des destins exceptionnels en mettant toujours, dans l'autre plateau de la balance, le travail, la discipline, la responsabilité.

Elle m'a parlé aussi de lointains cousins en Indochine... Un soir, je suis rentré à la maison pour déclarer tout à trac à mon père :

– Je m'embarque la semaine prochaine à Saint-Nazaire comme mousse, je vais rejoindre l'oncle Monod à Saigon.

Ma grand-mère me raisonna. Bien sûr, mon grand-oncle Monod me rendrait de réels services, mais moi, jeune métropolitain indiscipliné et brouillon, en quoi pouvais-je lui être utile, que pouvais-je lui apporter ? J'avais compris : le fardeau du club, celui qui voulait toujours jouer mais jamais s'entraîner, celui qui se dispensait des règles, celui qui gâchait le match, c'était moi !

Ma grand-mère m'apprit à hisser ma liberté au-dessus de mon propre laxisme. Elle croyait en moi. Avec d'autant plus de conviction qu'elle était la seule. Elle manifestait l'acharnement farouche du prophète qui se dresse contre l'opinion de tous.

– Vous verrez, Alain vous étonnera, répétait-elle à ma mère désespérée au fur et à mesure que l'échec scolaire s'installait.

Quand, le bac littéraire enfin en poche – après trois échecs –, j'ai voulu m'engager dans des études de médecine pour devenir chirurgien, mon père me conseilla plutôt une carrière d'instituteur, beau et noble métier, substitut à mon désir proclamé de devenir pasteur ouvrier, et qui surtout m'éviterait une nouvelle succession de revers.

– La chirurgie ? Tu n'as aucune chance. Ce sont de très longues et très sérieuses études. Ton bulletin scolaire ne plaide pas en ta faveur, me dit-il simplement.

Pourtant, peu avant de s'éteindre, ma grand-mère m'encouragea dans mon choix improbable, contre l'évidence, contre l'avis raisonnable et raisonné de mes parents. Sans doute avait-elle reconnu en moi l'éléphant blanc. Celui-ci ignore d'abord qu'il n'est pas gris comme ses congénères. Ce sont les autres, par leur regard, qui lui signifient sa différence. Et les yeux de ma grand-mère me disaient que je serais un éléphant blanc...

– Chez les Monod, on est pasteur, banquier ou bien chirurgien, me répétait ma grand-mère.

En prononçant ces mots, elle se plaçait sous l'autorité de ses frères, de son père, de son propre grand-père qu'une photographie montrait opérant en gilet, à mains nues, la barbe soigneusement taillée dissimulant à moitié son col cassé.

Peut-être ma grand-mère avait-elle décelé chez moi quelque aptitude, quelque tournure d'esprit identiques à celles rencontrées jadis dans cette dynastie de chirurgiens. Juste après mon bac, pour me conforter dans ma « vocation », elle me confia, avec l'accord de mon père, à mon oncle chirurgien Philippe Monod-Broca pour un stage préparatoire d'été à l'hôpital, expérience qui s'est révélée décisive pour moi.

Jeune étudiant en médecine, j'ai passé une nuit à veiller ma grand-mère, à l'accompagner dans son grand passage. Elle n'était plus consciente, mais elle semblait me transmettre son dernier message.

Elle savait que la chirurgie serait pour moi une formation difficile et pleine de sacrifices, un labeur démesuré pour combler les lacunes accumulées au cours de ma scolarité. Mais il y avait autre chose. Pour elle, surmonter les obstacles, se grandir dans l'épreuve, c'était s'accomplir pleinement en tant qu'être humain. Elle semblait, avant de s'éteindre définitivement, me dire « deviens ce que tu es » : une sorte de karma. Elle voulait en quelque sorte m'entraîner vers un karma blanc en effaçant le karma noir. Plus je serais haut, couvert de titres et d'honneurs, et plus grand serait mon renoncement à ces dignités. Plus ma vanité serait flattée, plus aurait de sens l'humilité qui me pousserait vers l'autre, me ferait regarder comme dérisoires les sommets que je devrais atteindre. Il faudrait alors aider davantage ceux qui souffrent et qui ne peuvent se défendre. « Le but est dans le chemin », semblait-elle dire avec son merveilleux sourire. La sincère modestie qu'elle offrait au Créateur se nourrissait aussi d'un fol orgueil.

Un an plus tard, par concours, j'étais nommé externe des Hôpitaux de Paris. Fier et ému, je faisais mon entrée à l'hôpital.

– II –

LA DÉLICATE MANIPULATION DE LA PINCE DE MUSEUX

Toutes les premières fois sont des rendez-vous avec le destin. Mon destin, je l'ai voulu, cherché, espéré, et voilà qu'il m'attend en cette matinée ensoleillée de mai 1960. Pour la première fois, je vais participer à une opération chirurgicale. Un peu nerveux, j'arrive tôt à l'hôpital Cochin et accomplis rapidement ma visite rituelle : j'ai en charge la surveillance de seize lits du service de gynécologie. Beaucoup de suites d'avortements clandestins avec leur cohorte d'hémorragies et d'infections... Commencer la journée sur cette hypocrisie ! Nul n'ignore que les faiseuses d'anges agissent dans l'obscurité d'officines secrètes, mais personne ne dit rien, personne n'agit. On laisse faire, et on soigne les rescapées.

Le tour de mes malades effectué, je consulte le programme opératoire inscrit à la craie sur un vieux tableau noir. Vaguement inquiet, je lis : « Mme L., soixante-quatre ans. Tumeur. Hystérectomie totale. » Moi, le jeune externe de vingt ans, j'assisterai dans un instant Mallet, brillant interne de quatrième année, chirurgien presque accompli.

Lavage des mains, casaque, gants, bavette devant la bouche. Parfaitement concentré, soucieux de ne pas montrer mon incompétence, je pénètre dans le bloc et me place face à l'interne.

L'ouverture de l'abdomen se pratique rapidement. Une épaisse couche de graisse est fendue avant d'arriver à l'aponévrose, la membrane fibreuse qui enveloppe le muscle.

– Elle est bien grosse, cette dame, lance Mallet.

Je ne trouve rien à répondre. Mieux vaut rester attentif au déroulé de l'opération, suivre attentivement chaque mouvement en essayant de comprendre son utilité, et avant tout éviter ce que l'on appelle dans le métier « une erreur de geste ». À l'ouverture du péritoine, l'intestin grêle me paraît énorme.

– Écarteur.

– Tête en bas, Monique, dit l'interne.

L'infirmière du bloc opératoire tourne lentement la manivelle, la table s'incline vers le bas.

L'intestin est refoulé vers le haut.

– Une « pelle » pour Deloche.

On me tend un écarteur volumineux. Tiens, Mallet a retenu mon nom ! C'est déjà beaucoup.

– Écarte, fils, et d'une main.

Nous découvrons l'utérus. Il est impressionnant et occupe en grande partie le petit bassin. On ne voit que lui. Nous sommes bien loin des schémas d'anatomie.

– Museux, ordonne l'interne.

Cette pince munie d'énormes dents permet de saisir l'utérus dans sa profondeur.

– Peux-tu tirer vers le haut, tout en écartant et en suivant mes gestes ?

J'obéis et tout va très vite.

– Pince.

– Lin n° 2.

– Ciseaux.

L'artère utérine droite est ligaturée. Peu à peu, l'utérus monte, on commence à voir le fond.

– Là, ça colle dur, murmure Mallet. Tu vois, Deloche, à gauche, nous n'avons plus de repères. Il faut y aller presque à l'aveugle.

Mallet ralentit la cadence. Je note un peu de tension chez lui, à peine perceptible.

– Écarte bien, je ne vois rien.

Avec les gros ciseaux, il se fraye difficilement un chemin dans les tissus épaissis et inflammatoires. Puis, d'un geste net et libérateur, il tranche avec une fermeté à la limite de la brutalité. Un flot de sang noir apparaît. Mallet enfonce son poing dans le creux du petit bassin et se tourne vers l'anesthésiste...

– Albert, j'ai un problème... c'est la veine iliaque, fais chercher le sang.

L'agitation gagne le bloc. Des ordres brefs fusent :

– Quatre flacons.

– Faut vérifier le groupe.

Avec un calme dissimulant sans doute une extrême appréhension, Mallet demande à Monique d'aller chercher M. Salvet, le chirurgien senior.

– S'il n'est pas parti, réplique l'infirmière.

– La tension est à 9/6, annonce Albert. Je vous l'avais dit, c'est une rousse, et en plus elle est grosse. Ce sont les risques de saignement maximum.

Je reste muet devant cette remarque idiote.

M. Salvet passe la tête dans le bloc par une sorte de passe-plat qui communique avec le secteur de la stérilisation.

– Alors, Mallet, des problèmes ?

– Oui monsieur, il faut venir. Plaie de la veine iliaque qui collait anormalement.

Mallet me regarde dans les yeux :

– T'as prévu quelque chose, aujourd'hui ? Parce que ça va durer...

Tant pis pour la fac. J'ai des cours, mais je me sens pleinement associé à l'opération.

– Montre-moi, lève ton poing, commande Salvet à l'interne.

Un flot de sang envahit aussitôt le fond du petit bassin.

– Bon, nous sommes dans le souci.

Je comprends parfaitement la situation et demeure stupéfait de voir ce grand chirurgien à la fois totalement impliqué et pourtant, non pas distant, mais comme détaché de l'événement. Malgré la tension du moment, il manifeste une maîtrise absolue, celle d'un général qui suivrait sur une carte les mouvements du champ de bataille, analyserait et anticiperait les dangers. Immédiatement, il prend des décisions et indique ses orientations stratégiques :

– Il faut d'abord retirer l'utérus, tout en comprimant, et retourner sur le foyer pour faire l'hémostase.

Il compte ainsi stopper l'hémorragie. En même temps, son commentaire nous transmet son expérience, son vécu :

– Les iliaques qui déchirent, c'est toujours mauvais.

Complètement mobilisé dans ce combat, trop peut-être pour en mesurer l'ensemble des paramètres, je fais ce que je peux. Je joue de l'écarteur de toutes mes forces, pour que Salvet puisse parfaitement examiner la situation.

À la vitesse de l'éclair, aux ciseaux et au bistouri électrique, l'utérus est séparé de l'attache du vagin. La cautérisation produit une odeur de chair brûlée à laquelle je ne suis pas encore habitué. La pièce – c'est-à-dire l'utérus avec son énorme tumeur – est sortie de l'abdomen pour être placée dans une cupule tendue par l'instrumentiste. Un bruit mat et métallique : le choc des pinces d'acier au reflet glacial encore accrochées à l'organe.

– Ça va, la tension ?

Fébrile, l'anesthésiste plonge avec une lampe de poche sous les champs qui protègent les organes. Au brassard, la tension apparaît pincée : 8/6.

– Ça va pour le moment... mais le pouls me paraît faible.

Salvet se concentre et ordonne à l'instrumentiste :

– Préparez du lin avec des grosses aiguilles. Vous savez, les aiguilles catastrophes. On va ligaturer à l'aveugle.

Salvet prend le porte-aiguilles et dit à Mallet :

– Aspire un max et comprime vers le bas pour le retour.

Il ligature en bloc les vaisseaux en s'y reprenant à plusieurs fois.

– Donnez-moi du sérum chaud.

Le sérum a été préparé dans une sorte de casserole : la coagulation est plus favorable aux alentours de 30 °C. Salvet bourre le fond de la plaie avec des petits champs de tissu imbibés de ce sérum.

– Allez, on comprime et on prie... annonce-t-il en regardant l'infirmière.

En se tournant vers moi, il me gratifie d'un conseil en me vrillant de ses yeux noirs :

– Tu vois, mon petit gars, c'est ça, la chirurgie... Tu devrais faire de la dermato !

Dix minutes à se sentir inutile, peut-être importun, c'est long. Salvet retire doucement les champs et observe la situation :

– C'est pas bon, il persiste un saignement diffus, ça n'est plus chirurgical.

L'avis est sans discussion.

Salvet regarde Mallet d'un air sévère :

– Tu vas tasser des mèches à prostate et fermer, on y retournera demain.

Abasourdi, je vois l'interne tasser au moins une dizaine de ces fameuses mèches d'environ quarante centimètres chacune. Elles occupent maintenant le fond de la cavité, la fermeture de l'abdomen est pratiquée en laissant leur extrémité à l'extérieur. Je sors du bloc l'esprit vide, bouleversé par ce premier duel avec la mort. Et soucieux de l'avenir de cette pauvre femme.

Quelques heures plus tard, après avoir déjeuné en salle de garde, je repasse dans le secteur de l'hospitalisation. Notre malade est en salle commune avec deux rideaux installés de part et d'autre de son lit... Un signe qui ne trompe personne : on prend soin d'isoler le malade en grand danger. Le pansement de la patiente est sanglant. Au-dessus du lit, un flacon relié à ses veines laisse couler du sang à tout petit débit. Une infirmière stagiaire s'acharne à capter une pression très faible, presque imperceptible. Je voudrais entreprendre l'impossible pour sauver cette patiente qui me semble très jeune pour ses soixante-quatre ans. Mais que puis-je faire ? Je rentre chez moi à Solex.

La femme s'est éteinte dans la nuit. Mallet était de garde et s'occupait, depuis des heures, de faire un estomac.

*
* *

Ce récit paraît relever de l'histoire ancienne. C'était pourtant cela, les hôpitaux des années soixante, avant le plein-temps des chirurgiens, avant la permanence des soins intensifs, avant les nouvelles techniques, quand il n'y avait pas de salle de réanimation, pas de Samu – le Service d'aide médicale d'urgence –, pas d'électronique, pas d'investigations, quand nous étions aveugles jusqu'au moment où nous découvrions l'organe malade avec nos seuls yeux humains. À l'époque, il fallait ouvrir pour voir. Aujourd'hui, on voit avant d'ouvrir. On n'opère plus avant d'avoir effectué un scanner qui permet de connaître très exactement – et à l'avance – les raisons et les procédures du geste opératoire.

Quarante-cinq ans ont passé, et je ressens encore mon désarroi devant cet abominable enchaînement de circonstances. Ce souvenir réveille en moi une angoisse profonde de la mort, angoisse qui ne m'a plus jamais quitté.

Y a-t-il eu faute dans ce cas précis ? Non. Y a-t-il eu erreur ? Sans doute dans l'appréhension des difficultés imprévues, et non prévisibles alors. À mon insu, cette opération, terrible dans son déroulement, a conforté mon aspiration profonde vers ce métier. J'ai pu mieux cerner le profil du chirurgien. Un homme d'action plus que de paroles, qui se doit de décider en toutes circonstances et de s'assumer par un contrôle de soi permanent. Un métier particulier et une discipline de fer. La chirurgie hait les indécis.

Le chirurgien doit faire preuve de décision, il n'a pas à intellectualiser, il doit rester collé au réel, se montrer pragmatique, développer un esprit proche de celui de l'ébéniste. Il convient aussi d'être en quelque sorte voyeur, pour tout capter. Un coup d'œil sur le pli de la peau laisse parfois deviner l'état des organes internes. Je sais maintenant que si le derme paraît fragile, l'aorte va également se révéler fragile.

Il m'a fallu plus de temps pour comprendre que, selon la psychanalyse, la chirurgie peut représenter la sublimation d'une certaine agressivité. La première opération à laquelle j'avais assisté m'avait paru extrêmement violente, terriblement sauvage. Franchir la barrière de la peau, ouvrir le corps, pénétrer les entrailles constituent des actes presque sacrilèges, des gestes en apparence brutaux, qui abattent les frontières entre la vie et la mort. Pour moi, la chirurgie permettrait de placer l'hyperénergie de mon adolescence au service d'une activité utile aux autres. C'est pourquoi, sans doute, j'ai mis toute ma volonté dans la réussite de mes études, plongé dans un travail obsédant et compulsif.

*
* *

J'étais externe des Hôpitaux de Paris. Un titre envié, attribué par concours : une dure épreuve avec un tiers de reçus seulement, et cinq tentatives possibles. J'avais eu la chance de réussir à la première. En parallèle au cursus universitaire, qui se déroulait à la Faculté de médecine, il y avait donc ce système de concours hospitalier assorti d'une formation pratique à l'hôpital, système unique au monde. On pouvait alors choisir son stage, d'une durée de six mois. J'avais opté pour le service de chirurgie de l'hôpital Cochin dirigé par le Pr Leger, chez qui j'avais déjà été stagiaire en première année de médecine. Connaissant les lieux et décidé à faire le plein de chirurgie, j'avais demandé à être affecté au pavillon Ollier, un peu éloigné de l'épicentre où œuvrait le patron. Le travail y était intense. Sous la dépendance d'un interne et d'un chirurgien senior, notre bloc était indépendant et à vocation gynécologique.

Les chirurgiens des hôpitaux exerçaient alors à mi-temps. Mi-temps à l'hôpital, mi-temps à la clinique. C'était la race des grands, des seigneurs, qui refusaient toute idée de plein-temps à l'hôpital. Le matin, c'était l'exercice de la charité, avec un salaire de misère pour opérer dans un établissement public ; l'après-midi, le chirurgien pratiquait son art dans le secteur infiniment plus rémunérateur des cliniques privées. Là, il écoutait longuement le patient fortuné, expliquait l'intervention à laquelle il allait procéder, fût-elle insignifiante. Le chirurgien devenait ici plus humain, parfois même mondain. Si l'hôpital garantissait le titre, le prestige, et maintenait intact le savoir-faire, c'est à la clinique que se déroulait la vraie vie du chirurgien, c'est là que se trouvait son centre d'intérêts.

L'hôpital demeurait un lieu de formation, autant pour le chirurgien lui-même, qui ne voyait que les cas graves, que pour les jeunes médecins, c'est-à-dire les internes, les externes et les stagiaires, qui assuraient le suivi. Si les patrons ne négligeaient pas professionnellement leurs malades à l'hôpital, ils intervenaient seulement en tant que techniciens, se dégageant de tout le reste sur les assistants et les infirmières.

Pour les jeunes externes, cette époque était grandiose. Ah, l'externe, c'était quelqu'un ! Il se trouvait en situation de responsabilité dans le cadre de l'hôpital et au sein d'une équipe capable d'assurer le double rôle de formation et de filet de sécurité. À mille lieues de la situation actuelle où le stagiaire passe dans les services en coup de vent et dans l'anonymat. Ce face-à-face avec la réalité validait la force de nos convictions et la réalité de notre vocation. Conviction et vocation... deux mots qui définissent parfaitement la nature de mon engagement, même s'ils semblent bien démodés aujourd'hui.

L'externat a été supprimé en 1970, première étape d'une banalisation des études de médecine, pourtant contraire à la nature même de cette formation telle que je la conçois et l'ai connue : un mélange d'études théoriques et de stages pratiques, mais aussi une implication, une insertion dans une équipe médicale et dans la vie si particulière de l'hôpital.

L'externat permettait aussi de préparer l'internat, point de passage obligé pour de nombreuses spécialités. Il fallait non seulement réussir le concours, mais encore se placer suffisamment haut dans le classement pour pouvoir choisir sa voie, c'est-à-dire, dans mon cas, opter pour la chirurgie réservée aux mieux notés.

La préparation de ce concours revenait à entrer en chirurgie comme on entre en religion, à renoncer à tout pendant des années, avec ardeur et abnégation.

– III –

LA MARCHE DU PANGOLIN

Lorsqu'on avait pris la décision de se présenter à l'internat, il fallait oublier tout ce qui n'était pas les révisions. Les externes les plus brillants se préparaient avec acharnement car le taux de réussite demeurait faible : un pour douze.

J'étais entré en chirurgie, mon unique objectif. L'échec était inenvisageable pour moi, je me trouvais comme habité d'une rage de vaincre. Mon frère Gérard, qui préparait les grandes écoles, manifestait une certaine condescendance pour mon bachotage intensif dans lequel il ne voyait que mémorisation stupide. Parfois, après dîner, je retrouvais sur mon lit ou sur ma table de travail un exemplaire de l'annuaire téléphonique avec un petit papier ironique : « Vous m'apprendrez la lettre D pour demain 7 heures. »

Au-delà de ce labeur obstiné, je tentais, comme les autres, de définir une stratégie. Impossible de retenir la totalité du programme, alors je faisais l'impasse sur un certain nombre de questions pour mieux me concentrer sur les autres. J'avais, de parti pris, mis de côté près d'un tiers du programme, par manque de temps.

D'un point de vue manuel, je m'entraînais sans fin à utiliser ma main gauche, et j'allais continuer de le faire plus tard. En chirurgie, il existe une intelligence de la main droite, elle sait ce qu'elle doit faire par une sorte d'automatisme dont j'ignore s'il est totalement contrôlé par le cerveau. La main gauche, en revanche, doit servir la main droite, lui apporter les instruments, lui présenter les organes, l'accompagner dans tout ce qu'elle accomplit. L'agilité de la main gauche résulte de la pure volonté et d'un entraînement obstiné.

Lorsque j'avais tant révisé que mes yeux brûlaient, quand les lignes des ouvrages de médecine et d'anatomie s'embrouillaient devant moi, je me détendais en pratiquant des exercices : au fond d'un chapeau, à l'aveugle, je faisais des nœuds et des nœuds et encore des nœuds, des nœuds de chirurgie, nœuds complexes comme ceux des marins, mais infiniment plus petits, incomparablement plus fins. Je pratiquais aussi quelques opérations sur des souris avec mon matériel de laboratoire. Voilà pratiquement mes seules distractions pendant que j'emplissais mon cerveau, que je saturais ma mémoire à la lecture de mes cours. Une existence de moine, austère, laborieuse, qui ne laissait pratiquement aucune place aux activités normales des jeunes gens de mon âge. Peu ou pas de sortie, ni au restaurant ni en boîte de nuit : du travail, du travail, toujours du travail.

Et il y avait les visites... Il fallait obtenir des lettres de recommandation de médecins et de chirurgiens réputés, pour éviter de se présenter tout à fait en inconnu devant les membres du jury. Cette pratique peut sembler choquante aujourd'hui, elle était parfaitement admise autrefois.

Il y avait d'ailleurs plus étonnant encore. Ce ne fut que peu de temps avant mon concours d'internat qu'un autre usage douteux fut supprimé. Jusque-là, le jury de l'oral disposait des notes de l'écrit... Bien sûr, les jurés se trouvaient impuissants face à un véritable cancre, mais ils pouvaient aisément gonfler la notation de l'oral pour rattraper le fils d'un ami mis en difficulté à l'écrit ! Il semblait normal qu'un fils de chirurgien devienne chirurgien. C'était presque un droit.

Pour obtenir quelque chance d'emporter la partie, il fallait d'abord être un externe remarqué, et qui avait assisté à suffisamment d'opérations pour pouvoir répondre avec pertinence aux questions posées lors de l'examen. Cela dit, malgré le travail, malgré les recommandations, il était peu courant, presque impossible, d'être reçu dès son premier concours. Et même, ce n'était pas toujours souhaitable. Dans certains cas, les candidats ainsi admis, mais mal classés, démissionnaient pour pouvoir se présenter une nouvelle fois et obtenir un rang qui leur permettrait d'accéder au poste visé, pratique assez courante pour les futurs chirurgiens.

Pour ma part, j'ai passé l'écrit après seize mois de préparation. Je croyais si peu à mes chances que j'avais décidé de me marier avant les résultats. J'étais amoureux à la folie d'une fragile jeune fille en fleur qui éclairait mon existence. Nos familles avaient souhaité cette union, elle leur semblait assortie par l'âge, le niveau d'études, le milieu social, la religion, et chacune avait espéré que le conjungo nous mettrait, à l'un et à l'autre, un peu de plomb dans la cervelle.

Parti en voyage de noces en Italie, j'ai reçu, par un télégramme de mes parents, cet inconcevable message : « Tu es admissible, rentre pour l'oral. »

*
* *

Par un petit matin étriqué de décembre 1962, nous sommes regroupés dans un amphithéâtre de l'hôpital Necker. Nous nous retrouvons massés en un troupeau de près de quatre cents têtes : tous candidats admis à l'oral du concours d'internat, tous mobilisés séance après séance pour nous voir tirés au sort par groupes de dix. Ceux qui ne sont pas appelés n'ont plus qu'à rentrer chez eux... jusqu'à la prochaine convocation. Nous sommes soumis à cet arbitraire qui nous prend trois heures d'un temps précieux, trois heures qui auraient été mieux utilisées à bachoter.

L'oral consiste à répondre à deux questions, l'une de médecine, l'autre de chirurgie. Deux questions sur presque mille au programme ! Évidemment, au fur et à mesure que les candidats passent, que les sujets sont tirés, le champ des possibilités se resserre, mais encore trop faiblement vu l'immensité des matières. Nous laissons cependant toujours un complice sur place afin de connaître les questions posées : autant de points que nous n'aurons pas besoin de travailler encore.

J'en suis à ma vingt-septième séance. Ce matin, mal réveillé après une énième révision nocturne, j'ai pris un solide petit déjeuner, aussitôt vomi. Je suis mal, presque à jeun, secoué de spasmes gastriques. L'oral est ouvert au public et aux familles, il faut donc s'habiller et faire bonne figure. J'ai revêtu mon beau costume gris, celui de mes fiançailles.

– Del... Deloche... Deloche de Noyelle Alain.

Un appariteur rougeaud et grassouillet bafouille mon nom. Cette fois, c'est mon tour...

Comme pour les condamnés, le protocole est parfaitement établi. Les dix candidats de la journée se trouvent regroupés dans une salle sordide, sans fenêtre, munie de bancs d'écoliers : « la Thurne ». Je m'efforce de respirer. Mon voisin me semble très pâle. Plus âgé que moi, il est presque chauve. C'est son cinquième concours, c'est-à-dire sa septième année de préparation. Moi, j'en suis à mon premier concours, autant dire que je n'ai aucune chance, en principe.

Selon l'ordre de tirage, chacun est appelé à passer à son tour devant le jury composé de dix patrons, cinq chirurgiens et cinq médecins. Mon regard est fixé sur la porte. Derrière, il y a l'épreuve, peut-être la consécration...

– Deloche Alain, s'il vous plaît.

Encore une étape, un sas. J'entre dans une petite pièce où je vois un bureau, une vieille lampe, du papier à foison... La chambre de réflexion et de torture. Un surveillant me donne une enveloppe contenant les deux sujets tirés au sort. J'ouvre fébrilement l'enveloppe : « La coqueluche en médecine, la hernie hiatale en chirurgie. » Le destin parle, la chance est avec moi... ces deux points ne font pas partie de mes impasses ! À l'exception de ma propre coqueluche et de celles de mes frères, je n'en ai jamais vu de ma vie, mais c'est un classique. Quant à la hernie hiatale, je possède sur le sujet un léger vécu, une petite expérience, j'en ai approché un certain nombre au cours de mon stage en chirurgie. J'ai vingt minutes pour me préparer.

L'art de l'oral est celui de la synthèse et de la clarté. Il faut exposer la totalité des problématiques du pronostic, du diagnostic et du traitement, le tout en dix minutes – pas une de plus. L'intervention doit être calculée à la seconde près. Pendant trois mois, je me suis entraîné à cette étrange épreuve qui combine le sens du temps et la rigueur du discours.

La porte de la cellule s'ouvre. C'est à moi. Je suis dans un état second. Mon corps donne une représentation iconoclaste de l'anatomie, il me faut revoir toutes mes conceptions. Le cœur est situé au milieu du cerveau, qu'il comprime, ses battements s'effectuent dans les oreilles. La langue est un organe mi-osseux, mi-cartilagineux, faiblement articulé et recouvert d'écailles sèches, une sorte de pangolin, ce petit mammifère lui aussi hérissé d'écailles. L'œsophage ? Un chapelet de nodosités, qui conduit à l'estomac. Entre l'estomac et les poumons se situe une boule, sorte de citrouille en plomb qui peut se dilater en écrasant la cage thoracique et les organes internes. Les entrailles se trouvent réunies en une sorte de chaudron bouillonnant. En dessous, les jambes sont un assemblage d'os plus ou moins mous, entourés de coton hydrophile. Les mains, quant à elles, sont faites d'une carcasse fragile, de tendons douloureux, le tout recouvert d'une masse spongieuse qui peut être soit imbibée et dégoulinante, soit au contraire totalement sèche. Si la température du corps est bien de 37 °C, il s'agit d'une moyenne, les tempes peuvent être à plus de quatre-vingts, proche du point d'ébullition, tandis que des stalactites se forment le long de l'échine, et gouttent en une sueur glacée.

Me voici projeté devant le jury. Je m'assois derrière une table, juste en face d'une monumentale pendule. Dans mon dos, le public peut se montrer tour à tour attentif, indifférent, houleux ou amical, mais je ne vois rien, je n'imagine rien. Pour moi, l'amphithéâtre est vide.

– Monsieur Deloche, c'est à vous, vous avez dix minutes, énonce rituellement le président du jury en déclenchant la pendule fatidique.

Dans ma bouche sèche, le pangolin se met péniblement en mouvement. C'est la voix d'un autre qui commence à énoncer mes connaissances sur la coqueluche en s'efforçant d'introduire quelque éloquence dans la description des formes de la coqueluche du nourrisson... Tic-tac... Dans les crissements de ses écailles, le pangolin fait entendre des phrases scolaires et de pesantes envolées qui retombent à plat. J'essaie en vain de capter un regard ami, un encouragement parmi les membres du jury, ces sommités de la médecine qui siègent, hiératiques, comme des divinités païennes. Tic-tac... M'écoutent-ils ? Ils ne regardent que leurs papiers. Les dieux impassibles laissent le pangolin se démener. Ma coqueluche est un lamentable échec.

Tic-tac... Il faut faire quelque chose. Alors, presque libéré, je joue le tout pour le tout. La chirurgie me sauvera. Je quitte la lecture de mes notes, je largue les amarres et me lance. Le pangolin perd ses écailles, ma langue est agile, ma voix est claire. Convaincu, convaincant, je martèle, en scandant par des gestes, la gravité de certaines formes de hernies hiatales. Tic-tac, dit la pendule, prise de court par ce soudain changement de rythme. Un, puis deux, puis trois dieux de l'Olympe daignent poser leurs regards sur moi. Conforté, créatif, comme un concepteur de feux d'artifice, je prépare mon final. Je décris en phrases sobres, précises, le traitement chirurgical. J'ose émettre quelques réserves sur les nouvelles techniques. Le Pr Renaud, l'un des jurés, opine de la tête... Et toc.

Je suis maintenant un champion cycliste qui vient de passer la ligne en tête. Trente-deux points ! Trente-deux sur quarante, c'est bon, très bon. Le Pr Renaud me demande :

– Vous êtes bien l'élève de Leger ?

Les dieux m'ont accepté. Certes, ils ne me considèrent pas encore comme un des leurs, mais je ne suis plus un simple mortel. Je peux désormais commencer l'ascension qui me fera un jour rejoindre les divinités sur l'Olympe de la chirurgie. J'aurai désormais le droit de porter le tablier, signe distinctif.

Le Pr Leger a signalé mes « talents prometteurs » aux membres du jury côté chirurgie. Côté médecine, je suis assez inconnu, car trop jeune pour avoir effectué assez de stages en ce domaine. Mon oncle Philippe a quand même informé de mon existence des sommités comme Jean Bernard et Jean Hamburger. L'ont-ils signalée aux médecins de mon jury ? Je ne le saurai jamais.

Près d'un mois plus tard, le résultat tombe : je suis cent trente-quatrième sur environ trois cents reçus...

et dans le groupe restreint des trois candidats admis à leur premier concours. Me voilà interne des Hôpitaux de Paris, la voie royale s'ouvre devant moi ! J'imagine le bonheur complice qu'aurait été celui de ma grand-mère, si elle avait été encore là. Mes parents, eux, se montrent à présent fiers de leur rejeton, mais restent stupéfiés devant ma nouvelle dynamique de gagneur. On peut les comprendre.

*
* *

J'ai été interne dans les dernières générations qui ont connu cette formation de type napoléonien, proche du système des grandes écoles, proche également de la vie militaire. Nous composions une sorte de corps d'élite, corvéable à merci, vivant à l'hôpital comme on vit à la caserne, dressé pour opérer à toute heure du jour et de la nuit, tous les jours de la semaine, sur les champs de bataille comme à l'hôpital des pauvres.

L'internat de Paris ouvrait les portes à un enseignement envié à l'étranger. L'élitisme qui y présidait était certes un procédé infaillible, mais malheur au perdant ! En définitive, ce grand concours, fondé surtout sur la mémoire et la synthèse, avait pour but de sélectionner les plus motivés. Personnellement, j'aurais accepté n'importe quelle épreuve pour être chirurgien. Un dur apprentissage, un dur métier aussi, mais qui avait ses compensations dans l'intérêt du travail, dans une certaine liberté, dans des émoluments honorables et dans un indéniable prestige.

– IV –

UNE NUIT DE GARDE

Ma deuxième garde d'interne reste gravée dans ma mémoire. Quelle épreuve ! Cela se passait à Lagny...

Commune de la grande couronne parisienne, Lagny n'était pas encore intégrée dans un tissu urbain continu. En 1964, c'était une petite ville reliée à la capitale par la N-19, qui traversait la campagne. Comme toutes les bourgades de province, Lagny semblait une cité fantôme dès la nuit tombée, seules de discrètes lueurs filtrant au travers des persiennes laissaient deviner la vie des habitants.

Contrairement à ce que son aspect tranquille d'abbaye aux longs murs couverts de lierre pouvait laisser présager, l'hôpital de Lagny avait la réputation d'être extrêmement formateur, en raison de l'expérience pratique qu'on pouvait y acquérir. Le Dr Martin, le chef de service, fort occupé par sa clinique située à quelques kilomètres de là, déléguait volontiers toute responsabilité à l'interne, ce qui nous mettait en situation d'action et d'initiative. Situé sur la nationale, l'hôpital accueillait nombre de blessés de la route transportés ici parce qu'il paraissait souvent plus rapide de rejoindre Lagny que de circuler dans Paris vers les grands hôpitaux.

On imagine mal aujourd'hui la situation telle qu'elle se présentait il y a quarante ans. Peut-être aura-t-on quelque difficulté à me croire, mais lorsque survenait la nécessaire présence d'un radiologue ou d'un cardiologue, on envoyait un messager qui se rendait auprès du spécialiste pour le prier de venir au plus vite... Les mobiles et les bips n'existaient pas, bien sûr, mais même le bon vieux téléphone était une rareté en France ! On se souvient d'un sketch célèbre de Fernand Raynaud qui s'évertuait vainement à demander le 22 à Asnières...

À 15 heures, l'hôpital était déserté par son personnel médical, à l'exception de l'interne de garde. Nous étions deux internes en tout, assurant donc une nuit sur deux. L'autre était mon collègue Saïd, un Syrien, interne à titre étranger. Il logeait en salle de garde, vivant ainsi à l'hôpital depuis plus de deux ans.

*
* *

C'est donc mon deuxième soir de garde. Dans la journée, j'ai vu défiler la routine : une fracture du poignet, quelques plaies à suturer et une inflammation dentaire. Maintenant Lagny s'est endormi, l'hôpital s'enfonce dans la nuit. De loin en loin, le long des couloirs, une lumière signale la surveillance muette des infirmières. Vers 22 heures, le standard m'appelle.

– Monsieur l'interne, les pompiers m'annoncent un grave accident sur la N-19. Ils arrivent avec des blessés. Deux fourgons sont prévus.

J'alerte sœur Marie-José, l'infirmière-chef du bloc opératoire. J'entends au loin les sirènes des pompiers. Comme une houle encore légère, elles annoncent la tempête.

Le service d'urgence n'est qu'un simple hall, avec deux box improvisés, très loin des services d'accueil d'urgence que l'on connaît aujourd'hui. Je m'y précipite et crie :

– Alerte maximale, tout le monde sur le pont.

Dans l'hôpital de la Belle au bois dormant, c'est l'irruption brutale de la vie et de la mort. Les pompiers arrivent. Tendus et fatigués, ils s'interpellent bruyamment. Le sapeur-chef m'annonce :

– Docteur, vous recevez huit blessés dont trois graves.

Dans le brouhaha, on perçoit les ordres multiples, les cris des pompiers, les plaintes des blessés... Le hall des urgences est maintenant un hôpital de guerre où s'agite une foule bruyante. L'air s'emplit d'une odeur de brûlé, d'essence, de sang. Le sol, tout à l'heure immaculé, est sali par une boue sanglante où se dessine l'empreinte des bottes des sapeurs. L'arrivée de ce drame dans l'hôpital assoupi me semble irréelle, étrangère à mon monde. Je reste distancié, observateur, comme lorsque j'accomplis une visite avec le patron... Un médecin va-t-il intervenir pour apporter les réponses ? Mais non, le médecin, ici, c'est moi ! C'est de moi que les pompiers harassés et les infirmières fébriles attendent des ordres et des décisions pour sauver ces vies. La panique me gagne. Je me sens seul, trop seul pour faire face.

Sœur Marie-José paraît sereine, mais elle hausse la voix :

– Que chacun suive les directives du docteur.

Son ample cornette blanche semble être un albatros survolant la tempête. Pris de court, je lance :

– Nous allons faire un tri par ordre de gravité. Appelez vite Saïd et Victor, l'anesthésiste.

Muni de larges sparadraps, que je colle sur le front de chaque blessé, je tente de définir les urgences :

– Une fracture distale du fémur, urgence n° 1.

– Un blessé avec grave trauma crânien, urgence n° 2.

– Un blessé en collapsus sans doute d'origine hémorragique, urgence n° 3.

Chacun le sait : il n'y a pas une minute à perdre. Heureusement, Saïd arrive, un peu ébouriffé. Pour lui, la salle de garde est un lieu de conquêtes féminines illimitées, un vivier perpétuellement alimenté par l'école d'infirmières toute proche. Visiblement je l'ai dérangé dans sa soirée... Mais avec son sourire enchanteur et son calme, il prend les choses en main.

– Alain, arrête ton tri, on n'est pas chez les militaires, laisse-moi faire.

Il se tourne vers Victor.

– Groupe tout le monde et fais préparer le bloc pour un direct en salle.

Avec une minutie incroyable, il m'apprend à faire le bilan rapide de l'état de gravité de chaque blessé en les examinant des pieds à la tête à partir d'une sorte de *check-list* mentale. Il conclut rapidement pour chacun...

– Le blessé n° 5, direct au bloc. C'est une rate ou un foie. À l'évidence, il saigne.

– Le n° 4, c'est un fémur, vite à la radio et fais-lui de la morphine.

– Le n° 2, c'est un trauma crânien avec perte de connaissance, plutôt grave, il faut appeler l'hôpital de la Pitié.

Les autres sont passés en revue, leur cas est moins préoccupant. Tout s'organise peu à peu. Je propose à Saïd d'alerter M. Martin, le patron.

– C'est mieux, me répond-il, mais il est un peu tard pour lui...

J'appelle Martin et lui explique en détail la situation. Il me demande en bégayant un peu, comme à l'accoutumée :

– C'est bbbb... bien les gars... Y a-t-il dddd... des enfants ?

Question importante car, s'il y avait des mineurs parmi les admis, il devait venir lui-même pour nous couvrir, sa responsabilité personnelle étant alors engagée. Sur ma réponse négative, il me schématise les choses.

– Commence par ce qui saigne. Tu ouvres et, s'il y a du sang, va vers la gauche, ce doit être probablement une rate. Pour le fémur, c'est le clou plaque qui s'impose. N'hésite pas à me rappeler en cas de problème.

– À demain, monsieur.

Une infirmière m'annonce qu'on me demande au téléphone. C'est ma femme. Elle est enceinte et habite une maison isolée dans la campagne de Lagny.

– Est-ce que je peux venir dans ta chambre de garde, à l'hôpital ? Je me sens seule...

Je lui explique la situation. Nous allons connaître, ici, une nuit blanche bien remplie... Silence... De l'autre côté du fil, je discerne une incompréhension teintée de lassitude.

– Écoute, la chirurgie ne peut pas toujours passer devant ta femme. Je n'ai pas épousé un moine. Bonne nuit.

Je découvre que le chirurgien en formation crée vite le vide autour de lui. C'est vrai, pour ma femme, je me mue insensiblement en un personnage lointain, impossible à vivre, constamment ailleurs, provoquant par l'absence une frustration insupportable. Martin m'a dit l'autre jour :

– Deloche, pour faire carrière, il ne faut pas se marier avant quarante ans.

Trop tard pour moi. Non seulement à vingt-quatre ans je suis marié, mais je vais être père dans quelques mois. Brillant effet de la méthode Ogino, principe flou qui consiste à calculer les périodes inféconde de la femme... et qui relève davantage de la grande loterie de la vie que de la technique scientifique.

Je me rends au bloc. Le malade est déjà installé sur la table d'opération. Jeune, la trentaine, très athlétique, sa pâleur frappe. Victor me souffle :

– Vite, Alain, il faut mettre les champs et inciser.

L'anesthésiste de garde est aussi un stagiaire étranger, d'origine libanaise, lui. Formé essentiellement sur le tas, il se montre d'une impressionnante technicité. Saïd me rejoint. Sans lui, je crois que je ne pourrais pas faire front.

J'ouvre l'abdomen du jeune athlète. Dès l'incision du péritoine, la présence d'une quantité importante de sang noir confirme mon diagnostic d'hémorragie interne. Je ressens l'émoi du jeune chirurgien : la rupture de rate est l'urgence type. Le cas d'école. Nous l'avons étudiée dans tous les sens et surtout nous avons appris à la craindre. J'ai l'impression d'une première rencontre avec un fauve décrit dans les livres. Saïd me guide...

– Tiens, plonge ta main et ramène la rate.

Je m'exécute. Je sens à travers mon gant le sang chaud et, au fond, la rate. Je passe derrière elle et la remonte à la surface. Elle est presque totalement rompue en deux parties. Je contemple les dégâts...

– Tu rêves ou quoi ? Fais vite l'hémostase, gronde Saïd.

Avec une longue pince à griffes, j'écrase le pédicule vasculaire. Ce geste simple stoppe l'hémorragie.

– Allez, ligature avec un bon lin.

En moins d'une heure, l'opération est terminée. Une vie sauvée.

Je sors du bloc presque heureux. Je viens de faire une première rate ! Je fume une cigarette dans les vestiaires. Comme dopé par ce qui vient de se passer, je n'ai pas sommeil... J'apprends la dureté de ce métier fait de responsabilité et nécessitant une résistance physique presque hors du commun. Mais pas le temps de s'attendrir : le fémur attend. Avant d'aller dormir un peu, Saïd m'explique comment placer le clou pour réduire la fracture.

– Attention, il faut aléser à 9 pour mettre le clou à 8 !

Pour l'orthopédie, on doit pénétrer le monde de la mécanique. Je ne parais pas très doué. En fait, je ne suis guère bricoleur, j'imagine mal les angles et, pour couronner le tout, je vois mal dans l'espace. Je me lance dans cette opération avec une aide soignante.

Aborder l'os est facile, et je commence la reconstruction. Aléser, comme l'a conseillé Saïd, signifie forer dans le canal médullaire de l'os avec une mèche activée par un moteur. Le bruit est terrible et j'ai du mal à forer vers le haut, j'y parviens tout de même, tant bien que mal. Ensuite, à l'aide d'un marteau, j'enfonce un clou dans la portion centrale, mais il se bloque à mi-parcours... Impossible d'aller plus loin, impossible de le retirer avec le chasse-clou. Je suis échec et mat. Que faire ?

Sœur Marie-José me suggère de demander de l'aide à Saïd. Un peu décontenancé, j'acquiesce à sa suggestion. Mon collègue syrien répond à mon appel au secours en me recommandant de mobiliser Édouard, le brancardier.

– Lui seul va te tirer de ce pétrin, crois-moi.

Édouard est une force de la nature qui entretient soigneusement sa musculature. Par bonheur, il est de garde ce soir. Avec sa force impressionnante, il manie le chasse-clou à un rythme effréné et désenclave le clou en quelques instants. Tout rentre dans l'ordre rapidement. Après un alésage correct, le clou est fixé... en bonne place cette fois, réduisant la fracture.

J'ai gardé de cet épisode une sympathie particulière pour les brancardiers et les aides soignantes. J'ai surtout acquis la conviction que, du haut en bas de l'échelle, nous formons une équipe. Quel que soit son talent, le chirurgien n'est rien s'il est seul. En revanche, loin de toute démagogie, je considère indispensable que chacun garde sa place et s'y tienne rigoureusement. J'y vois une nécessité professionnelle autant qu'une exigence humaine. C'est au chirurgien de porter la responsabilité en dernier ressort. Bien sûr, notre tâche consiste, en tant que techniciens, à accomplir les bons gestes opératoires, mais notre rôle est aussi de prendre les décisions, de les assumer, de ne jamais laisser transparaître nos doutes, nos hésitations, nos craintes. Dans le cas contraire, nous ferions porter à nos collaborateurs le fardeau d'une responsabilité qui doit peser sur nos seules épaules.

J'ai connu un moment de défaillance, de panique même, mais cela ne se reproduira pas. Je tire de cette expérience un précieux enseignement. Jamais plus je ne devrai laisser percer mon embarras. Au contraire, il me faudra désormais apparaître décidé, affirmer mes convictions pour rassurer l'équipe soignante qui doit trouver son énergie dans ma détermination.

– V –

LA SOLITUDE DU REMPLAÇANT

Deux catégories d'internes se précisaient nettement : ceux qui espéraient apprendre un métier pour s'installer dans le privé et ceux qui voulaient à tout prix faire carrière dans les hôpitaux. Je faisais partie de la seconde espèce, celle qui devait se préparer aux difficiles concours. La suite de la voie dite royale, c'était d'aller quasi à la mine, apprendre la chirurgie, bien sûr, mais aussi publier des études scientifiques. Un travail acharné pour un avenir incertain renvoyé à dix ans ! En attendant, mes stages se poursuivaient à un rythme effréné et je m'orientais vers le mou, c'est-à-dire le digestif.

Le salaire de l'interne était de petit niveau et les gardes n'étaient pas rétribuées, il me fallait donc recourir à la solution des remplacements, c'est-à-dire trouver un chirurgien disposé à abandonner son cabinet à un confrère le temps des vacances. Mon patron, le Pr Loygue, imposait d'ailleurs à ses internes de réguliers remplacements de chirurgiens installés en province.

– Pour apprendre le métier, disait-il. Plongé dans la piscine, il faut nager.

Comme il avait raison ! Là, pas de maître nageur, pas d'aînés pour nous guider. Un travail sans filet, une responsabilité totale, une sorte d'épreuve test pour un jeune chirurgien précipité dans un environnement bien différent de l'hôpital public.

Des remplacements bien choisis pouvaient se révéler aussi formateurs que les gardes... et se trouvaient de surcroît bien rémunérés, ce qui n'était pas négligeable pour ma famille.

Après tant d'années d'études à tirer le diable par la queue, moitié dans des chambres inconfortables et impersonnelles, moitié dans un petit logement étriqué, je commençais à apprécier le charme discret de la bourgeoisie. Je cédais à la tentation de poser mes valises dans une maison solide, parfaitement chauffée et délicatement moelleuse, celle du chirurgien que je venais remplacer. Un peu de calme, un peu de sérénité et, comme le disent si joliment les expressions populaires, de l'huile dans les rouages, du beurre dans les épinards...

Ma femme et moi étions très heureux d'être désormais parents de deux adorables fillettes. Pour faire face à mes obligations de père, peut-être aussi dans le secret espoir qu'un peu d'aisance financière atténuerait les crises de plus en plus fréquentes qui déchiraient notre couple, j'ai accepté ces remplacements avec enthousiasme.

Me voici donc à Chaumont-sur-Marne, petite ville de près de trente mille habitants. Je dois prendre la place du

Dr Schneider dans toutes ses activités, à la clinique comme à l'hôpital. J'habite une petite villa tout confort qui jouxte la clinique. C'est là que se situe mon centre d'information. En effet, j'apporte à chaque remplacement les livres nécessaires pour me rassurer et pour répondre à des situations imprévues. Il m'arrive d'interrompre une consultation, sous prétexte d'un cas urgent. En fait, je cours interroger ma bibliothèque sur une maladie mal connue ou sur une prescription précise. Je peux ensuite revenir, plein d'autorité, et affirmer sur un ton doctoral un savoir d'autant plus arrogant qu'il est très récent.

La salle de consultation de la clinique est agréable, avec des meubles de style et une belle bibliothèque pleine de livres médicaux. Conforme à l'image que l'on peut se faire d'un chirurgien installé, cette salle cossue rassure le malade. Rien à voir avec celle de l'hôpital, totalement anonyme et presque glaciale.

– C'est vous qui allez l'opérer, docteur ?

La question m'est directement posée. Je suis bien calé dans un fauteuil de cuir, face à un couple assez disparate. Je pense à un duo « insectueux »... Comme chez les orthoptères, la dame est aussi grosse que le monsieur est maigre. Elle parle sans arrêt et dirige l'entretien à la place de son mari. Je songe aussi à la Castafiore, flanquée du chétif M. Wagner, son pianiste. Ce petit monsieur tout maigre, la cinquantaine, doit subir une opération pour un ulcère de l'estomac.

– C'est vous qui allez l'opérer, docteur ? répète la dame.

Je lui réponds avec l'autorité et la conviction nécessaires :

– Bien sûr, madame.

Cette affirmation ne va pas de soi quand on a vingt-cinq ans et que l'on est interne de troisième année.

La dame me lance alors d'une manière assez touchante :

– Il ne va quand même pas mourir, docteur, il est si faible en ce moment...

Je la rassure, mais le chirurgien côtoie trop souvent le destin pour ne pas être attentif aux prémonitions et sensible aux superstitions. En effet, je suis superstitieux, comme la plupart de mes confrères. Ne jamais évoquer la mort... Ne jamais accepter un cadeau tant que le patient se trouve encore hospitalisé... Autant de petits signes, de petits rites, qui devraient éloigner les sombres destins.

Bien plus qu'à l'hôpital, le remplacement fait ressentir l'importance du dialogue, de l'échange, du contact humain. Le patient ne comprend pas entièrement notre jargon gréco-latin, mais le principal reste d'apaiser les craintes, d'évacuer l'angoisse.

Tout défile dans un cabinet : le banal, le dramatique et même le cocasse. Nouvelle consultation. J'examine cette fois une fort belle femme, blonde, très expansive, opérée d'un kyste de l'ovaire. Elle vient pour un simple contrôle. J'inspecte sa cicatrice dite « esthétique », c'est-à-dire cachée dans le maillot, et m'exclame, flatteur :

– Jolie cicatrice.

– Oh oui, docteur, tout le monde le dit ! me répond-elle du tac au tac.

J'en reste coi.

Entre ensuite dans mon cabinet une femme très chic accompagnée de son fils d'environ six ans. Elle est visiblement fort autoritaire.

– Je vous amène mon fils pour une appendicite. Il faut l'opérer car il ne va pas assez à la selle. Et puis il est faible, pâle, et il maigrit...

J'essaie de l'interrompre pour revenir au strict examen clinique. À chacune de mes questions à l'enfant, la mère répond pour lui. Après un examen totalement négatif, j'essaie de la convaincre qu'il faut peut-être attendre... Elle part contrariée et convaincue de mon incompétence. Évidemment, puisque mon diagnostic n'est pas en résonance avec sa conviction. En sortant du cabinet, elle me lance :

– Je reviendrai voir monsieur Schneider.

Entre deux patients, Mme Marie, la grosse cuisinière, pénètre dans le bureau et me demande avec formalisme :

– À quelle heure le docteur va-t-il déjeuner ?

Habitué à l'hôpital, aux salles de garde, je suis surpris d'entendre la chère Mme Marie s'adresser à moi à la troisième personne. Mais c'est la règle !

Comme le confort de la salle de consultation, ce protocole donne une image précise du statut du chirurgien à l'époque. En province, plus encore qu'à Paris, le chirurgien, souvent le seul en ville, est quelqu'un d'installé, d'établi. Il se voit respecté, partie intégrante de la bourgeoisie locale, qui se vit comme une élite. Par courtoisie, par instinct de caste, on m'invite aux dîners qui se donnent régulièrement dans ce milieu. Il y a là des médecins à la majestueuse clientèle, des élus locaux, des hauts fonctionnaires, des magistrats à la noble carrière, une poignée d'industriels, quelques gros commerçants. Ce petit monde tient entre ses mains le pouvoir, la fortune, et donc l'influence. Cette minuscule société se fréquente sans cesse, et dans tous les sens du terme. Ils sont les notables de Chaumont, et j'en fais partie, le temps de mon remplacement.

*
* *

En pleine consultation, coup de fil de l'hôpital de Chaumont : je dois vite venir aux urgences. L'interne de garde est un grand Zaïrois, parfaitement érudit. Il m'appelle parce qu'il est confronté à une famille agressive.

Nous sommes en présence d'une communauté gitane, une vingtaine d'hommes et de femmes, plus agités que menaçants. Le problème paraît simple : un jeune enfant de douze ans est tombé d'un arbre et souffre d'une fracture de l'humérus. Nous devons l'endormir pour la réduction et le plâtre. Or, la famille s'oppose à cette procédure. J'explique calmement les choses à celui qui se présente comme le chef du clan... Celui-ci me regarde intensément, je sens un fossé entre mes dires et son niveau de compréhension. Finalement, il me prend la main, me la serre très fort, et articule ces mots :

– C'est d'accord, mais si le gamin meurt, je te tue.

Retour à la clinique. Les parents d'Élodie m'attendent. Trois jours auparavant, j'ai opéré cette fillette blonde de huit ans pour une appendicite compliquée de péritonite.

Elle allait bien, mais hier soir, les choses se sont aggravées, la fièvre est montée. La petite geint sans arrêt, elle a des cernes sous les yeux et la langue sèche. Son transit intestinal est stoppé, son ventre un peu ballonné, distendu, se révèle douloureux à la palpation : un tableau d'occlusion.

Ses parents viennent aux nouvelles. Je leur explique la situation, mais ils ont du mal à comprendre. Comme souvent, l'entourage s'est focalisé sur l'opération plus que sur les suites. Le chirurgien, lui, sait que le combat est fréquemment plus houleux et moins clair pour l'évolution postopératoire que pour l'intervention elle-même où tout est limpide. Amener une famille à intégrer les complications possibles, surtout lorsqu'il s'agit d'un enfant, est un art délicat. Il faut dire sans trop inquiéter. Tout le problème, en l'occurrence, est de savoir s'il est nécessaire ou non de réopérer.

La maman d'Élodie me confie :

– Je suis inquiète, docteur, mais nous avons confiance en vous.

Tout est résumé. En mon for intérieur, je sais qu'il faut opérer à nouveau, mais j'atermoie :

– Nous déciderons en fin d'après-midi, je vous tiendrai au courant.

Je veux connaître l'avis de Corlin, l'anesthésiste, sur le niveau de déshydratation, et j'ai surtout besoin d'appeler mon oncle Philippe, pour qu'il me confirme la pertinence de mon diagnostic. Comme le grand guide qu'il a toujours été, il me conforte et me réconforte.

Avec Corlin, tout est facile. J'opère sur deux salles avec enchaînement rapide sans aucune attente. Mon aide principal, Albert, un infirmier, serait parfait s'il n'était pas aussi susceptible. Quand l'ordre que je lui donne lui semble trop brutal, il se bloque et devient presque un obstacle au bon déroulement de l'opération.

Cet après-midi, j'opère une grosse femme pour une tumeur du côlon. Schneider est un chirurgien de haute qualité, pourtant il a un défaut : il refuse d'intervenir sur les patients obèses !

– Malheur aux gros, dit-il.

Alors il m'a réservé cette catégorie de malades. Je m'exécute, mais dans le cas précis, je ne parviens pas à extraire le côlon de la cavité abdominale, tant elle est profonde.

– S'il te plaît, Albert, pourrais-tu m'aider un peu plus ?

Pour le stimuler, je lui parle de sa passion, la pétanque. Peut-être arriverai-je ainsi à obtenir de lui une plus grande implication.

À la fin de l'intervention, Corlin me lance :

– Alain, je viens de voir la petite Élodie.

Silence. Je regarde l'anesthésiste par-dessus le champ opératoire.

– Dis-moi vraiment ce que je dois faire...

Il me répond clairement :

– Je ne laisserais pas passer la nuit sur ce ventre. Je pense que c'est une occlusion réflexe, peut-être une hémorragie...

Une hémorragie ? C'est bien ce que je craignais. Tout en finissant d'opérer, je suis tout imprégné de la situation d'Élodie. Ai-je commis une faute ? Je ne vois pas laquelle, j'ai tout suturé, tout vérifié. Mais les faits sont là.

En début de soirée, nous mettons Élodie au bloc opératoire. Il faut vider l'estomac avant d'endormir profondément la petite... Corlin me fait grâce de sa plaisanterie favorite en début d'opération :

– Le couvert est mis, vous pouvez œuvrer !

Ce soir, ce n'est pas dans l'ambiance.

J'agrandis vers le haut et vers le bas la plaie récente. À l'ouverture de la cavité, un flot de sang noir jaillit. D'où vient cette hémorragie ? Il faut analyser, repérer, comprendre et trouver la parade. J'évacue avec l'aspirateur l'ensemble du liquide sanglant – près de deux litres ! Je reprends chacun des temps de la précédente opération, j'extériorise une partie de l'intestin... C'est là que survient l'éclair ! Proche du cæcum, je vois une petite artère qui saigne. J'avais pourtant bien ligaturé l'artère appendiculaire. Pas de doute, là se trouve l'origine des complications. À l'aide d'une longue pince, j'écrase l'artère que je ligature avec un lin.

J'avais sans doute lié le vaisseau avec un catgut, un fil plus souple, mieux toléré chez l'enfant, mais peut être moins sûr que le lin. Et la tempête se lève sous mon crâne. Ai-je commis une erreur ? Je n'aurais pas dû me servir de catgut... Un chirurgien assistant à Cochin m'avait prévenu qu'en cas de péritonite il ne faut jamais utiliser de catgut, on doit utiliser du lin. Sur des tissus inflammatoires, le catgut peut glisser.

Je finis l'opération en proie à la culpabilité. Que dire aux parents d'Élodie ? J'interroge Corlin, qui me répond :

– La vérité.

La vérité, c'est quoi ? Un aléa associé à la péritonite ? Une difficulté imprévue ? Je sors du bloc et vais voir les parents de la petite fille. D'abord rassurer... Tout va bien... Ensuite justifier le second geste... Il fallait réopérer... Et puis tenter d'expliquer l'hémorragie.

Dans ce genre de situation, l'infraverbal est aussi important que la parole. Les parents ont compris, mais surtout ils m'ont senti capable d'assumer la situation. Le chirurgien doit se montrer responsable, je l'ai dit. Il ne doit pas laisser filtrer son incertitude ou sa propre anxiété, sinon tout s'amplifie et l'appréciation s'égare dans l'angoisse irrationnelle. Le chirurgien ne doute pas, il décide. Et s'il doute, il doit être le seul à le savoir.

– VI –

MON CHEMIN DE DAMAS

Toute formation de chirurgien passait par l'anatomie, une grande tradition française. Le concours de chirurgien des hôpitaux était quasi inaccessible pour celui qui déviait de cette règle. Il fallait apprendre par cœur le corps humain dans ses détails infimes, dessiner des schémas devant les étudiants et surtout disséquer des cadavres. L'anatomie constituait le bréviaire du chirurgien. Nous devions posséder nos repères dans la grande carte de la vie, connaître les éléments nobles à contrôler ou à éviter, avant tout les axes vasculaires et nerveux. Pourtant, comme me l'a dit un jour un maître du bistouri :

– Pour aller d'un endroit à un autre en plein Paris, il n'est pas nécessaire de connaître le nom de toutes les rues.

L'école française de chirurgie ne percevait pas le souffle du vent nouveau qui venait d'outre-Atlantique. Fière de sa réputation, elle refusait des changements qui lui apparaissaient indignes de son brio et de son éclat. Cela ressemblait un peu au mépris des officiers de cavalerie pour les blindés : la mécanisation manquait de panache, elle se révélait vulgairement pratique, elle n'était pas dans la tradition... Les chirurgiens français n'allaient pas s'abaisser à se métamorphoser en statisticiens, pour pénétrer les réalités scientifiques, ils n'allaient pas se faire chercheurs, pour utiliser les avancées expérimentales. Ils continuaient donc d'opérer, d'opérer vite, avec maestria, comme un matador sous les acclamations de la foule. La brutalité du geste, pour précis qu'il fût, avait bien des inconvénients. Des opérations mal préparées étaient souvent mal supportées, et les malades se relevaient difficilement du choc opératoire.

En Amérique, se produisait parallèlement un véritable bouleversement. Avec pragmatisme, les chirurgiens anticipaient leur geste en réunissant toutes les informations possibles, en utilisant les techniques nouvelles qui apparaissaient en physiologie et en biochimie. Les opérations étaient scientifiquement agencées, soigneusement menées, plus facilement supportées. Ce qui était peut-être perdu en panache se trouvait largement compensé par ce que l'on gagnait en efficacité. Une nouvelle chirurgie naissait. D'autres secteurs, jusque-là interdits, s'ouvraient : la chirurgie du cœur, la neurochirurgie, la chirurgie du nourrisson... Bref, la technologie progressait plus vite que l'acte opératoire, annonçant une mutation profonde. Pas une année ne se passait sans que l'on apprenne la mise au point de nouvelles techniques, voire de grandes premières mondiales. Les résultats, analysés par les statistiques, interdisaient désormais l'improvisation. On recherchait la fiabilité, on condamnait l'aléatoire. Le chirurgien-technicien remplaçait peu à peu l'artiste.

Pour ma part, je dévorais les traités américains et les articles des revues scientifiques où l'on parlait de greffes de foie, de choc opératoire allégé, de nouvelles techniques de réanimation. Pourquoi donc persévérer dans l'étude acharnée de l'anatomie alors que le progrès se réalisait ailleurs ? De plus, il faut bien le dire, j'étais doté de défauts majeurs pour un anatomiste : je ne savais pas dessiner et je détestais la vue comme l'odeur des cadavres, qui toujours faisaient resurgir mon angoisse de mort. Je comprenais surtout qu'il fallait accomplir une sorte de révolution dans la carrière du chirurgien.

Je pris donc le risque d'abandonner le chemin de l'anatomie pour devenir assistant en physiologie, science de l'étude des fonctions et des propriétés des organes. Mon responsable, le Pr Daniel Laurent, m'orienta rapidement vers un stage en laboratoire à l'hôpital Broussais : un an à ne faire que de la recherche ! Bien sûr, une vie de misère s'annonçait, avec la seule perspective immédiate d'une modeste bourse. Pour survivre avec deux enfants, je donnais des conférences aux étudiants le soir et faisais des remplacements.

Le laboratoire de recherche de Broussais constituait un autre monde. J'ai dû m'intégrer à tous les programmes de la semaine. Lundi : greffes de foie. Mardi : cœurs artificiels. Mercredi : bibliographie. Jeudi : transplantations cardiaques. Vendredi : programme libre.

J'appréciais particulièrement les jeudis. C'est vrai que les greffes cardiaques étaient dans l'air. Avec Jean-Paul Cachera, brillant agrégé, nous exécutions chaque semaine une partition parfaitement rodée : prélèvement du cœur chez un chien pour l'implanter chez un autre... Nous dominions la technique de la transplantation, mais le défi consistait à maîtriser le rejet.

Jeune interne en recherche, je me voyais confronté à la chirurgie de l'avenir. La vie du laboratoire incitait à une étrange gymnastique cérébrale. D'abord, il fallait se former aux protocoles, aux statistiques, à l'étude des résultats, autant de techniques auxquelles nos concours ne nous préparaient absolument pas. Nous, les « forts en mémoire », devions nous confronter à la rigueur scientifique et... à l'anglais.

À cette époque, la recherche n'avait pas la reconnaissance officielle dont elle jouit aujourd'hui. Lorsque, tout récemment, j'ai vu aux États-Unis un building entier, flambant neuf, entièrement consacré à la recherche sur le cœur artificiel, je n'ai pu m'empêcher de me souvenir du bricoleur que j'étais à ce moment-là. À présent, la recherche s'effectue souvent derrière un ordinateur pour aller au fin fond des origines même de la vie. Au temps de l'empirisme, on travaillait sur les animaux.

Oui, je devais assumer la souffrance et le sacrifice de l'animal de laboratoire. Bien sûr, tout était fait pour supprimer les souffrances inutiles, mais le sacrifice animal était bien réel. Et puis, nous avions en charge les soins postopératoires, après les expériences. Je devais régulièrement, y compris les dimanches, assurer le suivi de chaque animal... Alors, je m'attachais. Et ce qui devait arriver arriva : un chien d'expérience, une sorte de bâtard tout noir avec un regard triste et affectueux, m'a fait craquer. Par mille détours, j'ai évité son sacrifice et décidé d'arrêter le protocole en cours... pour aller offrir le toutou à mes filles. La seule chose choquante était la cicatrice qu'il portait au flanc. Chaque fois que l'on nous demandait d'où provenait cette cicatrice, nous étions obligés de mentir et d'affirmer qu'il avait été malade et parfaitement soigné.

*
* *

Alors que je suis pris dans cette sorte de routine, ma vie bascule en quelques jours. Un vrai chemin de Damas... Viens et suis-moi ! Les Asiatiques diraient que mon karma, mon destin, veille et s'accomplit.

Daniel Laurent, le directeur du laboratoire, me convoque un lundi matin.

– Alain, tu sais que nous apprécions ton travail. Mais c'est de ton avenir que je veux te parler.

Laurent ne me voit pas retourner dans des services digestifs, il imagine pour moi un avenir « radieux » dans les disciplines naissantes. Physiologiste cardio-vasculaire, il me pousse vers la chirurgie cardiaque. Il est vrai que le laboratoire de Broussais, dans lequel j'exerce depuis plusieurs mois, se trouve dans le pavillon Leriche, temple d'une chirurgie cardiaque encore à ses balbutiements, animé par le grand Charles Dubost.

– Alain, je vais te présenter un jeune assistant de chez Dubost, une sorte de génie. En tout cas, il promet et tu devrais t'accrocher à lui.

Ce génie, c'est Alain Carpentier. Le premier contact est bref. Ce qui domine, chez cet homme, c'est le regard, une sorte de scanner intelligent qui voit tout, comprend tout, enregistre tout. Petit et sec, son visage rappelle celui de Voltaire, son front n'en finit plus et la finesse de ses traits accentue l'impression de force et de vivacité. Avec cela, une grandeur, une générosité, une vraie bonté qui structurent un esprit étincelant et lui donnent épaisseur et consistance. Alain Carpentier, c'est l'humanisme incarné, où le cœur – si je puis dire – donne un sens à l'intelligence.

Une connivence immédiate s'établit entre lui et moi. Je ne sais pas si les éléphants blancs se reconnaissent entre eux. Pour ma part, je comprends immédiatement que lui et moi sommes de la même espèce. Nous nous montrons tous deux prêts à prendre de vrais risques pour nous embarquer dans cette aventure, nous acceptons de nous mettre en danger afin de suivre Dubost, comme les matelots suivaient jadis Christophe Colomb. Nous ne savons pas très bien où nous allons, ni même s'il y aura quelque chose au bout de chemin, mais nous sommes prêts à tout abandonner pour tenter l'aventure. Sans nous le dire, sans nous l'avouer à nous-mêmes, nous savons pourtant qu'il faudra renoncer à une vie de famille équilibrée, à des salaires avantageux, au confort intellectuel d'une carrière balisée. Parce que j'ai déjà franchi le pas, abandonné la route bien tracée d'un parcours chirurgical classique en m'intéressant à la recherche et aux nouvelles techniques médicales, Alain Carpentier perçoit en moi un candidat pour explorer le nouveau monde de la chirurgie moderne. Il me scrute de son regard vif...

– Tu es interne en recherche ? C'est bien, une démarche courageuse !

Il m'interroge sur mon avenir, je lui parle du digestif... Il m'interrompt dans un demi-sourire.

– Oh oui, moi j'allais en orthopédie... et je fais de la chirurgie cardiaque ! Daniel Laurent m'a dit de te prendre en charge, je t'intègre donc immédiatement dans le programme des valves du cœur et d'utilisation de valves animales chez l'homme.

Pour lui, la problématique est simple : comment utiliser des valves animales en chirurgie cardiaque ? Dans ce cas précis, le porc est l'ami de l'homme, car la taille de son cœur est proche du nôtre. Ces valves, utilisées chez l'être humain, pourraient aider à sauver des cohortes de malades avec, comme principal avantage, l'absence de traitement anticoagulant. Mais il faut traiter ces valves pour qu'elles soient parfaitement tolérées et éviter le rejet. Problème exposé, problème résolu, car Carpentier est un vrai chercheur.

*
* *

C'est quoi, un vrai chercheur ? C'est quelqu'un qui examine sans a priori toutes les solutions et tâtonne tous azimuts. Si vous avez égaré vos clés, et si vous les cherchez là où elles pourraient logiquement avoir été déposées, sur la table ou sur le canapé du salon, vous ne les trouverez probablement pas. Si vous les avez perdues, c'est précisément parce que vous les avez placées dans un endroit où elles n'ont rien à faire. Un chercheur qui cherche doit accomplir la démarche intellectuelle de celui qui ouvre le réfrigérateur pour voir si les clés y sont cachées... C'est souvent dans l'improbable, dans l'impensable, que l'on trouve.

Alain Carpentier possède cette rare capacité de faire table rase de toutes les certitudes, de toutes les habitudes intellectuelles, pour prendre un problème au point zéro et explorer toutes les directions. En l'occurrence, c'est par la biochimie, dans ce qu'elle a de plus complexe, qu'il a pu résoudre le problème des valves du porc et de leur rejet par l'homme.

Au cours des longues séances d'expérimentation, j'apprends que les découvertes en chirurgie sont liées à un agencement subtil de plusieurs disciplines, biochimie, physiologie, biophysique, immunologie. D'abord brouillonne et complexe, la découverte s'organise, s'amplifie, et peut faire masse en quelques instants. Mais à la base de tout, il y a le concept, l'idée. Au commencement, il y eut le Verbe. En lui, par lui, surgit le foisonnement.

*
* *

Très rapidement, je me lance dans une recherche sur l'infarctus. L'infarctus, c'est l'obturation brutale d'une artère du cœur par un petit caillot de sang. La partie du cœur qui dépend de cette artère n'est plus irriguée et très vite se nécrose, elle ne remplit plus sa fonction de contraction, gênant ainsi le bon fonctionnement de l'ensemble du muscle cœur. Les infarctus non soignés se remarquent par des « portions blanchâtres » sur le cœur, elles correspondent à la zone cicatricielle qui n'est plus irriguée.

Mon travail est de prouver qu'en apportant du sang oxygéné en pleine nécrose, on obtient un blocage de l'évolution de la crise et surtout une diminution de la taille de l'infarctus.

À cette époque, l'infarctus se révèle presque toujours fatal, on ne peut l'observer que sur des cadavres... Comment, dans ces conditions, constater le déroulement de l'attaque ? Je me plonge dans un vaste programme d'expériences sur le rat... Je ligature une artère du cœur d'un rat avec un « nœud de galérien », puis, suivant un programme établi, je défais ces nœuds après une heure, deux heures, trois heures ou plus encore, restaurant l'irrigation du cœur à intervalles calculés.

De jour, de nuit, week-end compris, je crée des infarctus chez le rongeur et je pratique, selon un protocole original, des opérations qui rétablissent la circulation sanguine au sein de l'infarctus. Par ce biais, je pénètre le monde des rats. J'admire leur organisation. Un jour, comme j'en ramène une livraison, ils perforent la caisse et envahissent ma voiture, créant une colonie organisée.

Il nous fallut opérer plus de deux mille rats pour être pris au sérieux, y compris aux États-Unis. Mais nous avons gagné, nous avons observé en temps réel un infarctus en train de se produire et surtout le bienfait du rétablissement du flux sanguin. J'en ai même fait ma thèse, que j'ai remise plus tard au Pr Lenègre. Ce cardiologue de renommée mondiale m'a décrété, sentencieux et pétri d'humour :

– Mon cher Deloche, votre thèse est particulièrement utile... pour le rat.

Erreur. Elle le sera aussi pour l'homme. Ô combien !

Aujourd'hui, rétablir la circulation du sang au sein d'un infarctus est une pratique quotidienne qui sauve des milliers de vie.

À cette époque, il nous faut œuvrer comme des artisans. Je cours les abattoirs pour me procurer des cœurs de porcs encore palpitants dont nous extrayons les valves, aussitôt nettoyées pour pouvoir être conservées et utilisées.

En arrière-fond de tout cela, il y a la conquête du Nouveau Monde. Sans le tampon américain, toute innovation n'a que peu de résonance. Alors mon stage prend une autre tournure, comme si les choses étaient écrites à l'avance, comme si le destin m'emportait. Avec Alain Carpentier, je pénètre le temple de la chirurgie cardiaque, j'assiste aux prestations d'une sorte de dieu : Charles Dubost.

En 1967, une opération à cœur ouvert signifie une entrée dans un monde presque magique où l'acte technique est intégré dans un univers technologique splendide... Le cœur est arrêté, la machine cœur-poumons artificiels est en marche et permet au maître de la chirurgie d'ouvrir le cœur pour y réparer les anomalies de naissance ou remplacer les valves. Charles Dubost excelle dans ces opérations et les mène avec prestance. Son autorité se mêle à sa précision et à son élégance. Le grand chirurgien officie entouré d'une équipe apparemment soudée où, comme dans un ballet bien réglé, chacun trouve sa place.

Après une année d'initiation à la recherche pure, je réintègre la voie normale, sans vraiment abandonner la recherche. Je suis donc interne en chirurgie le jour et chercheur après 18 heures, donnant corps à la volonté nouvelle de faire s'interpénétrer la recherche, la pratique médicale et l'enseignement. Aujourd'hui, ce principe mêlant les trois activités est hautement affirmé... mais rarement appliqué en totalité.

Quoi qu'il en soit, ma décision est prise : ce sera la chirurgie cardiaque. Faire un trait sur le digestif, rendre la place de chef de clinique à laquelle le Pr Loygue m'a appelé, affronter son regard de dédaigneuse déception n'est pas chose facile.

Charles Dubost me reçoit pour un court entretien. La formation d'un chirurgien cardiaque à partir du point zéro est d'environ sept ans... Sept ans supplémentaires, sept ans encore ! L'aventure s'annonce dure et incertaine, un véritable engagement, une mission qui perturbera encore plus ma vie de famille et l'équilibre de mon existence, mais comment renoncer ? La chirurgie cardiaque est *terra incognita*, tout est à inventer.

– VII –

LA TRANSPLANTATION DU PÈRE BOULOGNE

Dehors, au loin, Mai 68 gronde et résonne. Le peuple est dans la rue, il est interdit d'interdire. Les pavés, dressés en barricades, ont dégagé la plage. Sur le bord de la mer des illusions, les étudiants dansent un tango endiablé avec les CRS, un pas en avant, deux pas en arrière. Au moment où Paris s'exalte, l'hôpital Broussais semble figé dans un calme pesant, écrasant.

En ce printemps agité, un demi-étage est curieusement fermé pour nettoyage. Une grande pièce, isolée au troisième étage, fait l'objet d'aménagements destinés à la transformer en un box éclairé d'une large vitre. À mes interrogations, je ne reçois que des réponses faussement détachées... «Je n'en sais pas plus que toi... On verra bien...»

Le matin du grand soir, le jour où tombe la Sorbonne, un personnage tout de blanc vêtu entre dans notre service. L'ondoiement nacré de son aube met en valeur le tomber strict de son scapulaire noir. C'est un dominicain.

Le père Boulogne en majesté pénètre dans l'hôpital Broussais. La cinquantaine enrobée, il a le port altier des grands religieux. La noblesse de sa démarche, l'onction de ses gestes renforcent encore son imposante présence physique. Son visage rayonnant d'intelligence, très rond, s'organise autour de grosses lunettes d'écaille à verres épais. La voix grave et douce se teinte à peine de chaudes intonations méridionales.

Depuis plusieurs années, le père Boulogne souffre d'insuffisance cardiaque. Il a même fait plusieurs épisodes d'arrêt du cœur. Le religieux déclare à qui veut l'entendre – et l'homme n'est pas avare de confidences – qu'il en veut un peu aux médecins qui, chaque fois, l'ont ramené d'une sorte de nirvana où l'élevaient ses malaises. Un nirvana d'une douceur infinie évoqué dans un sourire patelin... Est-il sincère ? Se veut-il provocant ? Nul ne peut le savoir, car le personnage échappe aux classifications de l'espèce humaine et nous conduit dans la quatrième dimension.

Le père Boulogne est, en religion, le père Damien. Pure coïncidence ? Prémonition ? Le père nous rappelle que saint Damien, patron des chirurgiens, a été canonisé pour avoir greffé à un unijambiste une jambe prélevée sur un cadavre. Un miracle en plein IIIe siècle.

Aux chirurgiens qui lui exposent sa situation et lui suggèrent la possibilité d'une transplantation salvatrice, le religieux répond doucement, dans une humilité résignée :

– C'est Dieu qui m'amène à vous.

L'évidence manifeste de son détachement apostolique impressionne les infirmières. Sa chambre devient peu à peu un endroit presque sacré, et les plus émotives esquissent une génuflexion furtive en pénétrant dans ce qui est quasiment devenu un oratoire. Mais les règles d'asepsie restent valables, et tout ici doit être stérile. Même le bréviaire passe à l'autoclave...

– Pour être encore plus pur, murmure le religieux.

*
* *

En ce mois de mai 1968, voilà déjà cinq mois que l'annonce d'une greffe cardiaque a ébranlé le monde. Le 3 décembre 1967, la nouvelle venue du Cap en Afrique du Sud est tombée comme la foudre : « Un homme de cinquante-quatre ans reçoit le cœur d'un jeune homme décédé suite à un accident de la route. » Le Pr Christian Barnard avait tenté la première transplantation cardiaque ! Au pays de l'apartheid, les autorités avaient accepté que le jeune donneur ne fût pas un Blanc. Le cœur d'un Noir dans la poitrine d'un Blanc, belle image pour ébranler le racisme étatique ! Malheureusement, le greffé succomba dix-huit jours plus tard, emporté par une infection pulmonaire.

Les tentatives se multipliaient dans les mois suivants. Kantrowitz – trois jours après Barnard – procéda à une greffe cardiaque sur un bébé de dix-huit mois, sans succès. Dans une folie planétaire, d'autres essais suivirent, principalement aux États-Unis. En France, le Pr Christian Cabrol effectua, le 28 avril 1968, la première greffe cardiaque hexagonale à l'hôpital de la Pitié-Salpêtrière. Un exploit technique, mais l'indication était trop tardive, l'état du patient ne laissait que peu de chance au succès. L'opéré ne survécut que deux jours.

Un samedi matin, nous avons tous été convoqués à la bibliothèque de l'hôpital. Charles Dubost, le patron, apparut tendu mais déterminé, tel l'Empereur devant ses troupes :

– La greffe de la Pitié a été un échec, celle de Broussais doit être une réussite.

Le ton était donné. Jean-Paul Cachera, l'agrégé du service, responsable de la transplantation, décrivit avec précision le déroulé de la greffe. Depuis près de deux ans, il avait mis au point la technique chez le chien. Le point crucial restait celui du donneur.

Le prélèvement du cœur relançait le débat sur les critères de la mort. Aucune loi n'en donnait alors une définition. Si la mort est liée à l'arrêt du cœur, comment faire pour prélever l'organe dans un délai compatible avec une greffe ? Barnard avait, d'une certaine manière, respecté les interdits et les barrières : attendant l'arrêt du cœur du donneur en salle d'opération avant de l'extraire en moins de six minutes. Ce prélèvement du cœur encore presque frémissant constituait pour certains un vrai scandale, une transgression majeure, à la fois culturelle et religieuse. La grande équipe de Shumway, en Californie, s'estimait alors prête, archi-prête, mais se trouvait entravée par l'absence de directives précises sur la définition de la mort. Je découvrais en direct la problématique du don d'organes.

Un neurologue un peu mondain, présent à notre réunion, nous livra sa réflexion d'un ton péremptoire :

– Si le réflexe crémastérien est aboli, c'est la mort.

En clair, cela voulait dire que, sans activité du cerveau, la mort pouvait être déclarée. Il précisa encore que si plusieurs électroencéphalogrammes se révélaient plats, l'absence d'activité électrique du cerveau signait sa destruction massive. Enfin, il conclut de façon lapidaire :

– On peut être mort et avoir des organes nobles fonctionnels, les reins, le foie, le cœur, les poumons...

Le neurologue mondain avait raison. D'ailleurs, en France, les choses allaient évoluer plus vite qu'ailleurs et un consensus devait s'établir sur cette nouvelle définition : la mort est encéphalique. Autrement dit, elle survient par l'anéantissement des centres nerveux contenus dans la cavité crânienne. Aujourd'hui, le problème est réglé. Il n'y a plus aucun doute sur cette définition. Les cafouillages et les hésitations de l'époque font figure d'histoire ancienne.

*
* *

Le 11 mai, un jeune homme de trente-quatre ans, victime d'une hémorragie cérébrale, est transféré dans notre réanimation en état de coma profond. Est-il vraiment mort ? C'est le problème du jour. Le patron demande un avis médical signé par plusieurs experts. Je suis un peu pétrifié par le ton de la discussion, mais j'ai l'impression de vivre un moment historique. Interne en troisième année, je n'ose pas poser les questions qui me brûlent les lèvres, en particulier sur la famille du jeune patient... Se montre-t-elle consentante pour le prélèvement ? Visiblement, ces points doivent être traités en comité restreint.

Les équipes sont définies. Je serai du côté du donneur en salle 2. Le père Boulogne, le receveur, se trouvera en salle 3. La greffe est prévue pour le lendemain dimanche... « Le jour du Seigneur », dit froidement le patron. Il ajoute, avec une détermination et une autorité non discutée :

– Vous êtes tenus par le secret professionnel, je réclame un silence total. N'en parlez à personne, pas même à vos proches.

La suite de la discussion porte sur le protocole immunologique pour lutter contre le rejet. On fait appel à Jean Dausset, futur prix Nobel, pour une compatibilité HLA, compatibilité établie à partir des chromosomes. Mais le souci dominant reste la prévention de l'infection : le bloc opératoire est fermé pour subir un grand nettoyage et une stérilisation totale.

Jour J à midi. L'effervescence monte. Fait unique dans les annales hospitalières, toute personne entrant au bloc opératoire doit subir une douche antiseptique et ne peut plus en sortir.

Le donneur est amené. Avant de prélever l'organe battant, il faut mettre en place un système d'assistance cardiaque pour éviter tout arrêt inopiné du cœur, accident qui bousculerait le protocole. Je sens une gêne dans l'équipe, mais elle est infraverbale.

Le père Boulogne est installé dans la salle 3, contiguë. Le père apparaît serein et plaisante avec les anesthésistes. Sa confiance est presque apaisante.

Dans la salle 2, les choses s'accélèrent. Je ne veux pas regarder le visage du jeune donneur, le « mort vivant ». Heureusement, les champs opératoires sont installés, ne laissant visible que le tronc, occultant les questions fondamentales. Seule se manifeste maintenant la dimension technique. Le thorax du donneur est ouvert, tout se passe bien, l'assistance cardiaque fonctionne, nous avons le temps.

L'incision, côté père Boulogne, n'est pratiquée qu'une fois le cœur du donneur « validé » par Carpentier, en charge de cette première étape.

Top receveur.

Dans l'autre salle, Cachera opère, aidé par Dubost. Le cœur du père leur apparaît énorme et ses battements sont faibles. Ils voient des teintes violacées avec des taches blanchâtres, séquelles d'anciens infarctus. Le système cœur-poumons artificiels est mis en place, donnant toute liberté de manœuvre.

Top prélèvement.

Carpentier s'exécute. Le cœur est rapidement libéré de ses attaches vasculaires puis excisé. Dans une vision fugace, je m'imagine au Mexique, chez les Aztèques. Le prêtre avec son couteau d'obsidienne fend la poitrine du sacrifié, arrache le cœur, et le jette dans la coupe rituelle pour apaiser les dieux... Carpentier dépose le cœur encore battant dans une cupule remplie de sérum glacé. Pour nous tous, l'instant a quelque chose de vertigineux... mais il ne faut pas penser au vertige lorsqu'on a atteint le sommet de la falaise.

Top greffe.

Quand j'arrive en salle 3, le cœur du père est déjà prélevé. L'intérieur du thorax apparaît étrangement vide. Un vide angoissant. Place à la technique. Le nouveau cœur est animé de quelques battements, les vaisseaux et attaches sont redécoupés pour que tout soit prêt à être implanté. Le cœur déposé dans la poitrine du père Boulogne semble trop petit pour l'espace qui lui est réservé. Les gestes sont exécutés comme dans un ballet. Le principe technique, clé de toute greffe cardiaque, consiste à laisser en place le fond du cœur du receveur avec ses attaches veineuses, technique mise au point dans les années soixante par Shumway. Mon patron, estimant que les choses ne se déroulent pas assez promptement, me stupéfie. Il n'a jamais effectué d'expérimentation sur ce processus, mais il lance à Cachera :

– Donnez-moi le porte-aiguilles, je ne suis plus à ma main.

En termes voilés, cela signifie « c'est moi qui vais finir ». En moins d'une heure le nouveau cœur est cousu. Au premier choc électrique, il bat. Des battements énergiques. Le cœur n'est qu'une pompe... La greffe désacralise le cœur.

Le père Boulogne quitte le bloc opératoire vers 19 heures. Nous sommes tous autour de lui, émus et satisfaits.

Vers 23 heures, une grande radio annonce l'événement ! Mon frère m'appelle pour savoir... Je reste abasourdi. D'où est venue la fuite ? Même les détails techniques sont diffusés sur l'antenne. L'espion se trouvait sans doute en salle d'opération, mais on ne saura jamais vraiment qui il était.

Vers minuit, en une ruée indescriptible, une meute de journalistes s'agglomère devant l'hôpital. Toute personne appartenant à Broussais est interviewée, y compris les brancardiers. Pour calmer les esprits, le directeur ordonne la fermeture momentanée de l'établissement à tout visiteur.

Au plus haut niveau de l'Assistance publique, il est décidé de canaliser les informations et d'organiser une conférence de presse pour le lendemain. Nous tentons vainement de cacher l'identité du receveur, le nom du père Boulogne est prononcé sur les ondes... Il est déjà une vedette alors qu'il n'est pas encore sorti de réanimation ! Une autre ère de la médecine se fait jour : l'ouverture sur le monde extérieur par médias interposés. Là, tout est glorifié, magnifié, amplifié.

Si les choses se compliquent sur le plan médiatique, les suites médicales restent simples. Le traitement antirejet se révèle alors peu complexe. Rien à voir avec la lourde thérapeutique actuelle. Il s'agit presque, à l'époque, d'une folie immunologique : la tolérance ou le rejet s'apparente à une loterie.

Je me trouve régulièrement de garde auprès du père Boulogne dans sa chambre stérile. Habillé d'une casaque avec bavette et gants, je passe la nuit avec lui. À l'image de Teilhard de Chardin, le père est un dominicain plus qu'érudit et même un véritable philosophe. Il me rappelle que la greffe constitue un lien avec la vie à travers la mort. Pourquoi faut-il qu'une vie ne puisse être rendue qu'en échange d'une mort ? La grande loi universelle... La réincarnation peut-être...

– Le prélèvement cardiaque est un geste contre nature, répète le père Boulogne. Le seul pardon possible réside dans l'espoir d'une vie sauvée.

Il nous rappelle souvent le proverbe sanscrit : « Tout ce qui n'est pas donné est perdu. » Il souligne aussi la solidité psychologique nécessaire pour subir une telle greffe, qui impose une bascule permanente entre sa propre vie et la mort d'un autre.

Après dix jours de chambre stérile, le père regagna sa chambre. Il ne pouvait encore quitter l'hôpital, alors le monde extérieur venait à lui. Journalistes et photographes défilaient. Le père lança sur les ondes le cantique *Donnez-nous, Seigneur, un cœur nouveau* et prononça une messe télévisée en direct... Il devint pour certains une lumière de foi et d'espérance, prenant peut-être goût à cette renommée.

Par la suite, il sortait durant la journée, mais rentrait à l'hôpital le soir. L'établissement constituait en quelque sorte son nouveau monastère. Toute l'équipe soignante se voulait proche de lui et lui se montrait proche de nous tous.

En septembre 1969, seize mois après l'opération, le père Boulogne s'écroula brutalement lors d'un dîner chez des amis. Il succomba à un trouble de rythme par rejet chronique non maîtrisé. Nous étions sous le choc.

Le patron nous réunit pour nous faire part de sa décision :

– Plus jamais de greffe avant un vrai progrès en immunologie.

*
* *

Parce que c'était une greffe cardiaque et que l'on touchait au symbole même de la vie, et donc de la mort, parce qu'il y avait un donneur qui posait la question de la nature de la mort, parce qu'il y avait un receveur qui nous interpellait sur la signification de la vie, parce que ce premier greffé était le père Boulogne, religieux, philosophe et rhétoricien, l'équipe a été amenée à réfléchir profondément sur le sens de son action. Contrairement à ce que beaucoup pensent, les médecins ne sont pas animés par le seul cartésianisme scientifique, ils s'interrogent bien souvent sur Dieu et son existence.

Pour ma part, j'ai été élevé dans une famille où la foi constituait une notion perpétuellement scrutée. Cependant, c'est au père Boulogne que je dois l'ouverture de ce débat dans mon univers professionnel. Par le père Boulogne, le chirurgien adulte se trouvait désormais face à la question de Dieu... *La* question ! Pour moi, Dieu n'est qu'une question, la seule qui vaille puisqu'elle n'a pas de réponse. Que le père Boulogne fût un saint ou un faiseur médiatique n'a que peu d'importance. Avec lui, par lui, la question m'accompagnera toujours.

*
* *

Partout dans le monde, le corps médical constatait, comme nous, le non-contrôle du rejet. L'Amérique rendait son verdict, identique à celui de notre patron : arrêt net des transplantations avant un nouveau cap immunologique.

Après cet emballement émerveillé, une période sombre devait suivre. Comme l'avait ordonné le patron, plus aucune tentative ne fut risquée dans notre équipe tant que le problème du rejet ne se trouva pas réglé. Une première étape a été franchie ensuite par l'apparition et l'utilisation de la Cyclosporine, qui permet de limiter ces rejets.

Aujourd'hui, trente-sept ans plus tard, une moyenne de deux greffes par mois sont effectuées par le chirurgien de garde de l'hôpital Georges-Pompidou. Des équipes entières surveillent le phénomène de rejet, gèrent et dosent l'utilisation des immunodépresseurs. Chaque année, près de quatre cents greffes cardiaques sont réalisées en France et plus de quatre mille dans le monde. La seule limite que nous rencontrons réside dans l'insuffisance des donneurs. Phénomène encore aggravé pour des raisons religieuses. En Asie, particulièrement au Japon, la croyance veut que le manque d'un organe comme le cœur compromette le phénomène de réincarnation.

Ces blocages – qui ne font que s'amplifier – ont naturellement orienté la recherche vers le cœur artificiel. Aux États-Unis et au Japon, notamment, des équipes travaillent sur ce problème. Puisque le cœur n'est qu'une pompe, nous n'avons pas trop de mal à mettre en place une pompe artificielle. À l'hôpital Georges-Pompidou, où j'exerce, vous pouvez croiser des malades apparemment en bonne santé... Ils ne se distinguent que par un horrible petit sac porté en bandoulière. Un cœur artificiel se trouve implanté dans leur cage thoracique et, en attendant de trouver un donneur compatible, le sac contient les batteries capables de faire fonctionner la pompe. Car tout le problème est là : comment alimenter ce cœur artificiel en énergie d'une manière durable et en toute sécurité ?

Sur ce point crucial, la recherche d'avant-garde touche à la génétique. Des équipes expérimentent des cellules embryonnaires souches qui pourraient être amenées à devenir des cellules cardiaques, cellules constitutives du muscle-cœur. Implantées dans un cœur malade, elles reconstitueraient un organe sain. Philippe Ménasché, chercheur de pointe en chirurgie cardiaque à Georges-Pompidou, tente déjà l'implantation de cellules de souris dans le cœur du singe, on s'approche de l'homme. D'autres équipes, engagées dans une voie différente, travaillent sur l'adaptation des cœurs d'animaux, notamment sur des banques de cœurs de veaux et de moutons.

Je suis de très près ces développements, mais je garde en moi, et pour toujours, l'image du père Boulogne. Son volontariat touchait à l'apostolat, son message était imprégné d'amour et d'espoir.

– VIII –

ODE À LA VALVE MITRALE

Nous vivions une grande époque, de nouveaux chapitres de la cardiologie s'ouvraient. Innovateurs ou apprentis sorciers ? Peu importe. Les conquêtes se faisaient dans la joie et la douleur. Il fallait vraiment avoir, chevillées au corps, la religion du progrès et la foi du pionnier.

Interne débutant en chirurgie cardiaque, je voyais les jours défiler à grande vitesse. Les opérations à cœur ouvert étaient longues, plus de dix heures chacune, et les semaines ponctuées de deux gardes, l'une en chirurgie, l'autre en réanimation. De plus, Alain Carpentier me faisait participer à ses innovations. Il fallait suivre.

Un jour de juin 1968, alors que nous étions bloqués sur le périphérique à la porte de Bagnolet, Carpentier sortit brusquement de sa poche un anneau métallique en forme de gros haricot et m'interrogea sur son utilité. Je lui répliquai presque instinctivement :

– C'est pour réparer la mitrale.

Il parut un peu surpris, presque déçu par ma réponse exacte. Réparer la valve mitrale, une des valves du cœur, était sa préoccupation majeure. Réparer, c'est-à-dire reconstituer l'anatomie normale, conférait à cette époque des lettres de noblesse en chirurgie. Carpentier m'impliqua aussitôt dans son travail de recherche.

Il faut bien comprendre que le cœur fonctionne avec quatre soupapes : deux à droite, deux à gauche. De chaque côté, la synchronisation est parfaite. Lors de la contraction, la soupape de sortie s'ouvre pendant que la soupape d'admission se ferme. Et inversement. Cela un million de fois par vingt-quatre heures, des milliards de fois dans une vie !

L'anatomie de la valve mitrale, soupape d'admission à gauche, peut faire croire en Dieu. En effet, comment ne pas admettre l'existence d'un Créateur en contemplant cette petite mécanique si parfaite, si admirablement adaptée au but qu'elle poursuit : faire circuler le fluide de vie ? Comment imaginer que le hasard ou la nécessité seuls aient pu réunir et ajuster tant de composants, tant de minuscules détails, formant un ensemble aussi éblouissant ? Chacune des parties, chacun des composants de la valve mitrale est mathématiquement ciselé pour s'intégrer à un tout complexe. La seule comparaison qui me vient à l'esprit est celle de la musique de Jean-Sébastien Bach... Une rigueur mathématique, une organisation si précisément juste qu'elle prend la forme d'une évidence. Elle ne pourrait pas être conçue différemment. Comme dans une sonate de Bach, tout paraît résulter naturellement de la proposition précédente, chaque phrase s'enchaîne, et ce jaillissement d'une réflexion ardue semble couler de source, si naturel qu'on ne pourrait pas l'imaginer autre. L'agencement mêlé d'éléments méticuleusement organisés prend, de façon paradoxale, dans la valve mitrale comme dans la musique de Bach, l'apparence de la simplicité. De cet absolu vient ma passion pour la valve mitrale. Chaque chirurgien cache une faiblesse secrète pour un organe ou une opération. Pour moi, c'est sans conteste la mitrale.

Celle-ci est faite de deux voiles fixées en haut sur une sorte d'anneau fibreux, et en bas, du côté du ventricule, par une centaine de cordages. Aucun frottement au passage de huit mille litres de sang par jour, l'ouverture est totale par écartement des voiles. La fermeture est presque brutale, liée au changement du régime de pression avec affrontement des deux portions de la valve, retenues par la tension soudaine des cordages de longueur et d'épaisseur inégales.

La moindre altération d'un des composants entraîne une incontinence, une fuite à chaque battement. L'angine banale [1] peut faire des ravages sur cette valve, surtout chez les enfants et les adolescents des pays pauvres, car l'infection mal soignée secrète des substances qui altèrent les constituants du cœur. Ces attaques se répètent avec atteinte simultanée des articulations et finissent par cicatriser en rigidifiant une ou plusieurs valves. Il y a quarante ans, la seule option consistait à remplacer la valve malade par une prothèse artificielle, méthode coûteuse

1. Rhumatisme articulaire aigu lié à un streptocoque rare, l'atteinte cardiaque qu'il provoque est déclarée fléau par l'Organisation mondiale de la santé.

et dont les suites imposaient un traitement anticoagulant important, contrainte lourde de conséquences chez l'enfant. Réparer cette valve constituait un pari, une aventure, un défi, mais si cette intervention pouvait être mise au point elle serait susceptible de sauver des milliers d'enfants.

J'ai travaillé sur le cœur de cadavres, j'ai découpé ces cœurs, observé et évalué tous les éléments constitutifs de l'organe. J'étais émerveillé, m'identifiant un peu à l'ancêtre des chirurgiens, André Vésale, anatomiste flamand du XVIe siècle. J'observais avec précision l'anneau sur lequel s'attache chacune des voiles dont la circonférence varie avec le sexe et le poids. J'analysais la hauteur de la voile, je mesurais les cordages, je les comptais : cent deux pour la femme, cent cinq pour l'homme. Pour progresser, j'avais à ma disposition un trésor constitué de centaines de bocaux contenant chacun un cœur de malade décédé de fuite mitrale. Cette « bocothèque » de Broussais, vieille de plus de vingt ans, était le fruit du labeur d'anciens cardiologues. Grâce à elle, je pouvais effectuer un travail de compilation avec étude chiffrée et comparative. À l'aide d'un pied à coulisse et de lunettes-loupes, je tentais d'établir les bases anatomiques d'un futur geste chirurgical.

Après plusieurs mois de recherches, nous nous estimions certains de pouvoir réparer la valve mitrale. Des essais sur l'animal paraissaient encore nécessaires, notamment pour valider l'utilisation de l'anneau artificiel. Ces essais, dirigés par Alain Carpentier, ont eu de piètres résultats. Nous n'obtenions que des formations de caillots massifs au contact de la prothèse. L'obstacle majeur, la limite de l'expérimentation provenaient du fait que le chien ou le porc de laboratoire possédait un cœur sain, la maladie ne pouvait pas être reproduite. Que faire ? Passer à l'homme en s'assurant de toutes les conditions de sécurité ? À cette époque de pionniers, la conviction l'emportait... La foi du Carpentier ! Aucune structure légale ne nous entravait, mais aucune loi ne nous autorisait à poursuivre. Nous étions entièrement livrés à notre conscience.

*
* *

Le 8 août 1968, un jeune enfant de quinze ans arrive en urgence dans notre service. Martin souffre d'un œdème du poumon provoqué par une fuite mitrale majeure. Il est très maigre, presque cachectique. Sa respiration est extrêmement rapide et sa cage thoracique se trouve ébranlée par des battements cardiaques anarchiques. Ses joues sont violacées, son regard noir exprime son angoisse, presque une angoisse de l'au-delà. À l'auscultation, un énorme souffle râpeux est mis en évidence. Nous nous concertons. (Nous n'avions pas d'échocardiogramme à l'époque...) Moi, jeune interne, j'ose émettre un avis : son état s'aggrave rapidement, mais cette lésion me semble réparable. Carpentier décide l'opération pour l'après-midi même.

Dans le bloc, la tension est extrême. Pas un son, sinon le cliquetis des instruments et le bruissement régulier du respirateur. Dès l'ouverture, le cœur apparaît énorme, ses battements sont faibles et se ralentissent. Un court massage cardiaque se révèle nécessaire avant l'injection de drogues... Il était plus que temps d'intervenir.

La machine cœur-poumons artificiels est installée, l'oreillette ouverte aux ciseaux, le cœur asséché. Carpentier analyse la lésion. Normalement, l'orifice admet deux doigts ; là, nous pouvons passer presque quatre doigts... Une énorme dilatation ! Carpentier réduit la taille en cousant son anneau et raccourcit deux cordages. Je l'aide de mon mieux, je participe pleinement à cette opération historique. Mon aîné est très concentré, apparemment calme. Nous mesurons les paramètres et atteignons les chiffres normaux en accord avec nos études. L'anatomie est rétablie, les fausses notes introduites dans la partition par les dérèglements de la nature sont gommées. L'œuvre est restaurée dans la forme conçue à l'origine : parfaite. Une fois l'oreillette refermée, le cœur repart au premier choc électrique. La tension est bonne.

Avec un stéthoscope stérile, Carpentier ausculte le cœur en direct. Il me tend l'appareil. Le souffle râpeux a disparu. J'entends le claquement de fermeture de la valve. Ce claquement très net signifie l'opposition parfaite des deux voiles. L'opération est terminée. Carpentier me regarde. Je ne dis rien, mais il comprend que je partage son soulagement et sa certitude du résultat.

De garde la nuit, je reste proche de l'enfant. Il se réveille et me serre très fort la main en me regardant. Tout est dit.

*
* *

Cette réparation de la valve mitrale constituait une première. Une première mondiale. Mais que signifie le mot « première » en chirurgie ? Dans son acception la plus simple, il veut dire première tentative avec paternité. Mais une première seule ne serait rien. Il faut préciser s'il s'agit d'un succès opératoire destiné à rester isolé ou d'une réussite ouvrant la voie à une série continue d'interventions semblables, avant d'arriver au stade ultime, la banalisation de l'opération. Et que dire des « dernières » ? C'est-à-dire du moment où disparaît un type d'intervention pour être remplacé par un autre, souvent dans le silence.

Pas de médias, pour cette tentative originale menée sur le jeune Martin. Les conclusions furent exclusivement publiées dans la presse scientifique. Au début, comme souvent pour les grandes avancées, peu d'écho et beaucoup de critiques. On parla de bricolage, de « bricoloplastie »... L'avenir devait contredire ce pessimisme. En fait, un nouveau chapitre venait de s'ouvrir dans le domaine de la chirurgie cardiaque, chapitre surnommé par les Américains la *« french correction »*.

Avec Carpentier, nous avons acquis par la suite un peu d'expérience et tenté la commercialisation du système en France. Les entreprises n'y ont pas cru. Les Américains, eux, se sont montrés plus audacieux. Résultat : le *Carpentier Ring*, l'anneau permettant la réparation de la valve mitrale, a été vendu à travers le monde – et aux Français – par une grande compagnie des États-Unis, la Starr Edwards. Avec les importantes sommes que lui ont rapportées les centaines de milliers d'implants, Alain Carpentier a créé une fondation qui porte son nom. Basée à New York, elle aide la recherche et soutient l'humanitaire.

À la fin des années soixante, la marche en avant de la chirurgie cardiaque tenait encore de l'aventure. L'aventure du cœur. Aujourd'hui, dans les pays développés, un cadre juridique et éthique, au demeurant nécessaire, rendrait impossible une tentative comme celle qui a débouché sur la réparation de la valve mitrale. Nous devons à présent obtenir l'accord éclairé du malade ou de la famille, mais comment parvenir à un tel accord « éclairé » sur une innovation ou une expérimentation ? De nos jours, personne ne se risquerait à pareille démarche quand le moindre faux pas peut provoquer un scandale, quand le chirurgien travaille sous le regard scrutateur et acéré de la presse et de la justice.

*
* *

Je me sentais bien dans cette chirurgie conquérante et j'allais, sous peu, être nommé chef de clinique assistant, c'est-à-dire devenir contractuel pendant sept ans. Mon avenir était bien tracé.

C'était compter sans les rêves fous de mon adolescence turbulente et jamais rassasiée. C'était compter sans mes attirances mystérieuses pour l'exotisme des pays lointains et mon goût de l'aventure. C'était compter sans les récits héroïques de ma grand-mère. Dans mon imaginaire, l'épopée d'Albert Schweitzer se mêlait aux vignettes de *Tintin au Congo*. J'allais répondre à l'appel de l'Afrique.

– IX –

SUR LES PAS DU Dr SCHWEITZER

Pendant que je suivais étape par étape le tracé difficile d'une carrière hospitalière, pendant que je me passionnais pour la valve mitrale, d'autres empruntaient des chemins inconnus pour élaborer les balbutiements de la médecine humanitaire...

Dans les labos de physiologie de ma première année en faculté, j'avais croisé un jeune condisciple, blondinet et élégant, qui ne cessait de m'impressionner. Il s'activait dans les syndicats et haranguait les foules d'étudiants avec des discours où se mêlaient politique et droits de l'homme... Je lui parlais d'omoplate, il me répondait Cuba ! Ce gandin distingué, c'était Bernard Kouchner. Un véritable éléphant blanc, pour le coup. Et qui affichait fièrement sa différence.

En mai 1967, le Biafra, province de l'est du Nigeria, avait fait sécession, provoquant une guerre cruelle, qui allait durer plus de deux ans et faire un million de morts. En raison du blocus nigérian, la famine s'était abattue sur le Biafra, fauchant les populations et particulièrement les enfants. Face à ce drame, face à la carence de médecins sur place, la Croix-Rouge internationale lança un appel à l'aide. Bernard Kouchner répondit présent et s'envola pour le Biafra.

Avec Max Récamier, un oto-rhino-laryngologiste coutumier de ce genre de mission au bout du monde, Kouchner se retrouva dans un hôpital attaqué par des forces nigérianes bien décidées à massacrer les Biafrais soignés dans cet établissement. Fidèle à sa tradition de neutralité, le Comité international de la Croix-Rouge demanda à ses délégués de se mettre prudemment à l'abri. Mieux, le CICR exigea de ses émissaires un silence absolu : il ne fallait pas souffler mot de cet épisode ! Non seulement Kouchner et Récamier refusèrent de se retirer devant le danger, mais ils portèrent témoignage et révélèrent publiquement les horreurs auxquelles ils avaient assisté. C'était la rébellion contre l'apathie des États, la révolte contre la Croix-Rouge, la sédition contre le silence imposé par le serment d'Hippocrate. Au serment hypocrite, Bernard Kouchner substituait une sorte de serment d'hypercrate, serment de force suprême, où le médecin non seulement *peut* mais *doit* parler et révéler l'inimaginable.

Rentré en France, Bernard m'a mobilisé pour que je parte à mon tour soigner les Biafrais. Je ne savais que lui dire... Je pensais à ma carrière et je me voyais mal arpenter le front de cette guerre lointaine. Mais il est difficile de dire non à Bernard... J'ai donc acquiescé, bien timidement. J'ai rempli un formulaire de la Croix-Rouge, sidéré et épouvanté devant la dernière question posée : « Que souhaitez-vous que l'on fasse de votre corps ? »

Vraiment, je ne le sentais pas, ce voyage. J'avais dit oui parce que je ne pouvais pas dire non, mais je n'étais pas mûr. Finalement, le CICR a interrompu les missions, et je ne suis pas parti. Quel soulagement !

Trois ans plus tard, en 1971, Bernard Kouchner me convia un dimanche à l'abbaye de Royaumont. J'ai répondu à l'invitation parce que ce garçon, vraiment, me subjuguait. Nul ne pouvait se montrer indifférent devant tant de talents, tant de visions, tant de convictions. Ce jour-là, Bernard organisait la première assemblée d'une nouvelle association : Médecins sans Frontières. Nous étions dix-sept à cette réunion historique... Les dix-sept apôtres ! Personnellement, je trouvais ces jeunes apôtres un peu brouillons et bien velléitaires. Ils prétendaient refaire le monde, promouvoir une pratique de la médecine qui ignorerait les frontières, mais tout cela sans plan, sans vue d'ensemble, sans projet concret. Je sentais bien qu'il fallait s'engager, mais s'engager dans quoi ? Des discussions acharnées nous animaient, mais rien n'émergeait.

Moi, pragmatique, je pensais que ces idéalistes formaient une belle bande de rêveurs éveillés. Médecins sans Frontières n'était rien encore, un petit groupe de jeunes gens motivés, développant une vision manichéenne du monde et affichant plus d'exaltation que de méthode. Une brochette d'inconnus, sans impact, sans expérience, sans moyens, sans reconnaissance, des enragés criant dans le désert de l'indifférence... Il y avait chez ces utopistes un côté Pieds Nickelés. La naissance de

Médecins sans Frontières a fait la « une » de *Tonus*, un modeste journal de médecine, c'est tout ! Mutisme total de la grande presse.

C'était pourtant le début d'une grande idée. Cette petite réunion passée totalement inaperçue n'a-t-elle pas conduit au prix Nobel de la paix trente ans plus tard ? Par la suite, je me suis montré extrêmement fier d'avoir fait partie du groupuscule d'origine, même si, à l'époque, englué dans ma carrière, j'étais demeuré prudemment en retrait. Mais peu importe mes sentiments et mes doutes, la passion et une vision d'un monde différent devaient finalement l'emporter, comme une tornade qui bouscule tout sur son passage.

*
* *

Il fallait peut-être s'engager à l'aube des années soixante-dix, mais il me paraissait surtout indispensable de faire carrière. En ce qui concerne l'humanitaire, on verrait plus tard... Pour l'heure, j'étais aux ordres, de jour comme de nuit.

Ma carrière, c'cst-à-dire mon ambition personnelle, s'était imposée comme une maîtresse jalouse. Je lui avais tout sacrifié, ma jeunesse passée à bachoter quand les autres s'amusaient, ma vie de couple qui aurait peut-être pu s'apaiser si j'avais pris le temps de m'en occuper. Sur l'autel de la réussite, j'avais même immolé mon orgueil. Pour parvenir à mon but, j'avais accepté de me mettre entre parenthèses : je subissais sans rechigner les brimades et les caprices de Charles Dubost, mon patron. Chirurgien débutant, je croyais que le succès professionnel, s'il ne pouvait pas régler tous les problèmes, me mettrait du moins en position de le faire. À trente et un ans, jeune assistant, j'avais la chance de travailler à l'hôpital Broussais, le plus grand centre européen de chirurgie cardiaque. Passionné, je m'y consacrais entièrement.

Mais, comme en randonnée, lorsque la montagne semble grandir au fur et à mesure qu'on s'en approche, plus j'avançais et plus se développait le doute. Je sentais que la réussite, les honneurs n'étaient pas ce que je recherchais vraiment. Au fond de ma mémoire, restait tapie l'icône lumineuse d'Albert Schweitzer... La médecine comme moyen d'humanité et non comme but ! C'est cela qui devait me pousser, d'abord lentement mais de plus en plus obstinément, vers la médecine humanitaire. Et puis, après ma jeunesse de tâcheron besogneux, d'étudiant exemplaire, surgissaient doucement une recherche de liberté, une envie d'aventures, un désir de grand air, un besoin de vastes espaces.

En cette année 1971, je reçus un coup de téléphone qui allait bouleverser ma vie. Au bout du fil une voix inconnue, celle de Xavier, responsable de l'association Frères des Hommes. Le ton monotone, la voix monocorde psalmodiaient des phrases doucereuses tout engluées d'onction apostolique qui trahissaient la fréquentation intensive de la hiérarchie catholique.

– Nous recherchons de toute urgence un chirurgien pour l'hôpital de Fada N'Gourma, en Haute-Volta. Pouvez-vous partir dans dix jours pour une mission de six semaines ?

Je suis resté sans voix. Partir pour l'Afrique... Une fois ma surprise passée, ma réponse se fit évasive. Je lui demandai quand même comment il avait eu mon nom...

– Par Médecins sans Frontières.

Cet appel m'apparut comme un signe du destin et je décidai d'accepter. Mais, au fond, je n'y croyais pas. Je pensais que mon patron refuserait de me laisser partir durant un mois et demi. À ma grande surprise, il me donna son accord, ajoutant tout de même qu'il ne comprenait guère l'utilité d'un séjour à Fada N'Gourma et précisant que je lui faisais l'impression d'un boy-scout attardé. Au moment où j'allais quitter son bureau, il m'interpella à sa façon :

– Deloche, ne vous faites pas manger... On a besoin de vous ici !

*
* *

– Nous y voilà, docteur Alain ! Là, près du baobab ! s'exclame Félix, l'infirmier major, en pointant son index droit devant lui.

À travers le pare-brise maculé de poussière rouge de la vieille 403, j'aperçois un arbre géant, haut comme un immeuble de quatre étages. Tout autour, émergeant des herbes jaunies de la savane, s'alignent des bâtiments blancs à toit plat.

– Nous y voilà !

Les trois mots prononcés par Félix résonnent dans ma tête, provoquant joie et appréhension. Joie d'arriver enfin dans ce qui me semblait hier encore le bout du monde :

l'hôpital de Fada N'Gourma, en Haute-Volta, à deux cent cinquante kilomètres à l'est de la capitale Ouagadougou, pratiquement à la frontière du Niger et du Bénin. Appréhension aussi de me retrouver en terre inconnue, seul chirurgien pour un territoire grand comme le quart de la France.

L'hôpital de Fada N'Gourma a été construit par la Communauté économique européenne et abandonné pendant plusieurs années. C'est le résultat d'une absurdité plus fréquente qu'on ne le croit : les politiques, obéissant servilement à une opinion publique qu'ils ont eux-mêmes forgée, ont très généralement une tendresse pour l'investissement, mais pas pour le fonctionnement. L'investissement public c'est bien, le fonctionnement c'est mal. L'investissement, cela se voit dans le paysage, cela fait des bâtiments en bel et bon béton, des édifices qui s'inaugurent avec des fanfares, des invités, un cocktail et des discours. Le fonctionnement c'est de la dépense, presque du gaspillage... Et puis, allez inaugurer en musique des seaux et des balais-brosses, des pansements et des compresses ! Essayez de faire venir la presse pour un reportage sur les berlingots d'eau de Javel, les lessives de draps souillés et les couloirs à désinfecter, tout le quotidien peu ragoûtant d'un hôpital. Pourtant, une bibliothèque sans bibliothécaires et sans livres ne sert à rien, comme se révèle inutile un hôpital sans infirmières et sans désinfectants. Heureusement, les ONG – les Organisations non gouvernementales – prennent souvent le relais : l'hôpital de Fada N'Gourma revivait grâce à Frères des Hommes.

Depuis que j'ai posé le pied en Afrique, je ressens l'impression d'évoluer dans un four. Un long vol de nuit, deux heures d'attente à l'aéroport, trois heures et demie de piste en tôle ondulée dans une vieille 403 sans amortisseurs et la chaleur infernale sont venus à bout de ma résistance. Dans un dernier hoquet, la voiture s'arrête devant un bâtiment en ciment à deux étages.

– La chirurgie, précise Félix, laconique.

Il s'extirpe du véhicule, s'étire. Les bras étendus, la stature du jeune infirmier major est impressionnante.

Une Africaine d'une quarantaine d'années, plutôt petite et boulotte, accourt vers nous en gesticulant. Un boubou multicolore dépasse de sa blouse blanche. Elle échange avec Félix quelques mots en mooré, la langue locale. L'infirmier se retourne vers moi et me traduit :

– Un enfant qui tarde à venir. La femme, qui a perdu les eaux, pousse depuis maintenant deux heures et demie...

Ça commence bien ! Ce que je craignais le plus est déjà en train de se réaliser... Mon problème, justement, c'est la chirurgie obstétrique ! Mon expérience se limite à deux césariennes, et encore, j'étais bien conseillé. Impossible d'avouer cette carence, je m'efforce de ne rien laisser paraître de mon inquiétude. Heureusement, en prévision de ma mission en Afrique, j'ai aussi effectué cinq gardes de gynéco-obstétrique à l'hôpital Bon-Secours de Paris. Nous nous rendons en salle d'obstétrique, une pièce chaude, mal aérée, où flotte une odeur de sueur et de sang.

– La deuxième table sur la gauche, m'indique Niélé, la sage-femme.

La parturiente est allongée en position gynécologique, les jambes maintenues en l'air par les étriers. Essoufflée, en nage, les yeux exorbités, elle se débat en proférant des mots précipités et plaintifs. Niélé me souffle :

– Elle n'en peut plus. Elle appelle les Jinés, nos esprits, pour être délivrée de l'enfant...

La sage-femme prend immédiatement l'initiative. Elle me tend un lourd tablier en caoutchouc, que je passe maladroitement par-dessus ma chemise, et un gant de caoutchouc à usage unique, de toute évidence déjà utilisé plusieurs fois. D'une voix ferme, elle s'adresse à la femme. Sentant peut-être mon désarroi, Félix s'approche et me traduit ses propos :

– Elle lui ordonne de se calmer et de bloquer sa respiration à chaque contraction. Et surtout d'arrêter de crier. Elle doit pousser avec l'abdomen, comme pour faire ses besoins, et non avec sa gorge.

La femme me regarde et m'invective...

– Et là, qu'est-ce qu'elle a dit ?

– Qu'elle sait faire, c'est son sixième.

– Mais quel âge a-t-elle ?

– Vingt-six ans, pourquoi ?

Maigre, la peau du visage marquée, les dents déchaussées, les seins tombants... elle en paraît vingt de plus.

L'intervention de Niélé a au moins un effet : la dame se calme. La sage-femme pratique alors un toucher vaginal et se tourne vers moi :

– L'enfant se présente mal. Qu'en pensez-vous ?

J'introduis à mon tour l'index et le majeur gantés dans le vagin. Je sens très vite une masse dure, irrégulière...

– La tête ?

– Oui, docteur. Elle est trop en arrière. Défléchie, comme on dit dans vos livres.

Effectivement, je ne sens pas la fontanelle. Au bout de mes doigts, il me semble reconnaître l'arête du nez et les deux arcades sourcilières.

– Dans cette position, l'enfant ne pourra jamais sortir, décrète avec autorité la sage-femme.

Elle attrape aussitôt un stéthoscope de Pinard, sorte d'entonnoir dont elle applique la partie évasée sur la rondeur de l'abdomen. L'oreille collée sur l'embout, elle cherche à localiser les battements cardiaques de l'enfant.

– Quatre-vingts pulsations minute.

Au lieu de cent quarante... Le fœtus souffre, la césarienne s'impose. Je ne peux plus reculer.

– En salle d'op', de toute urgence.

À l'entrée du bloc opératoire, un homme me tend la main, c'est Tenkodogo, l'anesthésiste. Environ trente ans, très mince, l'allure d'un intellectuel avec ses petites lunettes cerclées d'acier, un front immense, c'est un ancien cordonnier reconverti en anesthésiste. Son regard est vif. Il me lance :

– Bon, au boulot ! J'ai cru comprendre qu'on avait besoin de moi.

Il écarte du pied la porte battante. Je troque en vitesse mon tablier de caoutchouc et mes vêtements poussiéreux contre un pyjama de chirurgien jadis beige, maintenant auréolé de taches blanches d'eau de Javel, un calot, une bavette plaquée devant ma bouche et des sabots. Je me lave soigneusement les mains avec une brosse trop souple et un gros bloc de savon de Marseille.

Je me concentre et me remémore la stratégie à suivre :

arriver au plus vite jusqu'à l'enfant, éviter au maximum tout saignement.

La salle est propre. L'équipement, simple mais en bon état, ne ferait pas rougir un petit hôpital de province français. Au fond, j'imaginais bien pire.

C'est une constante que j'aurai l'occasion de vérifier bien des fois. Dans les pays pauvres, tout manque sauf l'énergie. Le matériel est usé, mais propre, si le linge est taché c'est par l'eau de Javel. Ce n'est que dans les zones vraiment misérables que la crasse l'emporte. Parce que la misère, c'est la pauvreté plus le découragement, lorsque les fléaux – et notamment la guerre – viennent enlever tout espoir aux populations.

Une fois prêt, je badigeonne l'abdomen de la patiente de Cétavlon, un désinfectant rosé. Avec l'infirmier major, nous installons les champs opératoires bleu ciel. Les draps stériles couvrent le haut du corps et les jambes, ne laissant à nu que la zone à opérer. Posté à la tête de la patiente, une seringue à la main, Tenkodogo nous annonce :

– Je lui mets une petite giclée de Penthotal. Messieurs, vous avez quinze minutes, pas une de plus.

Jusque-là, rien d'anormal. L'anesthésie générale est volontairement légère, pour éviter le risque d'endormir l'enfant en même temps que la mère.

D'un geste lent et précis, j'incise verticalement le bas de l'abdomen sur une vingtaine de centimètres. Je préfère calculer large pour que l'enfant sorte sans effort, tout en gardant présente la recommandation d'un gynécologue de Bon-Secours : « N'ouvre pas trop bas, la vessie est très proche. » L'utérus apparaît, énorme. Mon rythme cardiaque s'accélère, les minutes qui vont suivre sont essentielles. Je me sens seul, dos au mur. Un imperceptible tremblement de main trahit ma nervosité. Avec une infinie prudence, j'incise toute l'épaisseur de l'utérus. Je progresse lentement, par petits coups de bistouri, pour éviter de blesser l'enfant, et surtout pour ne pas sectionner une des grosses veines latérales. Par une ouverture verticale, beaucoup plus facile, je me rapproche du segment inférieur dans lequel est logée la tête du fœtus... Un flot de liquide amniotique verdâtre et chaud jaillit soudain de la plaie. J'esquisse un mouvement de recul.

– Il aurait dû être clair, non ?

Félix, très calme, me répond :

– L'enfant a souffert.

Il plonge immédiatement l'embout d'un tuyau souple dans la cavité utérine et enclenche l'aspiration en pompant à l'aide d'une pédale. Un système mécanique étonnant mais efficace. Le liquide est englouti en quelques secondes.

Le crâne noir du fœtus apparaît. Je glisse ma main gauche dans l'utérus et tente fébrilement de saisir la tête de l'enfant par le menton. Je sais qu'il faut agir très vite. Je tire délicatement. Rien ne vient.

– Avec ta main droite, pousse à l'arrière de l'utérus, me recommande l'infirmier.

Deuxième tentative. Le nouveau-né ne résiste pas longtemps, je l'extrais enfin du ventre de sa mère. Un corps inanimé, d'une couleur grisâtre, en état de mort apparente. Je ne sais que faire... À ma grande honte, je dois avouer que je ne me révèle pas très bon dans ces manipulations. La vérité, c'est que je suis terrorisé à l'idée que le nourrisson puisse glisser de mes gants gluants et s'écraser sur sol... Image horrible qui me traverse l'esprit.

Félix sectionne rapidement le cordon ombilical pris entre deux pinces, attrape l'enfant et le remet à la sage-femme. Celle-ci file vers la longue paillasse collée contre le mur et pose le petit corps inerte sur un vieux matelas de mousse.

Pour moi, le plus difficile est fait. À présent, la délivrance. Je plonge la main droite dans l'utérus et enlève d'un bloc le placenta sanguinolent que je m'apprête à laisser tomber dans une bassine... Félix m'arrête :

– Docteur Alain, pas ça ! Donnez-le-moi. Chez nous, c'est très précieux. Il faut l'enterrer tout de suite pour attacher l'enfant à la terre.

Surpris par cette irruption de l'Afrique ancestrale, un peu confus aussi, je lui remets le précieux placenta. Reste à suturer l'utérus et la plaie de l'abdomen. Je regarde du coin de l'œil Niélé se débattre pour tenter de réanimer le nouveau-né avec des gestes experts.

– Le cœur bat, mais beaucoup trop lentement, annonce-t-elle.

Elle asperge le thorax d'alcool et souffle dessus à plusieurs reprises. Sous l'effet de cette stimulation thermique, l'enfant a un sursaut, il grimace, commence à crachoter...

– Tenkodogo, passe-lui de l'oxygène.

Au même moment, la sage-femme empoigne à deux mains le minuscule thorax et commence un massage cardiaque. Un premier cri, d'abord plaintif, puis plus énergique...

– Ça y est, il respire ! dit-elle, triomphante.

Soudain revigoré, le bébé gesticule en tous sens. Il braille même comme un beau diable.

– Au fait, c'est un garçon ! lance-t-elle joyeusement.

J'ai l'impression d'avoir emporté une victoire. Une victoire pour l'enfant et une victoire sur moi-même. Avant-hier, à la même heure, je finissais à l'hôpital Broussais une opération à cœur ouvert... La vie s'accélère.

Je me rhabille avec des gestes automatiques et quitte le bloc. Aveuglé par la lumière crue du soleil, j'esquisse quelques pas dans la galerie extérieure. L'air est brûlant, il ne doit pas faire loin de 40 °C. Je m'assois sur les marches situées à l'entrée du bâtiment et allume une cigarette... Alors seulement, je ressens à quel point je suis vidé de toute mon énergie.

Les jours passent. À Fada N'Gourma, je mène une vie monacale. Je dors sur un élémentaire lit de fer, protégé par une ample moustiquaire. Je prends des repas simples et irréguliers, mais riches de saveurs nouvelles. À bien y réfléchir, je trouve quelque chose de luxueux dans cette frugalité... Stoïcisme et épicurisme ne se complètent-ils pas pour composer deux approches de l'existence ? Je me plie aux règles du quotidien africain, se forcer à boire beaucoup et souvent, placer ses chaussures hors de portée des scorpions, frapper dans les mains lorsque l'on va se coucher car les serpents aiment à se lover dans les draps...

Et puis il y a l'Afrique, la prégnance d'une nature somptueuse, un fourmillement, la cruauté de la mort toujours présente, et la nuit avec son épais silence habité.

Un sentiment profond d'intense solitude me saisit. Je crois que tout homme se sent seul en Afrique, mais en plus je suis, moi, étranger à ce sol, et y serai toujours étranger. La mission humanitaire consiste à n'être en définitive qu'un point minuscule sur le globe, une petite fourmi sur la Terre. Pour cette raison, il ne faut pas espérer régler une difficulté personnelle ou une angoisse intime dans ce genre d'expédition. Les problèmes que l'on met dans sa valise au départ, s'ils ne chiffrent pas à l'enregistrement, deviennent un véritable fardeau sur place où leur poids semble multiplié.

Petit à petit, l'Afrique me gagne. À vélo, je visite les petits villages, les yeux ouverts. Dans une poterie, dans la forme d'un toit, un détail minuscule et inattendu peut surgir en une incandescente beauté. Je vais au marché m'éblouir de couleurs, d'odeurs, de saveurs. La démarche des grandes femmes peules à la coiffe argentée, leurs pas où se mêlent noblesse et érotisme m'entraînent dans le pays des rêves...

Un rendez-vous quotidien avec le football finit par faire tomber les barrières. Quand, le soir, la nature éteint le four, je dispute avec les autres un match animé. L'Afrique s'instille par les pores de ma peau, je me sens mieux, je me sens bien.

En buvant un verre de dolo, je discute longuement avec le marabout. Les marabouts ont développé une médecine appropriée à l'Afrique. Ils connaissent les maladies et leurs symptômes, les herbes et leurs effets, le rôle des poils d'éléphant portés en bracelet. Certes, ils n'ignorent pas les limites de leur médecine, mais ils ont éprouvé la puissance de la parole. Ils sont médecins, guérisseurs, herboristes et pharmaciens, ils sont prêtres et psychanalystes, ils peuvent écouter des heures durant des histoires de haine et de jalousie, des rancœurs de familles, des rancunes de villages avec leur cortège de poisons, de mauvais sorts, de mauvais œil. Et la parole dite guérit.

D'un point de vue chirurgical, je fais un véritable saut dans le temps et me promène dans un manuel vivant des années trente. Hernie inguinale monstrueuse, péritonite au cinquième jour, fracture ouverte maintenue de façon artisanale, ostéite géante, horribles dégâts des excisions, cancers en phase terminale... un véritable musée. Je m'adapte à cette pratique rudimentaire. Ma formation y suffit amplement, et dans les cas difficiles je me plonge dans un ouvrage de chirurgie

Proche du départ déjà, je perçois en moi un profond changement. Une sorte d'accomplissement. La fibre humanitaire se développe. Être utile, utile à l'autre, nécessaire à l'autre, protéger la vie... Peut-être est-ce cela que ressentent les femmes enceintes, je ne saurai jamais. Partage, générosité, engagement, des mots vagues jusque-là prennent corps dans mon esprit.

J'éprouve le sentiment vertigineux de marcher sur les pas de mon grand-oncle Albert Schweitzer. Bien sûr, les motivations humanitaires ne sont plus tout à fait les mêmes aujourd'hui, où l'on s'est libéré de l'attitude condescendante de la charité chrétienne. Je découvre que, finalement, la médecine humanitaire consiste peut-être à aller vers son autre soi-même au bout du monde, au nom de la médecine universelle c'est-à-dire au nom de l'idée que tout être humain a droit au même accès aux soins, quel que soit l'endroit de la planète où il se trouve.

*
* *

Mon retour en France fut plus que difficile. Comment concilier le monde de la pauvreté et celui de l'opulence ? J'apprendrai plus tard à ne plus comparer, à ne pas juger. J'apprendrai à accepter l'absurde. Toute cette injustice ne peut s'atténuer que par des gestes, même de portée symbolique.

Je poursuivis donc ma vie d'assistant en chirurgie cardiaque. Un matin, le patron m'interpella assez brutalement :

– Mon cher Deloche, il vous faut aller aux *States*... Il vous manque un aperçu sur la chirurgie américaine.

Il est vrai que, dans la série, *Tintin en Amérique* suit immédiatement *Tintin au Congo*.

– X –

DÉCOUVERTE DE NOUVEAUX MONDES

L'aéroport Kennedy est bien le caravansérail du monde. Je me fonds dans cette cohue, fourmilière agitée d'un mouvement brownien où se côtoient toutes les couleurs de peau, tous les accents de toutes les langues, les chapeaux texans et les turbans sikhs, les boubous et les tailleurs stricts. En cette année 1973, la navette me dépose devant le bâtiment des American Airlines, où je m'embarque pour Rochester. Après un vol qui me paraît bien court, je prends un taxi pour la Mayo Clinic. Ce n'est qu'en rassemblant tous les fragments de mon anglais approximatif que je comprends mon erreur... Je suis à Rochester, État de New York, bien loin de la Mayo Clinic, but de mon voyage, qui se trouve, elle, à Rochester, État du Minnesota ! C'est ma première leçon du « savoir-vivre aux États-Unis » : ici, il faut être clair et précis, quitte à répéter et à faire répéter les choses.

Avec vingt-quatre heures de retard, j'arrive enfin à la Mayo Clinic. Au gré des références religieuses, cette clinique représente Rome ou Anduze, Jérusalem ou La Mecque. Oui, La Mecque, dont les croyants qui ont fait le pèlerinage ressortent différents, désormais hadjis aux yeux de tous, entourés de respect. Comme eux, j'ai économisé sou par sou. J'ai accumulé gardes et remplacements, rogné, si c'était encore possible, sur mes dépenses pour ce séjour qui a été, pendant des mois, ma préoccupation et mon obsession. Je m'y suis préparé avec acharnement pour ne pas faire trop piètre figure, j'ai révisé mon anglais, rafraîchi mes connaissances.

Rochester, Minnesota, ne serait qu'une quelconque bourgade du Middle West sans la Mayo Clinic, qui l'a transformée en une ville médicale avec son organisation propre. La vie s'articule autour de cette clinique, ensemble hétéroclite de vieilles constructions, de bâtiments plus récents et d'immeubles flambant neufs. Tout autour, des hôtels reçoivent les visiteurs, les familles et les patients. Certains de ces hôtels, médicalisés, complètent même l'établissement hospitalier ; le futur opéré quitte son hôtel le matin de son intervention et y retourne dès que les soins intensifs ne sont plus indispensables. On est loin du système français qui, à l'époque surtout, fait prendre en charge par la Sécurité sociale des séjours à l'hôpital aussi inutiles que coûteux, plusieurs jours avant l'intervention et quelques semaines après.

L'accueil des visiteurs est un modèle d'efficacité. Pas d'errance, pas de courses inutiles pour autant que l'on soit annoncé et inscrit sur les listes. On m'a retenu une chambre dans une pension de famille que j'ai pris soin de demander pas trop onéreuse. Avec mes tickets-repas, on me fournit le programme de la semaine, et l'activité de la clinique dans ses diverses disciplines. Tout y figure, y compris l'accès de jour comme de nuit à la bibliothèque, où l'on peut librement emprunter les documents. Même les horaires des offices religieux ne sont pas oubliés.

Je me sens déjà happé par la machine dont je deviens un rouage. Aux États-Unis, choses et gens doivent entrer dans un cadre. En médecine aussi chacun a son rôle défini, et une politesse glaçante empêche de sortir du rang.

*
* *

Mon voyage est centré sur un nom : Mac Goon. Ce chirurgien cardiaque représente pour nous une sorte de divinité. Associé à Kirklin, il a été l'un des bâtisseurs de la chirurgie cardiaque et la Mayo Clinic constitue le berceau de cette nouvelle spécialité. Dans les années soixante-cinq, Mac Goon et Kirklin avaient rendu l'impossible possible grâce au travail acharné, à l'innovation audacieuse, à la méthode systématique. Alors qu'en Europe tout était encore balbutiement, à la Mayo tout appartenait déjà à la réalité quotidienne.

Dès le lendemain de mon arrivée, j'ai accès au bloc opératoire. La salle est un amphithéâtre du début du siècle, parfaitement dallée, avec de grandes baies vitrées ouvertes sur la campagne du Minnesota. L'ensemble baigne dans la couleur crème, du parquet au plafond, jusqu'aux tenues des médecins et des infirmiers. Au centre se trouve le patient, déjà entouré de l'équipe chirurgicale. Sur les gradins, étudiants et visiteurs sont installés pour ne rien perdre du spectacle. Comme pour toute représentation d'exception, le silence semble d'autant plus pesant que l'on perçoit la fébrilité des interprètes et du public. Mac Goon exige ce calme absolu. Une surprise pour moi car, à Broussais, le niveau sonore est plus méditerranéen : chacun s'exprime à haute voix, et il faut couvrir le fond sonore pour se faire entendre.

Une voix grave grésille à travers un interphone :

– *Ready ?* (Prêt ?)

La réponse du premier assistant se fait brève et nette :

– *Yes Sir.*

La porte du bloc s'ouvre automatiquement. Mac Goon entre. Il n'est pas très grand et plutôt svelte, ses mains sont jointes, un peu surélevées pour laisser tomber vers le bas les gouttes de désinfectant. La séance d'habillage se fait solennelle. Tout en enfilant sa casaque, Mac Goon nous observe de ses yeux d'un bleu intense. Au-dessus de la bavette qui couvre sa bouche, le regard d'acier concentre une puissance maîtrisée. Le maestro salue sobrement et annonce son opération : remplacement de la valve aortique en si bémol, pour chirurgien solo et orchestre... Nous le savons déjà, nul n'a manqué la lecture du programme contenant le descriptif du patient et le type d'intervention prévu. Debout, l'orchestre s'écarte pour faire place au soliste, qui salue chaque interprète. Cette courtoisie insistante fait partie de l'aura du virtuose.

À l'ouverture, ce qui me frappe c'est la lenteur et la sûreté du geste. L'artiste déroule la partition sous autocontrôle permanent, avec rigueur et méthode. Il est tout entier dans son interprétation de l'œuvre. Le dos est légèrement arrondi, la tête un peu inclinée fusionne avec les épaules. J'emprunte les jumelles de mon voisin et observe les mains du maître. Elles sont parfaitement complémentaires : la main droite dirige tout, la gauche sert la droite. L'interprétation suit son cours, magnifique, irréprochable. Dans les moments les plus délicats, les passages difficiles de la partition, une *check-list* est lue, Mac Goon ponctue chaque élément énoncé :

– *Done.* (Fait.)

Et le jeune assistant répond en contrepoint :

– *Thank you.* (Merci.)

Une étonnante rigueur pour moi, français, plus prompt à l'improvisation et au lyrisme.

Après l'opération, je dois me présenter devant le maître de la chirurgie cardiaque. Il me fait entrer dans son bureau et me parle lentement, avec un parfait accent de la côte est. Tout en lisant la lettre que lui a adressée mon patron, il souligne que Charles Dubost représente à ses yeux un authentique pionnier. C'est vrai qu'il a été le premier au monde à traiter un anévrisme de l'aorte abdominale.

– Que voulez-vous faire à Mayo ? me demande Mac Goon.

Ce contact direct avec un des plus grands chirurgiens au monde me stupéfie. C'est cela l'Amérique : une apparente absence de barrière hiérarchique. Mais tout de suite surgit l'évaluation des compétences :

– Avez-vous des travaux scientifiques à nous présenter ?

Je lui expose ma recherche sur l'infarctus du rat. Il me réplique presque sèchement :

– Vous pouvez nous faire une lecture demain au staff. Ce sera à 6 heures du matin, vous aurez vingt minutes.

Heureusement, j'ai apporté mes documents et je passe une partie de la nuit à construire mon exposé. Le lendemain, je m'éveille à l'heure américaine pour me rendre à la salle de conférences. Le staff annoncé a lieu chaque jour et réunit le *team*, c'est-à-dire l'ensemble des médecins de toutes les disciplines, les infirmières, les étudiants et même quelques visiteurs.

Mac Goon me présente. À l'entendre, c'est un grand honneur pour eux que de recevoir un membre de l'équipe parisienne de Broussais.

– Alain, vous avez la parole.

Après un début laborieux, où je lis mon texte, je décide de me lancer sans papiers et de commenter brièvement chaque diapositive projetée. L'écoute est attentive. Visiblement, le sujet les intéresse. Je finis dans les temps et surgissent alors les questions. Chacune, très précise, porte sur la méthode, l'analyse des résultats et les extrapolations possibles à l'homme. Un vrai bonheur pour moi, je n'ai jamais connu en France un tel accueil !

Conséquence heureuse de ma prestation : je ne suis plus un inconnu à la Mayo Clinic. Les jours suivants, dans les couloirs, je suis interpellé plus d'une fois, on me félicite pour mon exposé. Ces compliments sont-ils sincères ? Peut-être, sans doute, je ne sais pas, pourquoi pas ? Deux ans plus tard, je ferai une conférence retraçant les travaux sur l'infarctus du rat devant un parterre de prix Nobel qui me prêteront une écoute tout aussi attentive.

Au bout de quelque temps, Mac Goon m'invite à le suivre pendant sa visite auprès des malades. Dans le vestiaire, le chirurgien s'adresse à l'infirmier en chef pour que je sois admis au rituel. Une promotion : je quitte le rang des visiteurs pour être élevé à celui de spectateur proche de l'opérateur, un grand honneur ! Je marche sur les pas du maestro et, chaque fois que l'on entre dans une chambre, il me présente au malade. Encore une procédure incroyable. Je découvre le respect du patient.

Je me fais rapidement à cette vie pleinement consacrée au travail. Il n'y a de toute façon pas grand-chose d'autre à faire à Rochester. Chaque dimanche, je suis invité à suivre les offices religieux et je chante les cantiques de Bach avec Mac Goon, remerciant le Seigneur de m'avoir mis sur la route de ce géant de la chirurgie.

Ce matin, le maître doit opérer pour la troisième fois un enfant venu d'Italie souffrant d'une grave malformation cardiaque de naissance. À l'ouverture, une hémorragie survient. Son bonnet et sa bavette sont tachés de sang, mais aucun mouvement précipité. Rien ne semble l'atteindre. Après avoir contrôlé le problème, il se tourne vers moi et commente calmement :

– Je crois que cela a un peu saigné.

Un sang-froid à toute épreuve. J'essaie d'intégrer chaque détail en prenant des notes sur un petit carnet, car l'opération est diabolique de difficultés.

Trois heures plus tard, le cœur est réparé et la machine cœur-poumons artificiels arrêtée. Les battements sont anarchiques et la tension reste faible. Des ordres sont donnés pour tenter un cocktail de drogues puissant, un protocole est lu à haute voix, mais le cœur de l'enfant cesse de battre. Brusquement, Mac Goon quitte le champ opératoire sur ces mots :

– C'est fini. Mesdames et messieurs, merci pour votre aide.

Je vis en direct la méthode américaine dans sa brutalité. Je ne sais que dire. Dans le vestiaire, comme chacun le fait, je m'approche de Mac Goon pour lui dire combien je suis désolé de cette issue fatale...

– Merci, Alain, c'était difficile, me répond-il avec une ébauche de sourire teintée d'une grande tristesse.

Mon voyage aux États-Unis se poursuit à la Cleveland Clinic, autre mégalopole de la médecine. Situé en plein quartier noir de Cleveland, dans l'Ohio, cet immense ensemble vit dans une sorte d'autarcie au milieu d'un monde de violence. Aux dires d'un visiteur, la mortalité sur le parking serait supérieure à celle de la chirurgie cardiaque...

Ces grands centres privés ne s'ouvrent pas à tous les patients car le système médical américain est fondé sur l'assurance privée. Malheur à celui qui n'est pas en règle ! On touche ici du doigt les limites du système américain. Par ailleurs, tout est codifié, quantifié, calculé, y compris le risque opératoire. Le malade doit signer plus de dix feuilles avant une intervention, il se voit ainsi prévenu des complications possibles et de l'évaluation du risque mortel. Je découvre un univers que je ne soupçonnais pas.

Je finis mon périple par une visite obligatoire à Houston, au centre de cardiologie, haute tour arrogante qui se dresse dans le ciel. Sur ce Texas Heart Center règne Denton Cooley, pionnier de la chirurgie de l'aorte, autre figure de légende. L'homme est très grand, et s'allonge encore en de longs bras qui se terminent par de larges mains... Un sourire presque permanent accroché sur son visage d'enfant potelé ajoute à la magie de ce superbe personnage. Il est connu pour sa compétence, et aussi pour son à-propos et ses remarques caustiques. Un jour, après plusieurs greffes cardiaques accomplies sur des patients, un journaliste lui a demandé :

– Qu'a donné votre travail expérimental ?

Cooley a répondu froidement, non sans humour :

– C'est encore trop tôt pour l'animal.

Son empire s'étend sur dix-sept salles d'opération où, de l'aube à la nuit, s'accomplissent des miracles. Son bureau est garni de dix-sept écrans, reliés chacun aux salles d'opération. Ainsi, il gouverne la totalité des blocs par micro interposé.

Je suis dans la salle 12. Denton Cooley doit opérer un anévrisme de l'aorte thoracique. Il fait à peine 8 °C dans la salle et je porte, comme tout le monde, un anorak blanc. Car le maître des lieux estime que le froid protège de l'infection. Il n'a pas tort, mais les chances supplémentaires de survie données aux malades sont enlevées aux équipes soignantes, qui risquent la pneumonie !

Le chaman entre. Son grand corps semble emplir toute la pièce. Il se dirige vers un coin de la salle pour choisir la bande sonore appropriée à la cérémonie, de la *Country* pur Texas. La musique ne sera interrompue que pour donner le cours de la Bourse, car le Texas Heart Center et Cooley lui-même, à travers sa société, sont cotés sur le marché.

Place maintenant à la magie. À l'extrémité de ses longs bras, les organes multiarticulés qui lui servent de mains se mettent en action avec une extraordinaire vélocité. Les multiples phalanges, dont certaines sont sans doute équipées de « scalpels », dissèquent mieux qu'un instrument. Chacun des nombreux doigts accomplit sa mission d'une façon parfaitement autonome, démultipliant l'action de l'ensemble. Une habileté impressionnante, une précision surhumaine, un geste parfait. Avec lui tout paraît facile. L'opération est une chorégraphie, une gestuelle magique, une liturgie. Cooley répète d'ailleurs, sous forme de plaisanterie, que la représentation de ses mains occupe une forte partie de son cortex cérébral... comme les grands singes.

Je me trouve derrière le chirurgien. Tout d'un coup, il semble me parler mais ces mots sont incompréhensibles en raison du niveau sonore de la musique. Il termine en me demandant :

– Qu'est-ce que vous en pensez, Alain ?

À tout hasard, je réponds que je suis d'accord. Alors il rigole en lâchant une plaisanterie inaudible. Je ris aussi, un peu niaisement. Quelques-uns de ses doigts achèvent une suture. Je regarde la pendule : avec ses quasi-mains et ses multiples doigts, il a réalisé en moins de quarante-cinq minutes un travail qui nous aurait pris deux heures ! Je reste abasourdi devant la force surnaturelle émanant de ce personnage. Non seulement ses mains semblent se multiplier, mais lui-même doit être plusieurs à la fois. Une vingtaine d'opérations se succède à la même cadence, sans parler du suivi grâce aux écrans.

En fin de journée, j'assiste à une scène incroyable : pour gagner du temps, Cooley réunit les familles des opérés dans un amphithéâtre. Il donne des nouvelles de chacun... *Mr Smith, good... Mr Winston not so good...* Des messages brefs, mais les familles écoutent le chirurgien religieusement et avec reconnaissance.

*
* *

Je suis rentré à Paris changé, illuminé par mon pèlerinage. J'ai regagné mon petit hôpital convaincu de la distance qui nous séparait des grands centres américains. J'avais compris que la force des équipes américaines résidait essentiellement dans leur énorme capacité de travail, leur discipline collective et leur parfaite rigueur, autant de qualités particulièrement utiles en chirurgie cardiaque.

La médecine américaine se trouvait alors considérablement en avance. Il existait une grande précision dans l'appréciation des résultats, utilisant notamment la méthode des « études randomisées multicentriques », c'est-à-dire des protocoles thérapeutiques novateurs appliqués à des malades consentants et tirés au sort dont les résultats étaient comparés à ceux des groupes soignés selon des méthodes plus anciennes. De quoi donner une force incroyable à leurs messages : pas d'intuitions, pas d'impressions, pas d'approximations, seulement des chiffres, une masse de chiffres vérifiables, incontestables. Nous recevions leurs informations comme des propositions avérées, la vérité scientifique, la *Veritas* !

Aujourd'hui, tout a changé. La Mayo Clinic n'est plus ce qu'elle était. Le monde chirurgical américain a perdu sa préséance et la vieille Europe a rattrapé ses retards. Les traversées de l'Atlantique se font maintenant dans les deux sens. À partir des années quatre-vingt et quatre-vingt-dix, le gouffre qui nous séparait s'est comblé. D'une part, la médecine américaine, ligotée dans le carcan des procès et des contraintes religieuses, a cessé de progresser au rythme d'autrefois. D'autre part, la médecine européenne, tirant tous les profits possibles de la dissémination géographique, plus audacieuse aussi, a considérablement évolué, dépassant peut-être les États-Unis dans certains domaines. Ironie du sort, aujourd'hui l'Amérique s'efforce d'attirer les plus brillants des médecins européens, qui ne jouissent pas toujours, chez nous, de la reconnaissance qu'ils méritent.

*
* *

À Paris, je retrouvai ma vie bien réglée à l'hôpital. Quelques mois plus tard, en 1974, j'allais rompre cette mécanique de précision pour une mission menée au nom de Médecins sans Frontières. J'avais accepté car il s'agissait d'une mission focalisée sur les plaies de vaisseaux et limitée à deux semaines.

Avec Yves, un anesthésiste, je suis parti en Érythrée, province située au nord de l'Éthiopie, pays totalement inconnu pour moi. Quand on m'a parlé pour la première fois de ce projet, je ne savais pas même où se trouvait l'Érythrée ! À l'hôpital, j'évoluais dans une société fermée, quasiment autiste, mais avec Bernard Kouchner j'apprenais le monde, la politique, la guerre entre deux pays communistes : les Érythréens prochinois et les Éthiopiens prosoviétiques. J'ai su ainsi que l'Érythrée, pays de quatre millions et demi d'habitants, avait été annexée en 1962 au royaume d'Éthiopie, poussant des groupes indépendantistes à entrer en sécession. Cette guérilla ne cessait de s'amplifier pour se muer en une véritable guerre.

Munis de quelques malles contenant nos instruments, nous arrivons à Khartoum, au Soudan, ville où se cachent des réfugiés érythréens. Nous devons rencontrer quelqu'un, mais qui ? On nous a seulement prévenus que nous aurions un contact, pas de nom, aucune indication. Descendus de l'avion, nous patientons, l'aéroport se vide... Un homme arrive enfin et nous marmonne :

– *Follow me...* (Suivez-moi...)

Petit trajet en voiture, et nous voilà dans ce qui ressemble à une pension de famille.

– Donnez-moi vos passeports, ordonne l'inconnu.

On lui remet les papiers, mais on ne sait même pas qui il est, à peine sait-on où l'on se trouve.

Rapide visite tout de même à l'ambassade de France. L'attaché militaire prend juste le temps de nous prévenir :

– Je ne vous ai jamais vus et, s'il vous arrive un pépin, nous ne sommes pas responsables.

La déclaration est brève, mais elle a l'avantage de nous mettre dans l'ambiance !

Retour à la pension de famille. Le soir, un autre personnage, aussi peu bavard que le premier, annonce que l'on partira demain. Au matin, on prend le train pour se rendre à Port-Soudan, trente-deux heures de trajet. À l'arrivée, les choses se répètent... *Follow me*... Nouveau départ demain matin très tôt...

On se met en route avant l'aube, vers 3 ou 4 heures, dans une espèce de camion militaire à bout de souffle, qui s'enfonce dans le désert. Où va-t-on ? Mystère. Deux jours sont nécessaires pour arriver dans un village dont je ne saurai jamais le nom. Mon boulot est de m'occuper des blessés atteints d'importantes lésions des vaisseaux. J'opère exclusivement la nuit, car la journée, on craint les bombardements éthiopiens.

Un soir, je ressens une violente douleur à l'estomac... Je me fais le diagnostic et crois détecter une pancréatite aiguë. Je gamberge... Je suis dans ce trou perdu, au milieu de nulle part, et s'il m'arrive quelque chose ? J'en parle à l'anesthésiste, il me conseille de prendre des calmants, mais j'angoisse :

– Et s'il faut m'opérer, qui va le faire ? C'est toi ?

Et par-dessus tout cela, une chaleur inimaginable, on aurait pu faire cuire un œuf sur les rochers ! Je me voyais maigrir de jour en jour. Rien à manger, ou presque. Seulement un riz noir de mouches, abominable ! Ils ont bien tué une chèvre en notre honneur, mais il fallait ingurgiter toute la bête, y compris le cerveau et les yeux. Heureusement, Kouchner m'avait conseillé d'emporter des réserves de tablettes vitaminées. J'ai survécu grâce à ce stock.

J'ai compris en Érythrée qu'à travers la chirurgie, dans le bloc opératoire, la médecine sans frontières fait naître une fraternité entre le médecin sur place et celui qui vient apporter de l'aide. De quoi pouvais-je parler avec un médecin érythréen ? Il n'imaginait rien de ma vie, je ne comprenais rien à son combat. Je ne saisissais pas pourquoi les Éthiopiens les bombardaient tous les jours avec des Mig soviétiques, je ne partageais pas les grandes causes révolutionnaires qui les animaient. Au bout du compte, j'étais là pour faire de la chirurgie, et cela seul justifiait ma présence dans ce désert.

J'ai soigné des gamins de seize ans, estropiés, souffrant de plaies incroyables. Plus qu'ailleurs, j'ai ressenti la transcendance du geste chirurgical. Ce n'était pas un combattant érythréen qui se trouvait sous mon scalpel, mais un être humain que je pouvais sauver par ma technicité et ma formation. J'ai ressenti la force du concept de la médecine sans frontières, j'ai compris que cette aventure avait un sens.

J'ai saisi aussi, au cours de ce voyage, que si la médecine sans frontières relevait d'une démarche très belle et très noble, on se trouvait quand même bien paumé, et il fallait être extrêmement solide pour ne pas sombrer. Le médecin du bout du monde n'était, en définitive, qu'un antihéros attaché d'abord à sa survie. Le danger des conflits, l'isolement dans des zones coupées du monde transformaient ces missions en véritables épreuves. Ces expéditions devaient donc reposer sur un engagement clair, jamais sur la fuite de soi-même. De jeunes médecins esquivaient trop souvent les aléas de leur vie personnelle en se précipitant dans l'infernale tourmente des horreurs de la guerre.

Au bout du bout, je découvrais l'humain. Je partais pour sauver, certes, mais je partais surtout pour moi-même, par recherche d'accomplissement personnel. Un certain narcissisme, l'amour de sa propre image, était mis au service de l'autre, se transformait en altruisme. En définitive, si le narcissisme se nourrissait du bien que l'on faisait aux autres, il n'y avait pas de mal à se montrer narcissique ! Certains me reprochaient parfois :

– Vous vous faites plaisir !

Et alors ? Si au bout du compte c'était utile ? Les héros qui prenaient la route pour se consacrer à l'humanité, moi, en tout cas, je n'en faisais pas partie. Ce sont les médias qui ont contribué à sacraliser les conquérants de l'humanitaire, et pourtant je n'ai jamais vu autant de névrosés que parmi ces médecins-là. Cela dit, il n'empêche que la médecine humanitaire reste une grande avancée du siècle achevé.

Au retour d'Érythrée, j'avais perdu seize kilos et il m'a fallu des mois pour m'en remettre. De plus, je me suis heurté à l'incompréhension totale de mon entourage professionnel, familial, amical. Personne ne comprenait ce que j'étais allé faire là-bas. Pourquoi risquer sa vie pour ça ? me demandait-on. Je ne savais que répondre. Je doutais.

Secrètement, j'étais pourtant convaincu que le médecin sans frontières possédait un avenir. Je me promettais de tenter à nouveau une pareille expérience, dès que j'en aurais le temps... Mais, pour l'heure, il n'en était pas question. Je devais poursuivre ma vie à plein temps à l'hôpital où chaque jour se déroulait comme les autres, avec la régularité d'un battement cardiaque...

– XI –

LA STRATÉGIE DU BARBIER

– Comment va madame V., mon cher Deloche ?

Il était 7 h 30 et nous étions plusieurs assistants réunis dans le vaste bureau du patron pour le compte rendu auquel succédait rituellement la distribution des tâches. Je répondis à la question qui m'était posée.

– Elle a un peu saigné, mais elle va bien, elle va sortir de la réanimation en fin de matinée.

Charles Dubost arrivait à l'hôpital tous les jours à 7 h 25, réglé comme une horloge. Et il était indispensable d'avoir accompli sa visite avant l'heure fatidique de la convocation patronale, sinon la foudre vous tombait sur la tête.

En 1975, âgé de trente-cinq ans, j'étais chef de clinique assistant, c'est-à-dire chirurgien à tout faire : les soins, l'enseignement, la recherche. Encore une fois, je me trouvais corvéable à merci, dans une situation éternellement temporaire, sans aucune garantie pour l'avenir, et touchant péniblement un salaire mensuel de neuf mille francs, à peine mille quatre cents euros. Maigre résultat, à bac + 15 !

– Je ne vous ai rien promis, me répétait souvent le patron.

Il fallait donc laisser faire le destin et scruter les astres pour y deviner un éventuel débouché de carrière.

Ce jour-là, c'était à qui s'occuperait d'un chirurgien réputé venu de Tokyo. J'échappai de justesse à cette mission qui signifiait une journée pleine incluant un dîner où le patron s'excuserait comme d'habitude au dernier moment. La corvée m'était épargnée, mais le patron m'assénait une autre besogne :

– Vous savez que je pars en Colombie dans cinq semaines. Il me faudrait tous les résultats concernant les prothèses valvulaires. Deloche, vous pourriez vous y mettre ?

La seule réponse envisageable était un « oui, monsieur » sans discussion. Viser le titre envié de professeur, c'était se tenir à disposition.

Sous la pression de mon épouse, pour maintenir un semblant de vie familiale, j'envisageais parfois des vacances. Le patron me convoquait :

– Ah, Deloche, vous prévoyez une absence...

À ce moment-là, deux possibilités s'ouvraient devant ma candeur. Ou le patron m'annonçait qu'il serait là durant le temps de ce congé, et alors qui l'assisterait ? Ou alors il me déclarait qu'il serait, lui aussi, en déplacement, et alors qui opérerait ? Bref, dans les deux cas il ne me restait plus qu'à annuler mon congé et essuyer les foudres d'une famille déçue et révoltée par tant de déceptions. Pouvais-je expliquer à mes proches qu'il y avait là une forme de bizutage ? Comme les recrues de la Légion étrangère, nous nous grandissions en acceptant, en nous soumettant, en endurant sans broncher.

Et puis il y avait la continuelle rivalité entre nous, les assistants. L'hormone mâle attisait les morsures. Même en rampant, chacun voulait passer devant. Au bout de l'épreuve, se trouvaient la responsabilité, la gloire d'être chirurgien, patron à son tour.

Vue de l'extérieur, notre équipe de plus de quarante médecins paraissait prestigieuse. L'équipe du grand Dubost ! Mais la réalité était bien différente. Autour du maître grenouillaient plusieurs écuries, plusieurs coteries. Plus qu'une bande de copains, on aurait dit un ensemble de planètes gravitant autour du soleil, avec chacune sa trajectoire et ses propres satellites. Mieux encore, on se serait cru à la cour de Louis XIV avec les cours annexes de Monsieur frère du roi, du Dauphin, de Monseigneur le prince, de Monseigneur le duc... Chaque professeur agrégé – les grands assistants – soutenait ses propres internes, les maîtres voulaient faire avancer leur champion et la lutte se révélait féroce entre ces différents clans. Il s'agissait de chirurgie, bien sûr, mais aussi d'honneurs, de prestige, de renommée, et, plus encore peut-être, de postes et de nominations. Dans la perspective de faire triompher son protégé, tous les coups étaient permis. Pour mieux affaiblir un rival, il fallait tirer sur les assistants ou les internes de son équipe. Au-dessus de la mêlée, parfaitement conscient de l'intensité des luttes et sachant en jouer, le Roi-Soleil régnait en maître, distribuant ou retirant ses faveurs.

À côté de Sa Majesté trônait la toute-puissante secrétaire. Aucun détail de la vie du patron ne lui échappait, pas même les secrets de sa vie privée. Elle inscrivait ou n'inscrivait pas un rendez-vous, elle notait un dîner, décidait des cadeaux à faire, des anniversaires à souhaiter, prévoyait même les rencontres avec l'éventuelle maîtresse. Elle était redoutée par tous les membres de l'équipe soignante car elle pouvait, d'une inflexion de voix, pousser une ambition ou détruire une espérance. « Deloche ? Vous croyez ? Ah bon... » Ou alors, sur un autre ton : « Deloche ? Ah oui, bien sûr ! » Elle connaissait tout de nous, son regard diagnostiquait nos caractères, nous transperçait comme une radiographie. Habituée à ne pas s'en laisser conter, elle jaugeait et jugeait nos personnalités, nos épouses ou nos compagnes.

On imagine mal aujourd'hui ce que pouvaient être les grands patrons à l'époque. Peu nombreux, souvent célèbres, proches des hommes de pouvoir qui étaient leurs patients, ils régnaient en maîtres absolus. De nos jours, cette race a disparu. L'ambiance à l'hôpital n'est plus celle d'une cour, on y respire plutôt l'air d'une grande administration. Le pouvoir a changé de mains. Les patrons n'ont plus le droit de vie ou de mort sur leurs jeunes assistants. Et c'est mieux ainsi.

*
* *

Mes journées d'assistant à l'hôpital du grand Dubost se déroulent de façon presque stéréotypée. Après les directives patronales, il faut assurer le quotidien.

– Monsieur Deloche, on vous attend au troisième, me lance la redoutable secrétaire.

Quand j'arrive à l'étage, la surveillante générale me demande de recevoir une famille... Je dois voir Mme M. Accompagnée de ses deux fils, celle-ci demande des nouvelles de son mari, opéré deux jours auparavant pour une dissection aortique aiguë, affection terrible qui vous foudroie en pleine santé avec une terrible douleur thoracique à débit brutal comme un coup de poignard. Il s'agit en fait d'une déchirure de la paroi de l'aorte qui expose à la rupture et à la mort.

Monsieur M. est encore en réanimation sous respiration artificielle avec insuffisance rénale. J'essaie de traduire la situation avec les mots les plus simples. Exercice pénible, équilibre délicat à maintenir entre le pessimisme déprimant et l'optimisme irresponsable. Mme M. me demande, comme le font souvent les proches des patients :

– Est-ce qu'il souffre ?

– Non, il est sous calmants.

– Alors il n'est pas réveillé ?

– Non, mais c'est intentionnel, il est sous drogues.

Quant au problème du rein, il est difficile à faire comprendre, surtout si l'on évoque le rein artificiel. Mon but est de traduire la réalité : nous travaillons à l'instant T et nul ne peut prévoir le lendemain... D'où la nécessité d'accompagner la famille et de lui apporter un réconfort au jour le jour. Il faut toujours laisser la porte ouverte à une issue heureuse mais en n'omettant jamais le risque permanent d'aggravation soudaine.

Je fais ensuite la visite au quatrième étage, guidé de lit en lit par Maria, l'infirmière modèle, qui sait tout des malades. Avec tact, elle me signale les problèmes cruciaux. Elle dit souvent, sous forme de plaisanterie, qu'elle ne montre pas les malades au chirurgien, mais le chirurgien aux malades. Par cette boutade, elle souligne la présence apaisante de l'homme de l'art auprès de l'opéré. Le dialogue est toujours bref, mais je garde l'œil ouvert pour détecter l'anormal. Des sens aiguisés par l'expérience permettent de sentir venir la complication.

Édith, l'aide soignante, vient me signaler que mon café est prêt à l'office. Édith prend soin de moi comme des malades. Les aides soignantes sont une des clés des soins. Rouage essentiel de l'établissement, elles apportent l'humanité dans un monde de technicité. Ce sont souvent des confidentes qui « maternent » l'opéré en régression dans ses moments de grande faiblesse. Mais les aides soignantes sont aussi pour nous, jeunes chirurgiens, un appui, et leur expérience décèle les petits bobos, apparemment négligeables, qui peuvent être symptomatiques de l'évolution de la guérison. Au-delà de l'aspect strictement professionnel, l'aide soignante est encore un réconfort. Qui n'a pas vu la représentation même de la maternité dans ces monumentales Antillaises qui parcourent les couloirs de l'hôpital d'un pas nonchalant et assuré ? Leurs formes généreuses ondulent et chaloupent, elles sont les mamas et leur rire tonitruant surgit comme un médicament distribué à profusion. Parfois, un « tourment d'amour » – un gâteau à la patate douce – ou une sucrerie banane-coco me permet de redevenir un enfant que l'on console de tant de fatigue, de tant de déceptions et de tant d'amertume quand la bataille contre la mort s'achève sur un échec.

Car la mort rôde en permanence. Il y a quelque temps, l'état d'un patient s'est brutalement aggravé en réanimation, ne laissant aucun doute sur l'issue fatale de cet inégal combat. En désespoir de cause, j'ai tenté une opération de la dernière chance menée en pleine nuit, neuf heures durant. À l'aube, la mort inévitable est survenue. Mes collègues et impitoyables rivaux m'ont témoigné une sympathie assassine. Charles Dubost n'est pas le dernier à décocher ses flèches, et il y en a pour tout le monde :

– Ce qu'il y a de bien avec vous, Deloche, c'est que vous connaissez vos limites...

Peut-être cherche-t-il, lui aussi, à surmonter son angoisse de la mort en la dissimulant sous une raillerie corrosive :

– Ce n'est pas parce qu'un malade est condamné qu'il faut le tuer.

Ce jour-là, fidèle à sa réputation d'humour décapant, il me rappelle à la bienséance :

– Deloche, on n'opère pas un malade le jour de sa mort.

La toute-puissante secrétaire apprécie ce joyau de cynisme en réprimant un imperceptible sourire. Seule l'aide soignante trouve les paroles apaisantes que veut entendre mon désarroi.

Le chef de clinique, s'il poursuit sa formation en assistant le patron, assure déjà lui-même la formation des étudiants. Ce matin-là, j'invite un groupe de trois stagiaires à me suivre dans ma visite des patients. J'adore professer au lit d'un malade, car on touche à cet instant à la médecine, la vraie. La pathologie est générale, certes, mais chaque cas est différent. On éclaire ainsi les rapports singuliers qui lient la maladie au malade, le malade à sa maladie, le médecin au malade et le malade au médecin. Toutes ces relations, qui sont la médecine, mêlent intimement le général et le particulier.

J'ai retenu de mon séjour à la Mayo Clinic l'extrême courtoisie de Mac Goon, qui m'avait présenté à ses patients lors de la visite. J'applique la même méthode : je présente chaque stagiaire aux malades afin de témoigner le respect qui leur est dû. Ma visite est interrompue par Maria :

– On vous appelle au bloc. N'oubliez pas de revoir monsieur N. cet après-midi, il n'est pas bien.

Il faut obéir à Maria, car elle a presque toujours raison. Je descends au bloc et m'habille pour entrer dans la salle. Je dois effectuer des pontages coronariens chez un homme de soixante-deux ans. L'interne, aidé d'un résident étranger venu d'Égypte, a commencé le travail. L'intervention va durer près de six heures. Quarante-cinq minutes sont nécessaires pour endormir le malade et le moment clé de l'opération, celui où le cœur est arrêté, dure environ quatre-vingt-dix minutes. Je chausse mes lunettes grossissantes, car je vais travailler sur des vaisseaux de deux à trois millimètres de diamètre. Il me faut suturer, c'est-à-dire coudre, sur une artère coronaire une veine prélevée à la jambe. Un travail très minutieux, digne d'un horloger féru de plomberie. L'opération se déroule bien.

Je vais maintenant voir la famille N. À la sortie du bloc, le chirurgien n'est jamais très bavard. Il peut difficilement l'être, le moindre de ses mots est épié, analysé, interprété. Je redis des phrases sans cesse répétées, mais chaque fois nuancées... Tout va bien, mais attendons demain... La première nuit est essentielle... Il fallait opérer car il y avait grand danger... Il est en train de se réveiller...

Après un bref déjeuner pris dans mon bureau, je passe en réanimation. C'est là que l'on mesure pleinement le progrès effectué en moins d'une décennie, notamment dans la continuité de la surveillance intensive. Une intervention à cœur ouvert représente une chaîne de soins où les responsabilités sont partagées. En effet, dès le début de l'après-midi, la réanimation est comme une ruche où chacun s'active autour des malades revenus du bloc.

Plus tard, je monte voir les opérés du matin et effectue une courte visite dans les étages. Passer avant la nuit, même brièvement, afin de détecter d'éventuels problèmes, constitue une sorte de réflexe pour le chirurgien.

Enfin, quand le soir tombe, le chirurgien, hyperactif la journée, prend un peu de temps dans son bureau. Il reste seul. La solitude ne lui pèse pas, il y puise sa force. Un peu mélancolique, je me laisse aller à rêver, à fantasmer... Mon apprentissage se termine, long compagnonnage de huit à dix ans franchi par étapes successives : en voyant opérer, en aidant à opérer, en étant aidé pour opérer, puis enfin, stade ultime, en opérant soi-même. Je commence à être un chirurgien senior.

Je laisse mon ambition délirer... Ah, si j'étais comme Pierre de La Brosse, barbier et chirurgien du roi Saint Louis, je pourrais, moi aussi, me dresser aux portes du pouvoir et tenir sous ma lame le cou d'un roi. Ou alors, pourquoi ne pas m'imaginer en chirurgien sous l'Empire pour accumuler les actes d'héroïsme sur les champs de bataille ? Je me verrais bien aussi dans la peau d'un de ces grands patrons de la fin du XIXe siècle, qui arrivaient en redingote dans les amphithéâtres. Je m'identifie plus facilement encore à un mandarin du début du XXe, porté au firmament par le mythe populaire, voguant sur les nuages célestes de la renommée...

Mais tout cela n'est que divagations, je me trouve dans mon petit bureau. Tous les jours, je constate que tout se transforme à une vitesse vertigineuse. Mon métier subit une mutation profonde, prélude à des transformations, aube d'un monde nouveau aux normes inconnues. Déjà, à l'instar de ce qui se passe aux États-Unis, la technologie se répand dans les hôpitaux, transformant le chirurgien en technicien. Il perd un peu de sa toute-puissance, il est un spécialiste dans une équipe de spécialistes. Avant, pendant et après l'opération, anesthésiste-réanimateur, cardiologue, radiologue et autres virtuoses des technologies émergentes s'agitent et s'animent pour rendre possible l'intervention chirurgicale.

Mais si le chirurgien n'est plus le soliste inspiré d'antan, s'il n'est plus l'homme-orchestre, il reste le chef d'orchestre, il tient la baguette d'une formation opératoire élargie, composée de près de dix exécutants actifs.

Dans les années soixante-quinze à quatre-vingt se fait jour également le facteur économique. La médecine affiche désormais un coût en perpétuelle croissance, chaque progrès engendre une surcharge financière et les hôpitaux ne disposent plus de budgets suffisants. C'est le début de l'escalade, l'amorce de l'emprise de l'administration sur l'acte médical. On voit apparaître les conférences budgétaires, les analyses financières, les besoins croissants en personnel. Nouvelles techniques, nouveaux modes d'exercice... mais aussi nouvelle approche du public. La réussite est exigée, l'échec difficilement accepté. Le nom du chirurgien est souvent oublié, mêlé à un vaste ensemble.

En pensant à l'avenir, je sens monter l'angoisse. Avec mon maigre salaire, ma petite vie mal réglée, ma modeste situation, je ne vois pas beaucoup de débouchés. Où se trouve le bout du tunnel ? Je reste pourtant toujours passionné par ce sacerdoce qui me dévore. Je tente de transmettre aux étudiants une image exaltée du métier, une vision peut-être idéaliste... mais qu'importe ! Et dans les moments de doute, les conférences d'internat sont là pour me ragaillardir...

*
* *

Les conférences d'internat, destinées à préparer les candidats au concours, étaient à l'époque une grande tradition. L'enseignant n'était pas un professeur de faculté, mais un aîné, à peine plus vieux que ses élèves. Chacun possédait son style, sa personnalité, son aura... et son taux de réussite. Tout cela se faisait dans une clandestinité revendiquée, loin de l'enceinte de l'université. Moyennant une obole, versée uniquement par ceux qui le voulaient ou le pouvaient, en général indexée sur le prix d'une place de cinéma, chaque étudiant se voyait aidé et stimulé dans sa préparation. Le conférencier faisait recette ou non. Le jugement du public était net, voire terrible pour certains rhéteurs qui devaient arrêter leur prestation, faute d'audience.

Jean-François Elberg – un chirurgien orthopédiste – et moi étions considérés comme le *must* ! Les inscriptions rapidement clôturées nous permettaient de jouer à guichets fermés. Le programme de chirurgie était scindé en deux grandes sections : « le mou » et « le dur ». Ce dernier point se trouvait hors de ma compétence. Mon partenaire pour « le dur » était donc Jean-François. C'était un enseignant-né, et quel acteur ! Il y avait du Raimu en lui, il nous subjuguait par ses morceaux de bravoure où se mêlaient vaudeville et médecine :

– Ciel mon mari... l'amant saute par la fenêtre et... double fracture du calcanéum, l'os du plaisir interdit...

Son numéro le plus célèbre était « la fracture du barreau de chaise »... Car toutes les fractures peuvent être comparées à un barreau de chaise brisé. Les signes cliniques et radiologiques étaient cités pour être facilement mémorisés. En plus, Jean-François s'imposait par sa carrure, sa voix grave, sa rapidité d'esprit et son sens des répliques. Et s'il fallait le clamer en chansons, il n'hésitait pas ! Ancien élève du Conservatoire de musique, il était mon complice des bons et des mauvais jours. À nous deux, nous rappelions que Rabelais était médecin.

Pour ma part, j'étais possédé par le désir d'enseigner, l'ambition aimantée par le pouvoir magique que peut acquérir sur ses étudiants le maître reconnu. Pour moi, l'enseignement aux plus jeunes se devait d'être une fête pleine de vie et de joies partagées. J'étais le grand timonier, il fallait apprendre le *Petit Livre rouge*.

– Vous serez endoctrinés pour votre bien, leur disais-je.

Je leur lançais souvent :

– Je préfère les quotients intellectuels moyens ou bas. Les QI trop élevés me font peur car ils vont réfléchir.

Nous nous trouvions dans un monde à part, en totale fusion avec nos codes de fonctionnement. Le conférencier tenait du grand frère et du confident, des liens mystérieux nous unissaient, tissés à la fois par la volonté de l'enseignant et par l'acceptation des étudiants. Pour l'extérieur, il s'agissait d'un univers aussi opaque que celui des carabins, aussi débridé que celui de la salle de garde.

Un curieux attroupement s'agglomère au bout de l'allée centrale de l'hôpital Broussais. Il est 19 heures pile. Les étudiants en médecine se pressent pour entrer dans l'amphithéâtre Leriche. Ils ne veulent pas manquer la messe ! La salle, faite de vieux bancs disposés en rangs étagés, se remplit peu à peu. Chacun retrouve sa place, toujours la même. Dans une ambiance de plus en plus angoissante, il faut des repères fixes, rassurants.

À l'heure dite, j'entre par la petite porte en bas de l'amphi. Vêtu de ma blouse blanche qui recouvre mon pyjama bleu ciel de chirurgien, je jette bruyamment une lourde serviette sur la table et je toise l'assemblée.

– Salut, la compagnie des braves !

J'obtiens en retour une salve d'applaudissements mêlée de cris. Le public, chauffé par le stress, me semble à point. Une jeune étudiante s'approche ; elle est brune, frêle, pâle et me susurre, d'une voix presque inaudible :

– Monsieur, j'ai été malade, je n'ai pas pu apprendre mes questions du jour, mais je suis venue.

En fixant mon regard dans ses yeux, je la rassure :

– Tu ne seras pas interrogée.

En écho, plusieurs étudiants m'interpellent :

– Bravo, Deloche, c'est dans la poche !

– Allons, messieurs, un peu de tenue ! Commençons s'il vous plaît... Nous sommes à J-102. Un peu plus de trois mois avant l'épreuve. Rien de grave, mais évoquons ensemble la première proposition de Lao Tseu qui nous dit : « Il est plus tard... »

Et l'ensemble de répondre en chœur « ... que tu ne le penses ».

Le silence s'installe. Le théâtre commence. Tout doit être fait pour établir le contact, maintenir l'attention. Je monte doucement dans les travées et répartis, à gauche et à droite, les sujets qu'il va falloir réciter au tableau d'ici trois quarts d'heure. Les questions sont celles du jour, ou n'importe laquelle de celles qui ont déjà été posées depuis le début du cycle. Le savoir se cumule et doit être vérifié constamment. Une sorte de catéchisme. Mon show est réglé au millimètre près, l'improvisation n'est que l'effet d'un méticuleux travail.

Quarante-cinq minutes plus tard, place à l'interrogation. Je monte à nouveau dans les rangs et je désigne le candidat. Une mise en scène bien établie. Le candidat, tout ému, doit descendre et réciter face à l'auditoire. Une vraie situation de stress. Mais ce stress est provoqué, voulu, car le jour du concours il sera plus intense encore.

L'attention est à son comble. L'étudiant débite son sujet : le fibrome de l'utérus. Le début se déroule bien.

L'assistance récite en silence en même temps que lui. Le candidat arrive aux diagnostics à éliminer devant un gros utérus... Et là, patatras, il trébuche, oublie l'essentiel. Je l'arrête :

– Stop... stop... lamentable !

J'interroge la salle et, à l'unisson, tous scandent :

– Le môme !

En effet, il n'a pas éliminé la grossesse avant de procéder à des examens qui risqueraient de tuer le fœtus ! Dans notre jargon, c'est « la valise », c'est-à-dire le zéro à la question, et donc l'élimination... ce qui revient à prendre sa valise et retravailler pour repasser un an plus tard. Situation brutale, comme l'est la réalité médicale. Pas de place pour le doute ou l'hésitation.

Il me faut un autre récitant. Je désigne Sandrine. Elle refuse, car elle ne se sent pas capable. Mais Sandrine descend tout de même dans l'arène, c'est la règle. Elle doit procéder maintenant à son autocritique en public. Pourquoi n'a-t-elle pas travaillé ? Elle s'explique. Tout cela se déroule dans une ambiance ludique et joyeuse.

Ce soir, la rupture de la rate est au programme. Tout de suite, afficher l'ambiance :

– La rate saigne... c'est l'hémorragie interne.

Tout pourrait être simple, mais les formes progressives sont trompeuses et sources de graves erreurs médicales et de morts injustifiées.

– La rate ne nous rate pas, elle nous aura un jour. Une règle : y penser, c'est sauver. Vous pouvez vous imaginer dans le box des accusés avec les menottes... « Je n'y avais pas pensé », allez-vous dire pour votre défense. « C'est bien ce que l'on vous reproche ! » répondra le juge, qui citera l'écrivain et chirurgien Henri Mondor: «Quand on y pense toujours, on n'y pense pas encore assez.»

J'ai recours au théâtre pour expliquer les formes de ruptures de la rate observées chez l'enfant. Le petit Robert a quatre ans, avant de le coucher son père le propulse en l'air et le rattrape fermement à la base du thorax, là où se situe la rate, très fragile à cet âge. Une fois, deux fois, trois fois et vlan ! C'est la rupture. Si l'on remet Robert dans son lit, les lendemains vont être difficiles.

«Y penser, c'est sauver.» L'adage ne doit pas échapper au pédiatre qui va ausculter le petit Robert pour fatigue et pâleur extrême. Mon spectacle sur ce thème cerne tous les détails du diagnostic et du traitement.

Au fur et à mesure que le cours progresse, on sent les vibrations, les bonnes ondes... L'auditoire est vite perçu comme réactif ou non. Une fois l'attention captée, tout est permis. Les histoires ou les formes ne sont là que pour aider à mémoriser et à mettre en évidence l'essentiel. Car les études de médecine ont un seul objectif: former des praticiens avec un certain savoir et surtout un savoir certain.

Au risque d'être accusé d'injuste sévérité, j'estime que le médecin est coupable de non-savoir. Pour les grandes maladies, c'est évident. Je les appelle «les maladies vedettes», genre adénome de la prostate, infarctus du myocarde ou péritonite. Là, pas de doute, il faut fixer définitivement les choses dans le cortex cérébral pour arriver à l'automatisme. Une vingtaine de pages sur la thyroïde peuvent se résumer en deux pages à apprendre par cœur, deux pages reprographiées et diffusées sous le manteau comme un samizdat.

La conférence dure cinq heures. C'est long, épuisant. Avant de nous quitter, le soir, il y a encore la « prière »... Un volontaire doit réciter le credo du jour : une question à débiter par cœur et sans fautes en moins de dix minutes, éventuellement à l'envers, avec simplement des mots, sans phrases construites. L'exercice réussi est immanquablement salué par un tonnerre d'applaudissements.

Comme une sorte de prêtre, je leur parle aussi de leur avenir. Si nous étions en Inde, je pourrais me croire métamorphosé en Ganesh, le dieu des étudiants, divinité à corps humain et à tête d'éléphant. Les disciples écoutent l'oracle de l'homme-pachyderme... Une séance est totalement consacrée à leur avenir au-delà du concours. Ganesh interroge :

– Pourquoi avez-vous fait médecine ? Pour faire plaisir à vos parents ? Aimez-vous les patients ? Si ce n'est pas le cas, orientez-vous vers des spécialités utiles mais sans contact direct avec le malade. Voulez-vous faire carrière à l'hôpital, ou vous installer en ville ?

Peu à peu, il faut leur brosser les règles de l'apprentissage en médecine et de la réussite dans la carrière. Je leur demande de retenir quatre termes : le savoir, le faire, le savoir-faire et le faire-savoir.

Au début du début, il y a le savoir, le Verbe.

L'acquisition du savoir est le fondement de tout en médecine. C'est une sorte de disque dur où s'accumulent les connaissances comme une base de données. Aux étudiants d'organiser eux-mêmes ces acquisitions en les épurant des détails.

Puis vient le faire.

C'est l'application pratique, l'hôpital, les visites, les consultations, les actes, les urgences. La confrontation avec le réel oblige à mettre en place des sortes de logiciels de pensée dans tous les domaines.

Le savoir-faire surgit après.

À la suite de quelques années d'apprentissage, l'expérience s'acquiert et vient la maîtrise. Il ne s'agit plus de soigner une maladie, mais de se pencher sur un malade avec sa complexité propre. Tout est fait de nuances, mais aussi de protocoles et de procédures. La formation en médecine n'est pas un vase qu'on remplit, c'est un feu qu'on allume et qu'on entretient. Le savoir-faire couvre aussi le relationnel avec l'équipe soignante. Un surdoué inhumain n'aura pas un avenir radieux.

Enfin arrive le faire-savoir.

Dans notre monde moderne, c'est une étape essentielle. La publication des travaux demeure l'outil de base. Il faut faire savoir que vous existez, et cela par tous les moyens. Il faut faire savoir que vous possédez un savoir, un faire et un savoir-faire. Alors le succès est assuré, et il y a une place pour chacun.

*
* *

Pendant quinze ans, j'ai donné ces conférences à des générations successives d'étudiants. Mon auditoire écoutait presque religieusement. Je faisais partie de leur vie et eux sentaient qu'ils avaient leur place dans la mienne. À la fin de chaque cycle, nous nous quittions sans nous dire au revoir... Car il y avait encore un grand bal clandestin et costumé. Pendant plusieurs années, ce fut le bal des Catacombes. Il fallait transgresser l'interdit pour pénétrer dans les sous-sols de Paris, une vraie folie douce.

Aujourd'hui, le concours d'internat a été supprimé. En accord avec les directives européennes, l'internat s'est ouvert à tous les étudiants, la sélection se pratiquant principalement au début du cursus. Tout est réintégré à la Faculté, et c'est peut-être mieux ainsi, mais le danger de nivellement par le bas existe. Les conférences ont disparu, la pédagogie fait de plus en plus appel aux moyens informatiques.

J'aimerais pouvoir faire encore un bal des Catacombes. Le dernier. Avec tous mes élèves, pour se revoir, pour rire, pour danser, pour chanter, pour oublier les tristesses, pour gommer la maladie qui finit par nous hanter, pour contrer la mort toujours présente à nos côtés.

– XII –

L'ÉPOPÉE DES *FRENCH DOCTORS*

Médecins sans Frontières m'apparaissait comme une ouverture sur le monde, une respiration, un univers fascinant, qui m'inspirait et m'aspirait, mais auquel je ne pouvais pas encore prétendre à mon niveau de carrière. Pourtant, je voyais bien la cause humanitaire exploser, en particulier grâce aux couvertures médiatiques croissantes. Une vaste campagne publicitaire donnait déjà le ton : « Médecins sans Frontières : dans leur salle d'attente, deux millions d'hommes. » L'autre slogan frappait aussi fort : « Parce que le monde est à tout le monde, même s'il n'est pas beau. »

Bernard Kouchner avait atteint son but. On ne pouvait pas, on ne pouvait plus, ne pas savoir. Alors, du Vietnam à l'Angola, du Liban à l'Érythrée, les Médecins sans Frontières allaient « là où les autres ne vont pas » et sortaient de l'anonymat. Les dons affluaient, le corps médical commençait à bouger. Fini le silence condescendant, terminée la dérision.

Médecins sans Frontières devenait le Samu de la planète, mélange d'urgence et de donquichottisme. Médecins sans Frontières se trouvait dans les camps, en Afrique, en Asie, au Kurdistan, là où commençaient à apparaître des Cubains et des Allemands de l'Est, comme bras armé de l'Union soviétique ; là où le marxisme-léninisme façon Moscou combattait le maoïsme et l'impérialisme. Dans un élan romantique, Médecins sans Frontières faisait siennes les « justes causes », les « luttes légitimes des peuples pour leur indépendance », sans vouloir déchiffrer les aspects effrayants de ces slogans, sans comprendre que ces « justes causes » triomphaient au prix de l'asservissement, parfois du massacre des populations.

Dès 1977, éclatait le drame des *boat people*. Fuyant le régime communiste installé au Vietnam, des foules de réfugiés entassés sur des embarcations de fortune quittaient leur pays pour chercher une liberté. Ils erraient sur la mer dans des périples au bout de l'horreur. Des bateaux surchargés sombraient, d'autres étaient la proie de pirates violeurs et assassins. Environ un million de Vietnamiens ont fui ainsi la collectivisation forcée, les camps de rééducation et la guerre du Cambodge. Près de quatre cent cinquante mille d'entre eux ont trouvé la mort dans ces odyssées de la dernière chance. Mais le monde restait indifférent... En mer de Chine, certains navires refusaient de stopper les machines pour porter secours aux naufragés.

Bernard Kouchner se montrait décidé à agir, à sauver ceux qui pouvaient être sauvés. Un soir du début 1979, il arriva, théâtral, en conseil d'administration de Médecins sans Frontières pour annoncer :

– Nous allons faire un bateau pour les *boat people*.

Ce fut un tollé général. Un refus catégorique. Les gauchistes, trotskistes et guévaristes de MSF déclarèrent que ceux qui fuyaient le Vietnam communiste n'étaient que des privilégiés, de riches Chinois. À les entendre, il ne fallait pas se dresser contre un pays qui s'était libéré des Américains, cette opération risquant d'être récupérée idéologiquement pour être assimilée à une campagne anticommuniste... Bref, pas question de venir en aide aux malheureux lancés sur les mers au péril de leur vie !

Face à cette opposition irrémédiable, Bernard Kouchner décida de prendre seul les choses en main. L'opération « Un bateau pour le Vietnam » mobilisa des intellectuels prestigieux comme Jean-Paul Sartre, Raymond Aron, André Glucksman, et des stars comme Yves Montand et Simone Signoret. À force de volonté et d'opiniâtreté, Bernard sut alerter l'opinion pour tenter une action exemplaire. Agir, dénoncer, provoquer l'opinion internationale afin de faire respecter les principes élémentaires des droits de l'homme et le principe d'assistance à personne en danger de mort, tel était son combat auquel je m'associai.

Il paraissait évident qu'en ce siècle cathodique, il fallait mêler médecine humanitaire et médias. Un événement qui ne passait pas à la télévision n'existait pas, et la situation s'est encore aggravée depuis. Bernard Kouchner appliquait sa loi du tapage : l'opération menée en faveur des *boat people* devait être intensément couverte par des journalistes venus du monde entier. Alors, les accusations faciles se mirent à pleuvoir : *star system*, *charity business*...

Nous entrions, sans le vouloir, dans le marketing humanitaire. Place aux collectes de fonds organisées, place aux réalités financières. Mais il n'y avait pas de fichiers de donateurs, pas d'ordinateurs, pas de courriers de sollicitation. Il fallait improviser, inventer. Une journée du navire-hôpital prévu pour cette opération était estimée à environ vingt mille francs de l'époque, plus de trois mille euros par vingt-quatre heures, donc Bernard Kouchner s'agitait afin de donner corps à son projet. Je le revois au 20 heures d'Antenne 2, lançant cet appel frappant, direct et mobilisateur :

– Envoyez-moi cinquante francs !

Des sacs postaux bourrés de chèques de cinquante francs arrivèrent bientôt au siège de l'association Un bateau pour le Vietnam.

Au mois de mai 1979, l'assemblée générale de Médecins sans Frontières s'est tenue dans une atmosphère plus que houleuse, à vrai dire honteuse. Tout n'a été que bassesses, intrigues, manœuvres et coups tordus. Les anti-kouchnériens, formés aux techniques de l'agit-prop au cours de carrières syndicales où leur ego frustré avait tenté de trouver un exutoire, ont travaillé la salle et trahi l'esprit de MSF. Qu'elle était méprisable, cette cohorte d'arrivistes gonflés du venin de leur jalousie, ces petits messieurs qui rampaient bassement vers des sinécures convoitées de toute la force de leur médiocre ambition. Kouchner avait un but : le droit d'ingérence humanitaire. Il avait une méthode : la provocation. Eux, ils n'avaient qu'une tactique : la calomnie.

Sur les quelque cinq cents militants présents, seule une trentaine a refusé le pronunciamiento d'un quarteron de bureaucrates médicalisés qui voulaient devenir fonctionnaires de la misère, rentiers de l'humanitaire. Bref, Bernard Kouchner perdit la présidence de MSF. Les fils ingrats avaient tué le père. Ce fut mon premier contact avec la magouille organisée et les enjeux politiciens de l'humanitaire. Il ne s'agissait plus de médecine universelle, mais du rapport malsain au pouvoir.

Cet événement a constitué un tournant dans ma vie, car le soir même, chez moi, dans mon appartement du XVe arrondissement de Paris, autour de Bernard Kouchner, nous avons eu l'idée de créer Médecins du Monde, une tâche hasardeuse mais motivante. Pepsi-Cola à côté de Coca-Cola ! L'association a été créée officiellement six mois plus tard dans l'amphithéâtre de l'hôpital Broussais et Bernard Kouchner a été nommé président. L'opération Un bateau pour le Vietnam, menée indépendamment, venait à point nommé pour sceller notre nouvel avenir.

*
* *

Bernard Kouchner m'a appelé pour faire de moi un participant actif de l'opération menée en faveur des *boat people*. Avant les autres, il a vu que nos deux mondes, celui de la technologie médicale et celui de l'humanitaire, devaient tôt ou tard se mêler. La médecine humanitaire ne constitue pas une succursale de la médecine, mais une autre approche, une autre pratique.

Bernard m'a harcelé pour me voir rejoindre les chirurgiens de *L'Île de Lumière*, le navire-hôpital qui allait croiser en mer de Chine. Au mois de juillet 1979, il m'a sollicité une fois encore :

– Laisse un peu de côté ta cathédrale technologique... Tu pars en août sur le bateau.

– Je ne peux pas abandonner Broussais, cet autre navire-hôpital, ai-je répliqué. De toute façon, je suis de garde durant tout le mois.

– Donc tu es libre en septembre, a riposté Bernard, qui a le sens de la joute.

J'étais coincé.

– Tu pars en septembre.

Avant de m'embarquer, j'ai expliqué à mes filles ce que j'allais faire au bout du monde. J'ai martelé une fois encore mon credo : ce n'est pas parce qu'on est né dans un coin du monde déshérité que l'on doit être privé des soins facilement accessibles dans une autre partie du globe.

Je savais pertinemment que ce que nous allions faire revenait à tenter de vider la mer avec une petite cuiller. Je n'ignorais pas qu'il valait mieux empêcher les guerres plutôt que de soigner les victimes. J'avais conscience qu'il était préférable de lutter contre la malnutrition plutôt que d'en atténuer les conséquences. Mais, dans l'urgence, nous allions simplement essayer de soulager un peu les drames et les misères.

À bord de *L'Île de Lumière*, navire qui portait si bien son nom, prenait corps le grand projet kouchnérien : la notion de droit d'ingérence, de devoir d'ingérence. Aujourd'hui, cette idée nous paraît commune, banale, normale, mais à l'époque elle représentait une véritable révolution des mentalités.

L'équipe était soudée, motivée, formée d'hommes et de femmes aux compétences reconnues, aux personnalités fortes, unis pour une cause qui les faisait se transcender. Il y avait bien sûr notre engagement contre l'injustice absolue d'un drame absurde, mais il y avait aussi la magie, l'aura de Kouchner. Sa conviction était si forte qu'elle irradiait et entraînait tous ceux qui l'approchaient.

Allongé sur ma couchette, j'attends mon quart de minuit. Nous sommes installés sur le pont de *L'Île de Lumière*, dans de grands conteneurs équipés en dortoirs. Nous naviguons en mer de Chine vers l'archipel indonésien des Anambas. Plus de quarante mille réfugiés, complètement abandonnés à leur sort, ont échoué dans ce groupe d'îles.

Le gros de l'équipe, Haegy de Colmar, le réanimateur, Kaufmann d'Annecy, le pédiatre, Pradier de Biarritz, l'anesthésiste, et Josiane de Paris, l'infirmière, sont dans le carré, encore à table. Ils refont le monde avec Bernard Kouchner dans une ambiance joyeuse. Bernard possède un art consommé de la convivialité. Qui que tu sois, tu es convié au festin des idées.

À bord, cent trente-sept réfugiés recueillis sont assoupis sur le pont arrière. Bras et jambes enchevêtrés, ils forment un magma de corps enlacés, tableau aussi terrible qu'apaisant.

Soudain, je remarque une baisse de régime des moteurs. Fyot, médecin baroudeur, légende vivante de l'Indochine, frappe à la porte de mon conteneur-dortoir en criant :

– Alain, une embarcation suspecte !

Je me précipite sur la passerelle. Le commandant Herbelin me prête ses jumelles. Très lentement, je balaie la mer. Dans cette nuit sans lune, je ne vois rien.

– Regarde bien, à mi-chemin de la ligne d'horizon, me précise le commandant.

– Une lumière, une lumière ! crie l'officier de quart.

Enfin, je vois, loin, très loin, un minuscule point rouge qui danse dans mes jumelles.

– C'est un signal, ils nous ont vus. Ils doivent brûler quelque chose pour signaler leur position, c'est un SOS, m'explique Fyot.

Toute l'équipe médicale arrive en hâte sur le pont. Bernard prend les choses en main et donne ses ordres :

– Manœuvre de sauvetage en route. Allumez le bateau pour les aider à nous voir. Préparez la réanimation...

Le faisceau du projecteur scrute la mer. Des cris en vietnamien montent de la plage arrière, les réfugiés du bord hurlent pour être entendus des *boat people.*

Tout à coup, la lumière du projecteur isole une jonque de bois. Un nouveau feu s'est allumé sur l'étrave, éclairant des visages grimaçants. Une voix déformée par le mégaphone hurle des ordres en vietnamien. Aussitôt, par dizaines, des têtes surgissent entre les planches mal ajustées de la jonque. Il y a beaucoup d'enfants. Stop machine. Le *boat* en surcharge vient se ranger difficilement à bâbord de *L'Île de Lumière.* Tout le monde crie, de part et d'autre. On descend l'échelle de coupée et c'est bientôt une indescriptible bousculade pour grimper à notre bord. Les éclairs de flashes des reporters zèbrent la nuit... J'aperçois les regards de quelques réfugiés, la joie et l'effroi s'y mêlent. La plupart serrent un crucifix sur leur poitrine. Les marins organisent le sauvetage en bon ordre et certains d'entre eux passent sur la frêle embarcation qui cogne régulièrement le flanc de notre navire. À l'intérieur de la cale de la jonque, les marins se penchent sur plusieurs corps allongés, très amaigris, sur des visages marqués par les souffrances, brûlés par le soleil, noirs de crasse.

Posté en haut, sur le pont du navire-hôpital, je reçois dans mes bras une fillette d'une dizaine d'années, vêtue d'un pyjama bleu passé. Un petit corps flasque, bras ballants, tête rejetée en arrière, les yeux révulsés. Visiblement en état avancé de déshydratation.

Le pilote de la jonque est le dernier à monter à l'échelle de coupée. Il brandit en chancelant un grand crucifix tandis que des mains puissantes le hissent à bord. À peine sur le pont, il s'agenouille et embrasse le plancher avant de crier :

– Je suis sauvé, nous avons réussi !

L'équipe médicale organise l'accueil et les soins. Avec notre salle de radio, notre bloc opératoire, notre unité de réanimation, notre unité de pédiatrie et notre unité d'adultes, nous pourrions presque nous croire dans une salle d'urgence d'un hôpital en France.

Aucune affection grave chez les nouveaux arrivants : une menace de fausse couche, une brûlure de jambe, plusieurs cas de déshydratation chez les enfants, quelques dermatoses infectées. Tout est rapidement pris en charge par une équipe parfaitement rodée à ces pathologies.

L'animation est intense sur le pont. Dans une sorte d'ivresse, je participe activement à la réanimation. J'ai contribué à un sauvetage et ressens la conviction profonde de vivre une vaste et belle épopée.

Bernard donne une interview à une chaîne de télévision. Il peut être fier de ce qu'il est en train d'accomplir.

– Oui je m'agite, je fais du bruit pour tenter d'oublier les oppressions, pour être capable de les affronter. C'est la seule façon que j'ai trouvée pour faire semblant de croire à la morale et à la justice...

Le message est magnifique.

Le lendemain, tout est calme. Les soins prodigués viennent vite à bout des états de déshydratation. Notre seul souci concerne un enfant présentant une dermatose surinfectée en état de septicémie, et un autre porteur d'un abcès dentaire s'étendant au maxillaire supérieur. Je me transforme en stomatologue et arrache plusieurs dents pour évacuer cette infection purulente.

Sur le pont du bateau, je discute avec ces réfugiés... Je découvre ce que signifie la soif de liberté. Un concept jusque-là assez vague dans mon esprit. J'admire ces *boat people* qui, dans un acte quasi suicidaire, sont partis pour cette quête folle. Je veux savoir pourquoi ils ont fui. Une jeune coiffeuse me raconte son périple, on ne peut pas la taxer de riche Chinoise, elle ! Elle ne supportait plus ce régime d'oppression, me confie-t-elle. Le père a peut-être travaillé avec les Américains, je ne sais pas, toujours est-il que, sous le régime communiste, elle n'a pas pu poursuivre ses études et a dû se consacrer à la coiffure. Elle a affronté alors tous les périls pour trouver, ailleurs, une nouvelle vie. Elle a connu, comme les autres, un départ épouvantable, ponctué de multiples difficultés. Il lui a fallu ramasser les économies de la famille pour payer les passeurs, quitter frères, sœurs, parents, affronter la mer, braver les pirates... Je suis ébranlé par ce récit. Que ferais-je moi-même dans une telle situation ? Risquerais-je ma vie pour la liberté ?

L'Asie commence à me fasciner. Je découvre le Vietnam dans un bateau bourré de *boat people* revenus de la mort et me voici presque amoureux de ce pays sans le connaître encore... Le soir, dans ma couchette, j'ai du mal à trouver le sommeil. Je sors de ma cabine. Mon cerveau est agité de ces doutes où naissent les convictions nouvelles. La nuit est noire, angoissante, troublée.

Au matin, *L'Île de Lumière* mouille dans les eaux de l'île de Kuku. Un petit canot à moteur nous conduit au pied d'un ponton. Nous voyons alors la plage se couvrir de monde... Près de dix mille réfugiés sont là ! Ils habitent des paillotes sous les cocotiers, une image de carte postale. L'enfer au paradis. Nous nous approchons d'eux, et soudain, ils applaudissent en criant leur joie ! Nous nous frayons un chemin dans la foule. Sortant de la traditionnelle réserve asiatique, ils veulent nous toucher, un peu comme on effleure les statues des bouddhas pour obtenir leurs faveurs, peut-être veulent-ils s'assurer que nous sommes bien réels, que leur cauchemar s'arrête effectivement.

Malgré le dénuement total de ces réfugiés qui ont tout perdu, des millénaires de civilisation se font sentir. Ce qui, ailleurs, aurait été un amas désolé présente ici les débuts d'une organisation qui rappelle les villes et les villages de l'Asie. Il y a les riches et les pauvres, ceux qui ont pu emporter de l'or et des pierres précieuses, ceux qui ont tout donné pour payer l'embarquement. Il y a encore ceux qui sont insérés dans un groupe familial ou amical et peuvent se répartir les tâches, se soutenir mutuellement. Il y a aussi les isolés, qui tentent désespérément de survivre, et les malins, qui se débrouillent, parcourant le camp en essayant d'échanger n'importe quoi contre n'importe quoi, jusqu'à pouvoir troquer quelque chose contre du riz ou du lait.

Le chef de camp, un médecin, ancien militaire, parle parfaitement français et nous confirme que le marché noir reste omniprésent, que l'insécurité règne, notamment à cause des nombreux vols. Une société humaine, en somme, avec sa perpétuelle lutte pour la vie, comme partout, même si elle revêt ici une âpreté particulière. Ce chef nous invite à le suivre vers une baraque dénommée dispensaire. Tout en marchant, il nous parle d'hygiène, de la nécessité d'une discipline, des risques que représentent les agents communistes infiltrés, auxquels la rumeur attribue les troubles et les émeutes qui agitent le camp.

Haegy, Pradier, Fyot et moi commençons nos consultations. Les diagnostics confirment les rapports du chef de camp : du paludisme, beaucoup de tuberculoses avancées et des myriades d'enfants dénutris. Une mère nous implore de tenter l'impossible pour son petit de deux ans qui ne pèse plus que cinq kilos... Je sais que cet enfant va mourir, mais je demande tout de même qu'on le prenne à bord.

Tout à coup, le ciel s'ouvre et libère une pluie torrentielle, tiède comme la mousson, qui perfore le toit du dispensaire. Nous poursuivons la consultation, douchés, trempés jusqu'aux os. Au moment de terminer, une urgence surgit : une hernie étranglée chez une femme de quarante ans, maigre à l'extrême, qui se tord de douleur et vomit sans arrêt. Au bloc dès ce soir.

Le bloc opératoire de *L'Île de Lumière* est spacieux. Seules les bottes ont été oubliées, d'où le surnom dont on m'affuble, « le chirurgien aux pieds nus ». De plus, opérer sur un bateau qui tangue représente, pour moi, une impression nouvelle, mais il faut s'y faire.

J'aime travailler avec Pierre Pradier, l'anesthésiste. Il est précis, rapide, prudent. Une fois le malade endormi, il a coutume de me réciter *Iphigénie* de Racine scène par scène. Bernard vient souvent nous voir travailler. Il se montre très fier de son bloc, mais je sais qu'il est aussi attiré par la chirurgie. Dans le cas précis, il me prodigue quelques conseils auxquels je réponds d'un bougonnement :

– Bernard, si tu veux prendre les instruments, je t'en prie.

– Ce que les barbiers sont susceptibles, soupire-t-il.

Après quelques heures de navigation, nous approchons de Terempa. Les réfugiés ont échoué sur cette île indonésienne qui n'est qu'un amas de rochers, même si elle est déjà habitée. Ces réfugiés ont construit de modestes cabanes qui, telles des moules, s'accrochent aux blocs de granit battus par la mer. Comme pour s'attribuer une nouvelle identité, les *boat people* ont inscrit sur les maisons en lettres blanches l'immatriculation de leur bateau et la date de leur arrivée. Cette terre est inhospitalière, et le camp insalubre. Nous le parcourons dans tous les sens et Fyot rencontre un ancien officier viêt-minh. Ils ont combattu l'un contre l'autre, jadis, au cours de l'absurde guerre d'Indochine, pour arriver aujourd'hui à cette rencontre sur un récif perdu.

Alors que je monte vers le dispensaire, une femme s'adresse à moi en français :

– Docteur, permettez-moi de vous inviter chez moi.

Je la regarde, étonné. Elle est belle dans son pyjama noir. J'accepte cette étonnante invitation... Assise sur une caisse, la femme m'offre une limonade et me résume sa vie. Son passé au lycée Marie-Curie de Saigon, son professeur de français, la guerre, sa famille désintégrée, son mariage forcé avec un Chinois pour tenter de se sortir du guêpier communiste... Je suis sous le charme. J'ai devant moi, là, une princesse qui m'envoûte peu à peu. Je la quitte assez brusquement, il me faut poursuivre la tournée du camp.

Le lendemain, nous rendons visite aux autorités locales et surtout au chaouch, chef de l'administration insulaire. Tandis que le muezzin appelle à la prière, le chaouch nous reçoit poliment, mais il nous fait remarquer que si nos *boat people* bénéficient des avantages d'un splendide bateau-hôpital, lui n'a pas de médecin pour ses administrés.

– Les Vietnamiens sont bien chanceux ! s'exclame-t-il.

Nous lui proposons de nous rendre à son dispensaire.

En pleine prière, le muezzin annonce par haut-parleur notre prochaine consultation. À l'heure dite, nous voyons affluer la cour des Miracles, tous les cas les plus improbables, et souvent les plus extrêmes de pathologies presque oubliées, comme dans la parade du film *Freaks*. À côté des cardiaques et des tuberculeux cahotent les handicapés moteurs et un nombre incroyable de malformations de la face échappées d'un musée des horreurs, becs de lièvre, angiomes et autres monstruosités... Un cas me stupéfie, celui d'une femme atteinte d'une tumeur qui double le volume de sa tête. Je parviens à convaincre Pradier, l'anesthésiste, de tenter l'opération avec moi. La malade est embarquée à bord avec d'autres cas plus bénins.

Les éléments décident pour nous. Nous voilà poussés vers une autre chirurgie. Je n'avais jamais opéré une tumeur pareille à celle de cette pauvre femme au visage gonflé et déformé. Toute l'équipe nous observe, Pradier et moi, comme des artistes avant un spectacle. Nous nous concertons sur le type d'anesthésie, sur les dangers à éviter. Je demande à Kouchner de m'aider, il me suggère de respecter la portion tumorale au contact de l'artère carotide. Je suis d'accord. Quant au nerf facial, il doit être déjà détruit par l'envahissement tumoral... Nous oublions que nous mouillons près d'un îlot perdu, nous sommes d'abord médecins, ici comme à Paris.

L'opération se passe bien. Mes repères anatomiques se perdent dans la malformation, mais j'avance méthodiquement. Je sens chez Kouchner l'approbation de ma technique et de ma tactique. Il observe tout, et nous gratifie de ses commentaires, nous suggérant ironiquement d'ouvrir à Paris une « clinique pour monstres ».

À la fin de l'opération, la femme a retrouvé visage humain. Dès son réveil, nous lui tendons un miroir... Elle se regarde, médusée. En guise de remerciement, elle esquisse un sourire gêné par la douleur. C'est tout. Mais dans son regard, je lis une sorte de reconnaissance infinie. L'expression qu'aurait eue Elephant Man libéré de son destin.

Le soir, avant le dîner, Bernard Kouchner nous réunit pour un briefing sur les journées à venir. Puis il demande le silence et, très théâtral, presque solennel, propose de m'anoblir au rang de « baron », en mémoire du baron Larrey, grand chirurgien sous l'Empire. Tel Napoléon, Bernard me fait venir à son côté pour me donner une accolade très protocolaire. Il improvise ensuite un discours où l'Empereur tient une large place et conclut :

– Longue vie au baron !

Je suis ému de cette fraternité et fier de cette distinction. Comment résister à Bernard dans ces moments-là ?

À table, le délire commence. Les idées folles émergent. Et si l'on restait ensemble ? Et si, tel un navire corsaire, nous allions coloniser quelques-unes de ces îles ? Et si on allait créer une nouvelle société ? Et si l'on nommait Bernard Kouchner roi de l'archipel des Anambas ? Soirée de démence au milieu du malheur, démence qui permet de supporter le malheur.

De retour en France, tout m'a paru morose. Mes récits étaient écoutés, mais pas partagés. Pire, certains de mes aimables collègues susurraient que j'avais pris du bon temps pendant qu'eux-mêmes travaillaient. Mon patron, en revanche, se montra passionné par ce qui lui apparaissait comme une « croisade anticommuniste ». Il me lança :

– C'est bien, ce que vous faites, et cela peut même vous servir pour votre carrière.

Sur *L'Île de Lumière* s'est forgée ma conviction : je fais ce que je sais faire, ce que je peux faire. Que ceux qui ont des idées les mettent en œuvre. Vous voulez arrêter les guerres, faites-le ! Vous voulez combattre la malnutrition, faites-le ! Agissez, mobilisez, donnez !

*
* *

Quelques mois plus tard, en novembre 1979, je me suis rendu avec Alain Carpentier au Congrès de cardiologie asiatique qui se tenait en Thaïlande, dans le luxe de l'hôtel Oriental de Bangkok. Nous avons obtenu un beau triomphe avec notre présentation de la réparation mitrale et échangé quelques informations techniques et médicales avec des collègues venus du monde entier. Je savais qu'un des médecins qui avaient travaillé sur *L'Île de Lumière*, le psychiatre-psychanalyste Jean-Pierre Hiegel, venait d'être nommé directeur de la Croix-Rouge internationale à Bangkok. Je lui ai donc téléphoné pour le saluer... Il m'a demandé de venir le voir tout de suite.

Un instant plus tard, Carpentier et moi étions dans le bureau de Hiegel et celui-ci nous accueillait sur ces mots qui claquaient comme un soulagement :

– Ah, des chirurgiens !

J'ignorais encore tout de la situation sur place. Nous avions bien quelques vagues échos de mouvements qui, depuis deux jours, se déroulaient à la frontière entre la Thaïlande et le Cambodge, mais sans plus de détails. Et voilà que le psychiatre me décrivait un exode humain de grande ampleur, des camps de réfugiés qui se formaient déjà... Devant l'avancée des troupes vietnamiennes pénétrant au Cambodge, une partie de la population prenait la fuite. La Thaïlande, amicale mais ferme, laissait entrer ces populations sur deux kilomètres à l'intérieur de ses terres, mais pas plus loin.

Hiegel bénéficiait de l'infrastructure de la Croix-Rouge mais manquait de médecins, et singulièrement de chirurgiens, pour soigner les nombreux blessés, mutilés par les mines au cours de leur périple. Il voulait donc nous envoyer au plus vite dans ces camps massés à la frontière. Un peu hésitants, nous avons répondu que nous étions en congrès... Il insista :

– Je vous demande de l'aide, c'est un appel de détresse.

Carpentier et moi, nous nous sommes rapidement consultés et avons pris la décision de quitter le congrès et de répondre à l'urgence. Après trois heures et demie de voiture, je découvris un spectacle de cauchemar...

Dans les camps, près d'Aranyan-Pratep, ville frontière entre le Cambodge et la Thaïlande, l'ampleur du drame me happe et me transperce : la concentration de réfugiés dans des conditions précaires, les maladies, les blessures, l'absence totale d'hôpitaux...

Notre mission consiste à mettre en place des antennes chirurgicales avancées. Avec l'aide d'un maigre personnel médical arrivé de Suisse, je me lance dans la chirurgie de guerre, amputant des jambes arrachées par les mines. Nous opérons sous tente, et même dans une pagode en partie évacuée, sous l'œil impassible de Bouddha.

Carpentier doit rentrer en France, il faut bien faire tourner le service à Broussais. Il me laisse sur cette réflexion :

– Tu sera plus utile ici qu'à Paris.

Il paraît indispensable de bâtir un hôpital à Khao-i-Dang, sans doute le plus grand camp de réfugiés au monde, vaste espace entouré de barbelés et gardé par des militaires thaïlandais en armes. Nous établissons les plans d'un établissement qui sera construit en deux mois seulement. Car très vite l'aide internationale abonde, l'Organisation des nations unies et la Croix-Rouge réagissent avec d'énormes moyens ; c'est la première fois dans leur histoire qu'elles organisent un secours d'une telle ampleur. Des norias de camions apportent l'assistance indispensable : nourriture, tentes, vêtements sont distribués, de nouveaux camps sont montés, organisés, répertoriés. Des constructions en dur surgissent.

Par bus entiers, à pied, n'importe comment, de partout, arrivent chaque jour dix à quinze mille réfugiés cambodgiens, les camps grossissent, il y a déjà quatre cent mille personnes le long de la frontière, il y en aura bientôt un à deux millions. Sans que l'on comprenne d'ailleurs parfaitement les raisons d'un tel afflux. Est-ce la crainte de l'occupation par l'ennemi héréditaire vietnamien ? Est-ce la peur de la famine, puisque les combats ont pratiquement réduit les récoltes à néant ? Pas seulement. Ces hommes, ces femmes, ces enfants se fuient eux-mêmes, ils tentent d'échapper à leurs propres angoisses, à leurs cauchemars, à leurs souvenirs. Par des mots prononcés avec pudeur, par bribes, j'apprends ce qu'ils ont vécu au Cambodge sous le règne des Khmers rouges. L'atrocité des récits explique l'épouvante qui ternit les regards, la prostration qui fige les attitudes. Le génocide qu'ont subi les Khmers sous la dictature de Pol Pot a provoqué plus de un million de morts. Ce malheur a encore été aggravé par la suppression délibérée de tout espoir, de toute référence à laquelle se raccrocher, par la destruction volontaire et programmée de l'âme du peuple khmer. Les opposants, réels ou supposés, tels les élites, les médecins, les dentistes, les pharmaciens, les infirmiers ont été systématiquement assassinés, car le régime a déclaré dans un délire absolu que les médecins créaient les malades : « Tuons les médecins, il n'y aura plus de malades », proclamait-il. À la fin de la période khmère rouge, il n'y avait plus que quarante-cinq praticiens sur plus de six cents, sans compter les sept mille étudiants en médecine disparus pour la plupart.

Ceux qui croisent le regard de ce peuple déchu de son humanité par ses tyrans en restent marqués à vie. Je suis d'autant plus troublé que beaucoup de Cambodgiens parlent couramment le français. C'est en français que j'entends raconter la bestialité des humiliations jusqu'à la déchéance, c'est en français que l'on me décrit d'effroyables tortures...

Dans notre petite unité de radiologie portative, je rencontre une jeune infirmière. Elle me confie des récits d'horreur où surgissent la famine, la mort, la fuite, le massacre... Je lui suggère de coucher ce témoignage par écrit, peut-être trouvera-t-elle un soulagement par l'écriture. Je vais acheter du papier et un crayon à Aranyan-Pratep, et deux jours après elle me rend sa copie : un petit cahier de mémoires très précis, tracés d'une écriture bien ronde, rédigés dans un français touchant et naïf. Elle relate les infamies commises par les Khmers rouges sur un ton d'innocence. Elle raconte sa fuite vers la Thaïlande, les mines qui explosent, les membres arrachés, la faim hideuse... Elle a vu, horreur suprême, une mère étrangler son bébé pour le manger. Elle explique que la mère et l'enfant étaient en train de mourir de faim. Alors, pour empêcher le nourrisson de souffrir, sa mère l'a étranglé. Et après, comme le consigne l'infirmière, « ils en ont fait une bonne soupe ».

Durant les deux semaines où je suis resté sur place, j'ai cru devenir fou. Trop de douleurs, trop d'horreurs. J'accumulais une dose d'abomination matin, midi et soir, je finissais par m'identifier à ces réfugiés ballottés par l'Histoire. J'étais près de m'effondrer.

Ce que j'appelle « l'implosion » menace perpétuellement le médecin humanitaire. Le premier risque est d'adhérer à la cause dans laquelle il se trouve plongé. Devant le malheur peut survenir une fracture absolue, un total basculement de l'existence. Je me souviens d'une jeune femme partie en Afghanistan et qui n'est jamais rentrée en France : elle s'est faite moudjahidin et a épousé un Afghan. En Afrique, dans des cases, j'ai rencontré des Européens venus pour un mois et restés sur place.

Le deuxième risque est de disjoncter, d'entrer dans un délire messianique. Face à une réalité traumatique, certains veulent croire à la possibilité de sauver le monde entier. J'en ai vu se lancer dans cette mission impossible, témoigner d'une soudaine activité compulsive qui imposait un rapide rapatriement.

Le troisième risque est l'autodestruction par désespoir. Sait-on que le suicide représente la plus grande cause de mortalité dans la médecine humanitaire ?

Dans les camps de Thaïlande, j'étais devenu un récepteur de malheur. Le récit répété du cauchemar collectif se révélait d'autant plus puissant et bouleversant qu'il était toujours exprimé avec dignité et d'une voix douce à l'accent presque suave. Chez ces Cambodgiens imprégnés de bouddhisme, je devinais une insoutenable résignation à la tragédie, une insupportable acceptation des horreurs qui avaient ravagé le fond de leur âme.

Le Vietnam m'avait conquis par le truchement des *boat people*, je me trouvais désormais attaché au Cambodge à travers ces réfugiés. Alors je me suis fait une promesse : jamais je n'abandonnerais ce peuple.

Les énormes moyens mis en place dans les camps de réfugiés cambodgiens par l'Onu et la Croix-Rouge internationale soulignaient le basculement qui s'opérait dans l'action humanitaire. Après *L'Île de Lumière*, les camps en Thaïlande venaient démontrer avec plus de force encore que la médecine, dans ce domaine, réclamait des moyens considérables et des compétences étendues.

L'intervention humanitaire, en effet, devait se hisser au niveau technique et logistique des guerres et des massacres de ce temps. Nous ne pouvions pas continuer à bricoler avec un petit sac à dos et quelques malles. Le événements nous montraient le chemin et la conclusion s'imposait : on ne peut rien faire avec rien. Il faut des relais d'opinion forts, des appuis politiques et le soutien des médias.

Jusque-là, qui étions-nous, nous les globe-trotters du secours ? De nouveaux missionnaires ? Des médecins itinérants ? Des baroudeurs frustrés ? Probablement tout cela à la fois. Mais nous sentions que l'aventure pour l'aventure se terminait. Le médecin sans frontières, l'aventurier un peu solitaire cédait la place à une machinerie imposante nécessitant des moyens colossaux, des infrastructures gigantesques et l'implication des États. Fini l'amateurisme, place à l'efficacité des gestionnaires performants, place à la concurrence dans l'humanitaire, à la course à l'affichage médiatique ! Toutes les ONG du monde commençaient à se disputer pour un carré de réfugiés.

Le retour en France a été terrible. Je ne savais plus où j'étais, qui j'étais. J'avais besoin de me réadapter à la vie de Paris, mais je sentais comme un fossé creusé entre les autres et moi, une incompréhension totale exprimée par ceux qui n'avaient pas connu ce que j'avais vécu. J'évoquais les horreurs vues et entendues dans les camps, et l'on me parlait de congrès ou de réunions... Moi, j'étais toujours là-bas. Ce décalage a été pénible à vivre. Sur un plateau de la balance se trouvaient les petits soucis du quotidien et sur l'autre le malheur absolu. Comment trouver l'équilibre ?

Après mon expérience sur *L'Île de Lumière*, après les camps de réfugiés cambodgiens, j'ai décidé d'entrer véritablement dans le monde de l'humanitaire. J'aime l'aventure et l'engagement, j'aime soigner et briser les injustices pour que chaque être humain puisse accéder aux soins et profiter des avancées de la science. Utiliser mon métier pour servir, au sens noble du terme, est alors devenu pour moi une sorte de deuxième vie. L'action humanitaire ferait donc partie intégrante de mon existence, elle pouvait et devait d'ailleurs se coupler avec une situation professionnelle active. Désormais, l'humain que je suis marcherait sur ses deux jambes, la carrière pour alimenter son ambition, l'engagement pour nourrir son humanité.

Je découvrais en moi une sensibilité au malheur, une attirance aussi. Attirance morbide, proclameront les esprits raisonnables... Il est vrai que je ne parviens pas à rester indifférent devant la détresse, il me faut bouger, agir, me heurter de front à la tragédie. Au fond, je ne me sens pas très à l'aise dans une situation de bien-être, je ne trouve pas ma place au sein d'un peuple heureux. Peut-être le bonheur ne me pénètre-t-il pas ?

*
* *

Quelques mois plus tard, en décembre 1979, les premières bombes soviétiques tombaient sur l'Afghanistan. Pour Médecins du Monde, toute jeune association, l'appel se faisait impérieux, mais nous ne possédions aucun moyen financier. L'un d'entre nous lança alors cette suggestion :

– On se cotise pour envoyer deux médecins là-bas afin d'étudier la situation...

Ainsi l'Afghanistan a constitué le premier terrain de mission de Médecins du Monde. Missions menées pour aider médicalement la population afghane et les moudjahidin, victimes de l'invasion brutale de l'Union soviétique. Mais pas question d'intervenir au grand jour face à l'armée d'invasion : les acteurs de cette épopée étaient de vrais clandestins, complètement intégrés à un mouvement de libération en proie au totalitarisme rouge.

Très vite l'argent *made in USA* a coulé à flots dans nos caisses vides. Les Américains, soucieux d'aider la guérilla afghane, utilisaient comme relais les organisations non gouvernementales européennes. Ils fournissaient le *cash for food*, des liasses de dollars fournies à des ONG pour acheter de la nourriture sur place... Un tournant pour l'humanitaire, plutôt marqué à gauche. Les combattants de la liberté changeaient de camp. C'était le triomphe du sans-frontiérisme, de la philosophie de l'ambulance. C'est à cette occasion que le terme de *«French Doctor»* est né. À la suite de l'intervention d'un médecin français invité au Sénat américain, le *New York Times* titrait: *«The terrifics French Doctors»*...

En Afghanistan, les *French Doctors* de Médecins du Monde ont participé à la construction d'un hôpital de fortune, ils ont soigné, opéré, vacciné. La tâche n'était pourtant pas facile. Même prévenus, même éduqués, quel décalage culturel ! Nos praticiens se heurtaient bien souvent à la pesanteur du traditionalisme islamique et nous sentions déjà que, en cas de retrait soviétique, le pouvoir pouvait être capté par les extrémistes religieux.

Un jour, Michel, chirurgien du centre de la France, fut confronté à une curieuse situation. Il devait opérer une femme en pleine rupture utérine, une urgence vitale. Le mari lui colla son tromblon sur la tête et le menaça:

– Si tu dévoiles ma femme, si tu la touches, je t'explose la tête.

Quelques palabres et tout s'est arrangé grâce au chef du village.

L'Afghanistan a fait connaître les *French Doctors* à travers le monde et popularisé la médecine sans frontières. Il a aussi mis en évidence les dangers de telles missions. On se souvient du Dr Philippe Augoyard, arrêté par les Soviétiques, condamné à huit ans de prison, et finalement libéré grâce à l'intervention de Georges Marchais et du Parti communiste français.

En ce qui me concerne, j'ai loupé l'Afghanistan. Je suis bien parti, mais jamais arrivé ! À Peshawar, au Pakistan, à l'hôtel Dean, point de rencontre des réfugiés, des agents secrets de la guerre froide, des humanitaires et des journalistes, j'ai rencontré Amin Wardak. Ce chef de guerre régnait en maître sur la province qui portait son nom. Élevé jadis au lycée français de Kaboul, c'était un personnage hospitalier et grandiloquent. Sur un tapis couvert de victuailles, il nous promis d'assurer notre périple. À dos de mulet, déguisés en Afghans, nous nous sommes enfoncés dans la montagne. Hélas, il neigeait d'abondance, il faisait extrêmement froid... Impossible de franchir les cols. Au bout de vingt-quatre heures, j'étais de retour à Peshawar et bientôt à Paris. Pauvre héros sans aventure !

– XIII –

MONSIEUR LE PROFESSEUR...

Avec 1980, nous sommes entrés dans l'année du Dragon, mon signe en astrologie chinoise, un présage en principe favorable, l'année où un cycle s'achève, l'année où les choses qui doivent arriver arriveront... Peut-être vais-je obtenir l'agrégation et, avec elle, le titre de professeur.

Tête-à-tête autour d'un café avec mon patron, Charles Dubost.

– Comment voyez-vous l'avenir pour notre Deloche, parce qu'en ce qui me concerne, je ne vois rien de bon...

Il parle de moi à la troisième personne et articule des mots qui peuvent tuer. Pourtant, malgré sa dureté et son despotisme, Dubost affiche le souci de promouvoir ses assistants, phalange dont je fais partie depuis douze ans. En réalité, sa petite phrase assassine est teintée de dépit... Il ne possède peut-être pas autant d'influence et de pouvoir qu'il le souhaiterait. Et puis, c'est évident, il ne se démène pas assez pour son équipe. Parce qu'il commet l'erreur de considérer comme un dû la promotion de ses assistants, beaucoup l'accusent d'attendre que cet hommage lui soit rendu plutôt que d'entreprendre les démarches nécessaires. Ces sollicitations en haut lieu assureraient sans doute l'avenir de ceux qui le servent fidèlement, mais lui donneraient l'impression insupportable de se rabaisser. Avec son allure d'empereur romain, il est au-dessus des intrigues.

L'agrégation en médecine, c'est-à-dire l'admission dans le corps des enseignants de la Faculté, n'était pas – n'est toujours pas – un concours sur épreuves, mais sur titres. Une nuance, et non des moindres. À l'époque comme aujourd'hui, il fallait d'un côté un candidat et de l'autre un poste budgétaire, appelé dans le jargon administratif « un emploi ». Celui-ci était offert à la suite d'un départ à la retraite ou par création, voire par transfert d'un poste vacant dans une autre discipline. Le fameux poste se trouvait donc déclaré dans une spécialité où il était théoriquement nécessaire. Et là se situait toute l'ambiguïté... L'obtention d'un « emploi » provoquait une lutte sans merci mettant aux prises les doyens, les présidents d'université et les professeurs de chaire. Quant au candidat, son parcours devait se révéler sans faille pour être présentable aux différentes commissions. Sur ce plan, j'étais tranquille. Mon circuit avait été singulièrement long : interne pendant sept ans, chef de clinique sept autres années, puis vacataire durant deux années supplémentaires. Le poids de mes titres et travaux pesait lourd : mes années de labeur se trouvaient résumées dans un document d'une centaine de pages ! J'avais accumulé tant d'activités que je me trouvais au-dessus de la barre, et mes publications en langue anglaise trouvaient un impact favorable. Et pourtant, le débouché heureux de mon dossier devenait de plus en plus improbable car mon doyen avait décidé de ne pas placer la chirurgie cardiaque en priorité, préférant une autre discipline qui favorisait un de ses élèves...

– Tout le monde ne peut pas être général, me répétait-il.

Et il ajoutait, avec son air de grand oiseau de proie :

– Attendez, cela viendra un jour.

Ma vie de famille n'était pas brillante, mes ressources se faisaient faibles et irrégulières. J'avais la pénible impression que le monde entier me devenait hostile. Comme la Phèdre de Racine, j'aurais pu déclamer : « Tout me lasse et m'ennuie, et conspire à me nuire... » S'il avait suffi d'attendre pour être nommé, j'aurais pu me résigner. Hélas, je le savais, si la nomination n'intervenait pas dans des délais raisonnables, et à l'âge normal, elle avait, d'année en année, de moins en moins de chances de se concrétiser. On devenait alors un dossier embarrassant, fastidieux, que chacun repoussait en se persuadant que si la promotion n'était pas déjà intervenue, c'était qu'il y avait sans doute une excellente raison... Or, en cette année 1980, j'avais quarante ans. Le bon âge, à ce qu'on me disait.

Je me voyais englué dans ce piège comme dans des sables mouvants, je m'enfonçais jusqu'à disparaître dans une médiocrité que je sentais me pénétrer lentement, sans espoir d'honneurs ni de carrière. Ma motivation s'étiolait, asphyxiée dans le marais administratif. Cette chirurgie, à laquelle j'avais consacré ma jeunesse, je commençais à cesser d'y croire et je l'exerçais d'une façon mécanique.

Cependant, à tout prendre, ma vie professionnelle dans sa monotonie se révélait plus intéressante que ma vie privée, dont je ne pouvais plus me cacher qu'elle constituait un échec. La séparation s'imposait, ouvrant une plaie indélébile qui me marquerait à vie.

Je campais de plus en plus souvent à l'hôpital. Là, au moins, les rapports humains convenus ne me blessaient pas. Avec mon petit sac dans lequel j'avais jeté mes maigres affaires, dans cette chambrette sans âme destinée aux gardes des jeunes internes, je sentais la clochardisation sur le point de me gagner.

Je garde de cette période un souvenir douloureux, d'autant plus douloureux qu'en y repensant, je me sens honteux de moi-même, de ma résignation, de mon acceptation à laisser d'autres décider pour moi. Rien n'est plus terrible pour un homme dans la pleine force de l'âge que de n'avoir aucune prise sur son propre destin. Il en résulte soit une démotivante apathie, soit une rage impuissante. En tout cas, toujours une réelle amertume.

Enlisé petit à petit dans une forme de résignation, je ne voyais plus d'issue. C'est là que l'irrationnel intervint, ce qu'en Asie on appelle le karma. J'allais toucher le fond. Peut-être n'avais-je pas d'autre choix que de me laisser glisser pour pouvoir donner un violent coup de pied et remonter à la surface.

Non, je n'accepterais pas cette situation, je ne consentirais pas à me laisser vaincre sans me battre. Puisque j'étais acculé dans une impasse, je tenterais le tout pour le tout, je remuerais ciel et terre avant de m'incliner. Au moins n'aurais-je pas à me reprocher un jour de ne pas avoir essayé. Je me montrais soudain décidé à forcer les barrières, à mobiliser toutes mes ressources, à faire intervenir mon entourage... Le ministère de la Santé a été approché, on a insisté sur le devenir et l'importance de la chirurgie cardiaque.

Mes shows de conférencier m'avait créé une popularité parmi les étudiants. Le qu'en-dira-t-on fonctionna, la rumeur enfla... Certains se demandaient ouvertement pourquoi je n'avais pas encore été nommé professeur, on parla même de scandale ! Un grand mot peut-être, mais un vrai réconfort pour moi, et une authentique pression sur l'appareil universitaire.

Dans mes ténèbres, une lumière brille enfin : Jean-Yves Neveux, mon conférencier d'internat, mon mentor, me propose de rencontrer son ami Puel, de Toulouse, chirurgien cardiaque de renom et conseiller du ministre de l'Éducation nationale. Comme des comploteurs, nous nous retrouvons dans un petit café, en face du ministère.

– Alain, si tu es d'accord on ne parle pas de toi, me lance Puel.

Je comprends mal, mais je reste soumis.

– On va mettre en avant votre beau service, poursuit l'important Toulousain. On ne veut pas aller contre les doyens, on va créer un poste supplémentaire tout à fait justifié par le renom de votre grande école de chirurgie.

Et il ajoute, avec son accent chantant plein de soleil :

– Il se trouve que tu es le seul candidat pour le poste, mais c'est accessoire, de la cuisine interne.

Ses yeux pétillent d'une joie malicieuse : il a trouvé à la fois une solution à mon problème et une réponse brillamment jésuitique d'ironie administrative.

Peu de temps après, je ne suis pas trop surpris de voir mon patron, Charles Dubost, convoqué au ministère de l'Éducation nationale. Quand il en revient, je tiens le volant et fais office de chauffeur pendant qu'il me glisse négligemment la grande nouvelle :

– Mon cher Deloche, vous êtes nommé professeur... Prenez la première à droite, cela évitera un feu rouge et nous serons plus vite rendus à l'hôpital.

Tout en reconduisant le patron le plus rapidement possible, je ne parviens pas à réaliser. Nommé, je suis nommé ! Le ministre de l'Éducation nationale a confirmé à mon patron la création d'un poste de professeur supplémentaire dans son service. L'argument majeur reste que notre service constitue, en chirurgie cardiaque, une sorte de vitrine pour la France, l'Europe et le monde. Je suis exposé dans l'étalage et m'y trouve bien.

J'aurai donc mon nom inscrit en « lettres d'or » dans le *Journal officiel* ! C'est une victoire, ou une chance au sens où Bonaparte l'entendait. Je pense à mes parents. Une part de cette victoire leur revient. Je comprends maintenant que leur éducation a permis au vilain petit canard de surmonter tous les obstacles pour emprunter les chemins difficiles de la réussite. Enfin apaisé, je me réconcilie avec mon propre passé.

Je possède désormais un titre à vie. Sportif de nature, j'aurais préféré une vraie épreuve, un concours à chances égales, un système peut-être plus équilibré se rapprochant du monde anglo-saxon où les nominations se font et se défont. Car, aux États-Unis, l'accession au titre de professeur s'obtient par contrat résiliable. Là-bas, le système français paraît aberrant. Comment imaginer une fonction qui ne serait jamais soumise ni à l'évaluation ni à l'appréciation, encore moins à la sanction ?

Mais j'éprouve avant tout un sentiment de justice et de sérénité. Une sensation unique m'habite : celle de la liberté. Chef de clinique, je demeurais en état de dépendance absolue et permanente. Désormais, avec un salaire assuré, une position assise, un poste de haut fonctionnaire, j'ai enfin la possibilité de devenir ce que je suis. Une fois de plus, je songe à ma grand-mère. J'ai surmonté les obstacles, je me suis grandi dans l'épreuve, je peux donc m'accomplir pleinement en tant qu'être humain.

Charles Dubost, mon patron, m'a souvent répété que la France est un pays légitimiste :

– Vous pouvez partir à l'aventure si vous avez une situation installée ici, sinon vous rompez l'équilibre de l'ensemble.

Mais j'avais bien le droit de prendre des vacances, et de les prendre où j'avais envie de les prendre, j'étais maintenant libre. Et si ça ne me plaisait pas, à moi, l'éléphant blanc, de passer mes congés vautré sur une plage ? J'optai donc pour des vacances très particulières chez les Karen.

– XIV –

MERCENAIRES DU BOUT DU MONDE

Les Karen ! Ce peuple protestant baptiste d'Asie, oublié dans les grandes pages de l'Histoire, me serait peut-être resté à jamais inconnu si, un jour, un ethnologue de renom n'était venu nous voir à Médecins du Monde. Il nous exposa la cause de cette nation rebelle, insistant sur le fait qu'elle avait besoin d'une aide médicale urgente. J'appris ainsi que les Karen formaient un peuple d'origine tibéto-mongole installé dans une zone de Birmanie proche de la frontière avec la Thaïlande. L'insurrection karen contre le pouvoir central de Rangoon, motivée en ses débuts par la revendication d'un État indépendant, avait conduit à un conflit interminable où la contrebande du bois de teck et de pierres précieuses semblait tenir une place non négligeable.

Voilà pourquoi, en ce mois de septembre 1982, je me retrouve à la frontière nord de la Thaïlande avec Alain Delbos, un anesthésiste de Toulouse taillé comme un deuxième ligne de rugby. Dans nos malles, nous emportons tout le matériel médical nécessaire au fonctionnement d'un hôpital pendant trois mois. Le but de notre périple est Htoo Wa Lu, village situé en plein pays karen, à deux jours de la frontière. Deux jours à travers la brousse, tour à tour à pied, en pirogue et à dos d'éléphant. Deux jours sous la mousson aussi, car nous sommes au début de la saison des pluies. Une pluie lourde, régulière, avec parfois, comme un rideau, une averse plus dense qui s'abat sur le sol dans un bruit de mitraille.

En quelques heures, cette pluie va nous engloutir. Le ciel tout entier se vide, tout n'est que nuage. Dans ce jour gris et indistinct, comment savoir si la masse sombre entr'aperçue est la cime d'un arbre, le sommet d'une colline ou un nuage plus noir que les autres ? Les arbres suent et exhalent un brouillard dont ils s'enveloppent. Au début, la pluie s'incruste en grosses gouttes qui font un bruit mat, ensuite c'est un bouillonnement d'eau, puis un clapotis venu du sol boueux d'où suinte une brume épaisse, laquelle se condense aussitôt pour retomber doucement. Le ciel gorgé d'eau rencontre le sol gorgé d'eau. Tout n'est qu'eau et brume grise, tout n'est que bruit d'eau, tout sent l'eau. Petit à petit, nous voilà coupés du monde, nos sens ne rencontrent que la pluie, les repères disparaissent. Nous ne pouvons voir que la pluie, nous ne pouvons sentir, toucher, entendre que la pluie. Nous avons dans la bouche un goût d'eau tiède, un relent de boue détrempée.

Mais il faut avancer, grimper sur le dos des éléphants, hisser les malles. Seuls les pachydermes peuvent nous faire traverser les rivières en crue. Les plus puissants se placent en amont, face au courant. Plantés sur leurs quatre piliers, impassibles comme des rocs, ils brisent la force du torrent. Alors, en aval, la colonne d'éléphants passe avec son chargement. Les Karen ne pourraient pas survivre sans la force des éléphants...

Décidément, l'éléphant est un animal qui me fascine. Il a une allure dont j'aimerais qu'elle ressemble un peu à la mienne : solide et délicate à la fois. Avec sa trompe, il peut effectuer des travaux titanesques et pourtant très précis. Le développement sensitif de ses pattes, grâce à des coussinets plantaires, lui permet de percevoir les moindres aspérités d'un chemin. Ainsi il ne tombe jamais, ni en traversant les rivières, ni en longeant les petits sentiers.

Nous progressons ainsi, pas à pas. Soudain, trois mercenaires engagés au service de la rébellion karen émergent de la jungle. Nos guides les saluent respectueusement, les inconnus répondent sobrement. Surprise : l'un de ces mercenaires s'adresse à moi en français, avec un accent plus étrange qu'étranger. Le personnage est manifestement d'origine asiatique, peut-être vietnamienne, et se fait appeler Gérard le Libanais, parce qu'il a combattu naguère à Beyrouth.

Les deux autres mercenaires sont Bob, un grand Australien, et Nemo, carré comme un cube. Des gueules où se lisent l'aventure, le drame et l'alcool. J'aurais vu Marlon Brando émerger de l'enfer vert pour me rejouer *Apocalypse Now*, je n'aurais pas été autrement surpris... Les cheveux sombres et drus de Nemo écrasent un front bas et buté. D'origine incertaine, peut-être d'Asie centrale, peut-être un peu Turc, il est grand mais paraît trapu tant il est solide. Un cube, en effet, quand d'une respiration lente l'impressionnant soufflet de forge de ses poumons soulève la lourde musculature de son poitrail. Il ne parle jamais de lui, et ne veut pas qu'on en parle. À vrai dire, il ne parle pas du tout. Le reste, il le fait lentement : il mange lentement, il boit lentement, il bouge lentement.

Si Nemo possède toute la puissance d'un bison ruminant, Bob semble, lui, un guépard en chasse. Il remue sans cesse. Il est immense, la tête rasée, de larges épaules. Sa musculature d'athlète, qui se dessine sous sa chemise, dit assez qu'il est une bête de combat, rapide et féroce.

Gérard le Libanais et moi nous nous trouvons bientôt un ami commun. Gérard connaît très bien un anesthésiste de Broussais, fils d'un colonel, héros de l'Indochine... De quoi créer des liens de confiance au milieu de cette jungle détrempée. Gérard me raconte la Légion étrangère, la guerre à Beyrouth... Et il me pose des questions essentielles pour son mode d'existence :

– Quand je pars avec mes gars et que l'un d'eux a une plaie dans le ventre à deux jours de marche de la base, qu'est-ce que je fais ?

– Le type souffre et il est foutu...

– Ouais, mais qu'est-ce qu'on peut faire ? insiste Gérard.

– Rien.

– Alors, c'est une balle dans la tête ?

Comme traitement, c'est radical, mais que peut-on tenter dans ces circonstances ? De plus, si le blessé était capturé par les Birmans, il passerait un terrible quart d'heure.

– On passe à un autre chapitre, reprend Gérard. Quand j'ai un gars avec le pied arraché par une mine, j'agis comment ?

– Si tu es capable de le ramener à la base sur un brancard, il faut l'amputer. Je peux t'apprendre à amputer, si tu veux...

Effectivement, je lui enseigne les gestes et les réflexes nécessaires à l'amputation. Dans ce bout du monde, isolé, je donne au mercenaire un cours de chirurgie pratique. Il me montre les calmants qu'il possède, je fais le tri et lui indique l'anesthésique à injecter avant l'intervention. J'explique ensuite le principe de l'opération. Celle-ci se fait soit à la cuisse soit à la jambe. Cette dernière manière de procéder se révèle toujours plus facile. Il faut placer d'abord un garrot, puis inciser circulairement les chairs avec un bistouri. C'est comme pour un gigot : on coupe une tranche et on scie l'os. Ensuite, on dénoue le garrot quelques secondes afin de repérer l'endroit exact où gicle le sang : c'est l'artère fémorale. On stoppe alors l'effusion avec une pince et une ligature, puis il suffit de scier l'os mis à nu. Pour terminer, il faut refermer par une couture... Bien sûr, il y aura toujours un geste à refaire plus tard, à l'hôpital, mais Gérard devrait parvenir à sauver ainsi deux blessés sur trois. Sinon, ce serait à coup sûr l'hémorragie, l'infection, la gangrène et la mort.

Retour de bons procédés, le mercenaire me donne un cours à son tour : il veut m'enseigner l'art de la survie en milieu hostile. Je lui demande comment réagir si je tombe sur une patrouille déterminée à me liquider...

– Tout se joue en vingt secondes, m'explique Gérard. Il ne faut pas quitter le soldat des yeux. Si tu baisses ton regard, il te tue. Ensuite, tu demandes le chef. *« Chief »*, le mot est international ! Et là, tout bascule. Ou il se débarrasse du problème et t'es foutu, ou il entre dans un mécanisme mental compliqué et t'es sauvé parce que le temps passe.

Ensuite, il m'apprend la jungle.

– Tu bouffes des boules de riz et tu bois du thé. C'est tout. Et puis, quand la pluie cessera, ou plutôt se calmera, il y aura les moustiques, des millions, des milliards de moustiques. Si tu dois marcher de nuit, ce qui est vraisemblable, il faut te couvrir complètement pour éviter les piqûres.

Il m'explique aussi son étrange métier :

– Nous sommes mercenaires, et depuis beaucoup de guerres, toujours les mêmes d'ailleurs, toujours la même. On est tous des mercenaires, on est tous la pute d'un patron, d'un contremaître, d'un rêve, d'une ambition. Les Karen nous paient comme ils entretiennent leurs propres soldats, pour que nous nous battions. Toutes les guerres, c'est pour l'argent. Quand t'es un régulier, t'es un mercenaire aussi, sauf que ce sont les nantis de ton pays qui te mettent la solde dans ta poche. Toi, tu te bats comme nous, mais le bénéfice de la guerre, c'est pour eux. De toute façon, chez les Karen, on gagne pas grand-chose.

J'ose poser la question :

– Pourquoi vous battez-vous ici, alors ?

– L'idéal !

C'est Nemo qui a répondu. Le mot est parti comme un coup de poing. Gérard commente :

– Il parle peu, mais il parle bien. Il a raison. Qu'est-ce qui nous unit, vous les toubibs et nous les mercenaires ? La fraternité, une certaine idée de l'homme !

Il pleut. Bob transpire sans cesse. Nous sommes tous moites et gênés par cette atmosphère de pesante humidité, mais Bob suffoque, cherchant l'air de ses narines palpitantes, sa chemise trempée est largement ouverte, et l'on voit sa transpiration perler et goutter entre ses pectoraux, toute son énergie ruisselle, il pleut sa vie à grosses gouttes, comme cette jungle impitoyable.

Bob est mort d'inadaptation quelques semaines après notre rencontre, le féroce animal de combat s'est liquéfié, absorbé par la forêt hostile.

Encore la marche, encore les crues des rivières, encore la pluie et nous arrivons enfin au bout de notre périple : Htoo Wa Lu, deux cents maisons sur pilotis plantées le long de la rivière Moei. L'hôpital est juché à l'extrémité sud du village, c'est une imposante bâtisse en bois, surélevée, en forme de L. En haut des marches, un homme nous attend.

– *Walague !* (Bonjour !) Je suis le Dr Kho Thaw.

Le médecin descend l'escalier d'un pas vif pour venir à notre rencontre. Petit, rondouillard, il arbore un large sourire. Ses phrases de bienvenue sont sincères. Nous nous serrons longuement la main puis, d'un geste amical, il me prend par le bras :

– Venez, je vais vous faire visiter le bloc.

La salle d'opération est une petite pièce en bois percée de deux fenêtres au pied desquelles sont posées deux armoires peintes en blanc. Les rares instruments et médicaments disponibles y sont précieusement rangés. Étrange contraste entre la carence de matériel et un ordre presque maniaque. Le sol est recouvert d'un vieux linoléum troué aux motifs géométriques noir et orange. Au centre, une table d'opération en bois de teck, sans doute unique au monde. Elle est tachée de sang séché incrusté dans le bois malgré la propreté méticuleuse, le soin idolâtre porté au pauvre équipement disponible.

Alain Delbos s'attarde devant l'appareil d'anesthésie à éther, digne d'un musée.

– Comment stérilisez-vous vos instruments ? demandé-je.

Kho Thaw nous entraîne dans la pièce voisine et nous montre du doigt une bassine en aluminium posée sur un réchaud.

– C'est tout ce que nous avons, explique-t-il, un peu confus.

Nous pénétrons dans une grande salle où sont alignés une soixantaine de lits en teck, séparés les uns des autres par des cloisons de bois. Une odeur d'éther, de moisi et de vieux pansements flotte dans l'air. Deux infirmières sont penchées sur une malade. Elles portent des blouses blanches impeccables, avec leur nom brodé sur la tenue : Délia et Fadiou. L'influence britannique se fait sentir dans ces petits détails.

– Il ne leur manque que la coiffe pour ressembler à des nurses du Saint Thomas Hospital de Londres, me glisse Alain à l'oreille.

J'observe avec attention les pansements qu'elles sont en train de changer. Rien à redire, si ce n'est que les instruments utilisés sont vétustes et piqués de rouille... Je suis une nouvelle fois frappé par le contraste entre un soin minutieux et le manque total de moyens.

Kho Thaw nous entraîne maintenant vers une jeune fille âgée d'une quinzaine d'années. Elle gît, recouverte seulement d'un sarong, les yeux mi-clos. Ses longs cheveux forment une tache sombre sur le drap. Sa respiration est irrégulière, saccadée.

– Elle en train de mourir d'une crise de paludisme non contrôlable. Un accès pernicieux, explique Kho Thaw en lui prenant le pouls.

D'un geste rapide, il dénude la jeune fille et me fait palper son énorme rate. Puis il lui pince fortement le mamelon gauche. Aucune réaction.

– Coma avancé. Le cerveau est atteint. Aucun espoir. Les reins sont aussi touchés.

Dans mon dos, j'entends Alain marmonner :

– Elle aurait besoin d'une bonne dialyse. Mais ici, pas de rein artificiel... Pauvre gamine !

Sa voix est empreinte de tristesse et de révolte. Une vie sacrifiée pour simple manque de matériel...

Nous poursuivons notre visite. Je remarque la présence de nombreux goitres. Notamment une femme dont le cou est déformé par une impressionnante hypertrophie de la glande thyroïde. Pour respirer, elle est obligée de rejeter la tête en arrière. Ses yeux globuleux sont exorbités, les veines de son visage saillantes.

– Que faire ? demande Kho Thaw, je ne sais pas opérer les goitres.

Il s'agit, en effet, d'une chirurgie difficile, mais je lui suggère de tenter l'intervention, lui et moi.

– Ici ? Que Dieu vous entende ! Venez, je vais vous montrer les malades de notre service de chirurgie.

Il nous conduit vers l'extrémité de la salle. Sur un lit trop grand pour lui, un gamin de six ans nous dévisage avec anxiété, ses petits yeux noirs reflètent toute la détresse du monde. Sa jambe gauche a été tranchée au-dessus du genou, le minuscule moignon est seulement protégé par un linge mal fixé. Sa mère lui éponge le front avec une douceur extrême.

– Il a sauté sur une mine en allant ramasser du bois, m'explique le médecin. J'ai été obligé de l'amputer. Une des rares opérations que je fais ici. Est-ce que vous m'avez apporté une bonne scie ?

– N'ayez crainte. Nos malles sont bien remplies.

Pour nous, chirurgiens, ces visites sont poignantes. Nous voyons défiler des blessures de guerre horribles, des cas désespérés, faute de soins souvent élémentaires.

Trois lits plus loin, nous nous arrêtons devant un jeune homme d'une maigreur cadavérique, la tête enveloppée dans un pansement humide en forme d'œuf de Pâques. Kho Thaw défait lui-même le bandage... Le visage du blessé n'a plus rien d'humain. La majeure partie de sa joue gauche a été arrachée par un éclat de grenade. À travers la plaie, la langue est apparente et la salive coule. Le blessé ne peut plus se nourrir et s'affaiblit de jour en jour. Il faut l'opérer.

En attendant, nous nous rendons à la salle de radio, à six cents mètres de l'hôpital. La pièce contient un vieil appareil de l'armée américaine, sans doute encore capable de faire quelques clichés en cas de nécessité. Quant au laboratoire, ce n'est qu'une chambre vide. Seules pendent aux murs deux affiches jaunies de l'Organisation mondiale de la santé qui expliquent les rudiments de la lutte contre la typhoïde et le paludisme.

La visite terminée, nous retournons au pied de l'escalier de l'hôpital où nos malles ont été déposées. Elles sont marquées par leur long voyage en avion, à bord d'un quatre-quatre où elles ont subi les cahots des routes thaïlandaises, en pirogue, puis sur le dos des éléphants. Maintenant, elles sont là, devant nous, marquées, éraflées, écaillées, mais entières, pleines de leur précieux chargement. Nous les ouvrons. À première vue, tout est intact, nous pouvons commencer à déballer. Médicaments, anesthésiques, boîtes de chirurgie, sutures, scies à amputation, sondes d'intubation, stérilisateur portatif, bistouri électrique, éclairage pour le bloc sont exposés sur les marches de l'escalier.

Le personnel médical se masse autour de nous, émerveillé. Kho Thaw, stupéfait, retient son souffle, se demandant ce qui va encore sortir de ces coffres à merveilles... Il voit s'étaler devant lui tout le matériel dont il rêve depuis des années ! Presque chacun de ces instruments aurait pu sauver une vie si Kho Thaw l'avait possédé au moment d'entreprendre des opérations infructueuses. Alain et moi sommes fous de joie, fous de la joie de nos nouveaux amis karen. Nous sentons que, pour eux, c'est aujourd'hui un véritable Noël, dont nous sommes les Rois mages. Nous avons apporté ici l'espoir de la vie.

– Voilà du bon stup ! plaisante Alain en exhibant sa boîte d'ampoules de morphine.

Je retourne à la dernière malle, qui contient une dizaine de gros ouvrages de médecine achetés à Bangkok. Nous avons pensé aux étudiants de Kho Thaw, car nous n'ignorons pas que les livres les plus récents dont ils disposent datent de 1954. Le médecin arbore un sourire figé, mais je devine sa joie au léger tremblement de ses mains lorsqu'il ouvre le premier volume. Comme tous les Asiatiques, il dissimule une émotion trop forte derrière une attitude de composition.

– C'est un merveilleux cadeau...

Incapable d'en dire plus, transporté, il se plonge dans la contemplation des ouvrages. L'un d'eux retient particulièrement son attention : *Text Book of Medicine* de Harrison, véritable bible de la médecine moderne, autant par la valeur de ses textes que par son poids : plus de dix kilos ! Il le soupèse longuement en caressant la couverture... Seul un médecin peut comprendre la valeur de ce présent, et je partage son émotion. Avec des gestes comme celui-là, les médecins du monde brisent les barrières et établissent le dialogue, car sans livre la médecine n'existe pas.

Après un déjeuner rapidement avalé, un bol de riz nappé d'une sauce à base de poisson fermenté et une banane, Kho Thaw nous conduit à l'« école de médecine ». Il s'agit en fait d'une simple pièce couverte d'un toit en zinc. À notre entrée, les étudiants se dressent au garde-à-vous. Ils sont une quarantaine de jeunes, de vingt-cinq à trente ans, les garçons à gauche, les filles à droite. Très prudes, les Karen ont conservé cette coutume anglaise. Ils sont tous vêtus d'une chemise blanche ou kaki, boutonnée jusqu'au col, et d'un sarong. Seuls quelques garçons portent le pantalon. Nous sommes dans un autre monde, dans une autre époque... Je ne serais pas surpris de voir apparaître Kipling, coiffé d'un casque colonial.

Un rapide coup d'œil révèle, là encore, la pénurie : le matériel pédagogique se résume à un vieux tableau noir rayé. Les étudiants sont assis sur des petits bancs en bois solidaires de la table, comme ceux des écoles primaires.

Je m'aperçois vite, en dialoguant avec ces étudiants, qu'ils n'ont jamais entendu parler de la France... Nous sommes les premiers médecins occidentaux qu'ils rencontrent, quasi des Martiens ! Je leur présente le programme des cours pour les jours à venir :

– Nous commencerons par une interrogation écrite pour apprécier votre niveau. Puis vous aurez une série de cours théoriques sur le diagnostic et la thérapeutique des urgences chirurgicales, sans oublier les séances pratiques sur les nœuds indispensables en chirurgie et le maniement des instruments.

Ils notent chacun de mes mots sur un petit cahier. Je passe ensuite la parole à Alain. Moins à l'aise que moi en anglais, l'anesthésiste compense ses lacunes par des gestes. Un véritable acteur. Il arrive à faire rire les étudiants, pourtant tous intimidés par notre présence.

Brutalement, nous sommes interrompus :

– *Ke Si Sera ! Ke Si Sera !*

Un blessé vient d'arriver du front. C'est grave.

Nous courons à l'hôpital. Le blessé a dix-huit ans. Je suis frappé de sa pâleur. À peine conscient, il se trouve en état de choc. Alain lui prend le pouls sur la carotide.

– Pas plus de 6 de tension.

Je me tourne vers Kho Thaw.

– C'est arrivé quand ?

– Il y a plus de deux jours. Il est en début de gangrène. Une balle dans la cuisse droite a sans doute fait éclater le fémur.

J'examine de plus près le garçon. Pied gonflé par l'œdème, peau distendue par des cloques translucides, jambe droite marbrée, violacée et glacée, un pus nauséabond coule de la plaie. Je reconstitue le trajet de la balle en examinant l'entrée et la sortie. À l'évidence, l'artère fémorale est touchée.

– Docteur Kho Thaw, demandez-lui de bouger sa jambe.

Avec un rictus de douleur, le jeune homme essaie. En vain. Le membre inférieur est paralysé.

Alain m'annonce :

– 40 °C de fièvre, je vais contrôler le taux de globules rouges.

– Sans centrifugeuse, tu t'y prends comment ?

– Laisse-moi faire.

Il pose un garrot sur le bras du soldat, puis prélève dix centilitres de sang dans un tube en verre qu'il fixe sur le mur avec un morceau de sparadrap. Le sang se divise alors en deux. Le plasma en haut, les globules rouges en bas. Méthode approximative, mais efficace. Le tube montre clairement que le blessé ne possède plus qu'entre dix et quinze pour cent de globules rouges, alors que la normale se situe à quarante-cinq pour cent. Le blessé a déjà beaucoup saigné et ne tiendra pas longtemps si nous n'intervenons pas.

– On l'opère, dis-je à Alain. Je vais tenter d'éviter l'amputation et réparer l'artère fémorale. Essaie de trouver du sang.

Je me tourne vers Kho Thaw :

– Il me faut une radio de la blessure.

Le soldat est brancardé vers la salle de radio. Quelques minutes plus tard, j'examine le cliché. Les dégâts causés par la balle sont considérables, le bas du fémur a littéralement éclaté.

Le blessé va de plus en plus mal. Un mauvais pressentiment m'envahit. Vite, nous enfilons nos pyjamas bleus et attachons nos bavettes sur la bouche. Au bloc, la tension est extrême. Pendant que je mets ma casaque et mes gants, Alain perfuse le jeune homme avec le sang qu'il vient de collecter.

– Je vais lui faire une anesthésie générale, me dit-il. Tu seras plus à l'aise pour opérer.

– Tu es sûr ? Une locale ne serait pas moins risquée ?

– Non, je la ferai légère.

Je ne discute pas, c'est son domaine. Alain injecte lentement le produit anesthésique tout en prenant le pouls du patient. Je le sens concentré, anxieux. Le malade s'endort.

Aidé par Kho Thaw, j'installe les champs opératoires autour de la blessure. Je commence l'opération par l'artère fémorale et me lance dans une technique de chirurgie vasculaire assez périlleuse. Seul le cliquetis des instruments métalliques trouble le silence. Au bout d'une heure d'intervention, Alain s'écrie :

– Oh putain, il nous fait un arrêt... Masse-le !

Je me précipite sur le thorax que j'écrase des deux mains pendant qu'Alain ventile le patient avec son ballon.

Quatre pressions pour une respiration... Nous sommes dans une impasse. On n'aurait jamais dû opérer, on n'aurait pas dû aborder la fémorale. Échange de regards avec Alain. Il pense comme moi.

Autour de nous, les Karen sont sidérés. Ils nous regardent nous débattre comme si nous étions des sorciers. Ils n'ont jamais vu de massage cardiaque.

– Ça y est, il repart !

Alain transpire à grosses gouttes mais semble soulagé. Je décide de changer de stratégie, un dernier espoir.

– Je l'ampute au plus vite. Passe-lui de l'adrénaline.

J'ordonne à Kho Thaw de tenir fermement la jambe. D'un coup de bistouri, je suis sur l'os. Je prends la scie et commence à sectionner le fémur dans un crissement sourd. Nous sommes bien loin de la démonstration prévue de technicité et d'efficacité. Un véritable champ de bataille. Waterloo. Nouvel arrêt cardiaque. Je lâche la scie pour faire un massage. Le cœur repart.

Je finis l'opération à toute vitesse, pendant qu'Alain prend le pouls du blessé en permanence, guettant le moindre signe. Le cœur bat de plus en plus faiblement. Un constat s'impose : le cerveau n'est plus irrigué. La situation est perdue. Je me tourne vers Kho Thaw :

– C'est fini, il est mort.

Les infirmières me dévisagent. Dans leurs yeux, je lis la consternation. Elles ne comprennent pas le sens de tout ce qu'elles viennent de voir. Je sors de la salle d'op' dans un silence pesant. J'entends le médecin parler en karen, je devine qu'il prend les mesures pour évacuer le corps. Alain, complètement abattu, me répète comme une litanie :

– J'aurais dû faire une anesthésie locale.

– On aurait surtout mieux fait de ne pas l'opérer du tout. Il était condamné.

Ah, ils sont beaux, maintenant, les magiciens qui ont loupé leur tour de passe-passe ! Ils sont beaux, les missionnaires venus apporter la civilisation ! Nous ne sommes plus que de pauvres pantins désarticulés, des grenouilles dégonflées de leur infatuation, des charlatans démasqués. Que sommes-nous venus prouver ici, du haut de nos certitudes ? Pourquoi n'avons-nous pas laissé les Karen continuer à vivre tant bien que mal ? Pourquoi susciter l'espoir si nous ne sommes pas capables de répondre aux attentes ? Je n'ai pas été à la hauteur, et je m'en veux. Une fois de plus, le doute s'installe. Ces missions de la dernière chance ont-elles vraiment un sens ?

La soirée est longue. Nous analysons la séquence de notre échec. Toute la scène me revient à l'esprit comme un film en accéléré. Je revois tous mes choix, un à un. Dans ces instants, le chirurgien est un homme seul. Et puis, ce soir, c'est mon anniversaire. Quarante-deux ans. Loin de tout. Pourquoi être ici, dans cette jungle humide et hostile ? Pourquoi cette quête d'aventure extrême ? Pour s'accomplir, pour aider ou pour fuir ? Avec Alain, nous sommes surtout épuisés. Heureusement qu'il est là. Il me regarde. Il comprend tout, sans un mot.

Les Karen attendaient une victoire médicale, nous leur avons offert une débâcle. Échec d'autant plus grave que, selon leurs croyances, l'esprit du mort va maintenant hanter la salle d'opération. Nous sommes conviés à assister à la crémation de notre blessé décédé. Au cours de cette grande leçon d'humilité, nous avalons jusqu'à la lie la coupe amère de notre orgueil et de notre honte.

Les jours suivants, Dieu merci, nous avons pu rétablir l'ordre chirurgical et pratiquer des opérations plus simples, rapides et bien réglées.

*
* *

Pendant trois ans, Médecins du Monde est resté aux côtés des Karen. Je suis fier de la continuité de cette présence, quand trop d'actions s'essoufflent vite dès que s'éteignent les projecteurs de l'actualité. Mais nos grands projets mis en place pour ce peuple ont échoué les uns après les autres. Il y avait de la naïveté à croire que nous pourrions, par l'action humanitaire, estomper les vicissitudes politiques. Il y avait du Zorro dans cet humanitaire romantique qui optait, au nom des droits de l'homme, pour des minorités ethniques opprimées. Nous faisions dans le symbole, comme on disait à l'époque. Je n'oublierai jamais le peuple karen. Il m'a donné de grandes mais cruelles leçons de vie.

J'ai rapporté de là-bas, notamment, un étonnant enseignement qui devrait tous nous faire réfléchir sur le savoir ancestral véhiculé de générations en générations. J'avais découvert chez un jeune homme une mauvaise plaie de l'avant-bras. Les médecins avaient recouvert la blessure de riz et de feuilles de bananier. J'avais retiré ce pansement rudimentaire pour observer la lésion... Horreur, elle était bourrée d'asticots ! Le médecin karen m'avait expliqué, flegmatique :

Avec ma grand-mère, le jour de mon mariage.
Elle a su dompter ma nature rebelle,
et a inspiré ma vocation.

Photo traditionnelle à l'époque : toute l'équipe autour du patron.
Ici, à Boucicaut, en 1969, avec le professeur Lenègre,
cardiologue de renommée mondiale.

Le bal des Catacombes clôturait les conférences d'internat.
Une folie de carabins, une tradition perdue.

Charles Dubost, pionnier de la chirurgie cardiaque. Je l'ai suivi comme les matelots suivaient jadis Christophe Colomb.

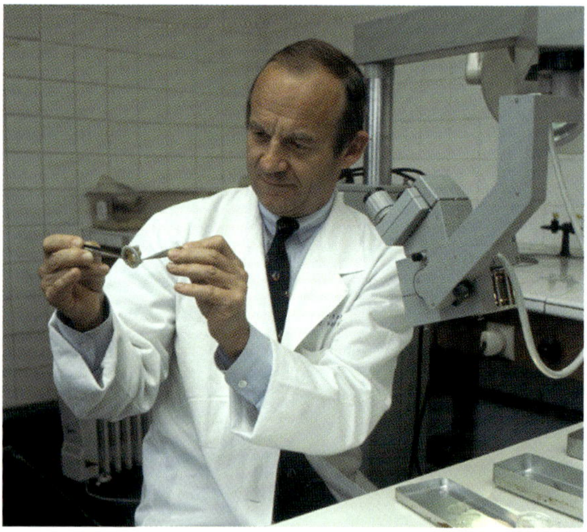

Alain Carpentier. Un précurseur qui a ouvert de nouveaux chemins, toujours dans le domaine de la chirurgie cardiaque. Lui et moi : plus de trente ans de parcours commun...

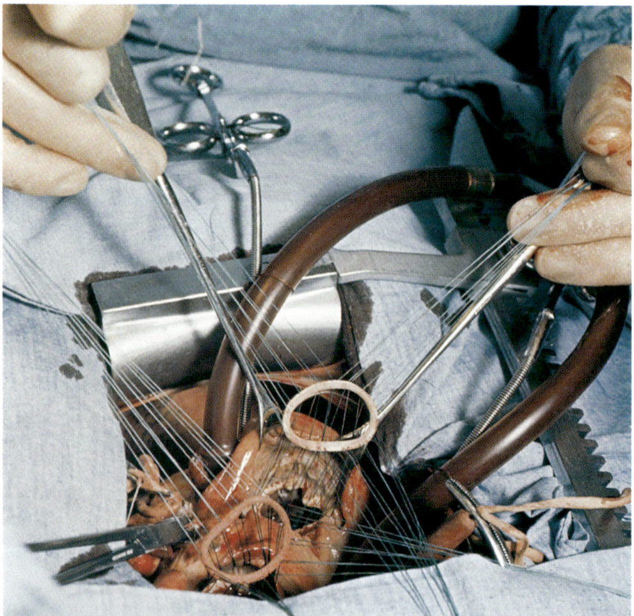

Réparation de la valve mitrale, grâce à l'anneau artificiel mis au point par Alain Carpentier. Dès 1968, ce fameux « *Carpentier ring* » allait changer le destin de centaines de milliers de patients, en particulier des enfants.

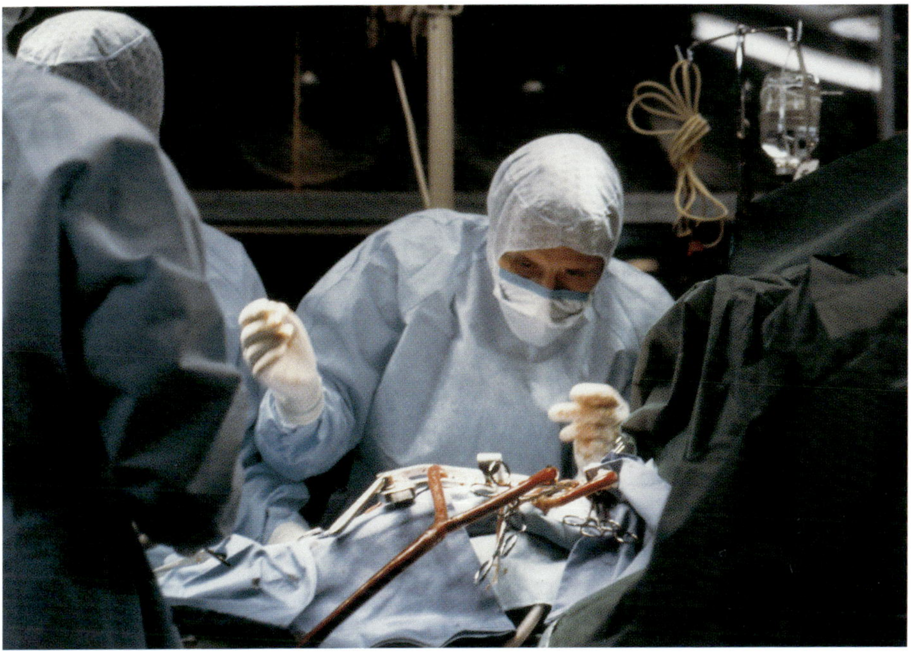

Dans le bloc opératoire, il faut prendre les décisions, les assumer, ne jamais laisser transparaître ses doutes.

L'hôpital européen Georges-Pompidou. Cet hôpital du troisième millénaire déploie une architecture fonctionnelle, moderne et rassurante.

Jean-Noël Fabiani. Dans notre fraternité de médecins, nous avons passé des heures et des heures en face-à-face avec la mort. Il est pour moi comme une béquille de vie.

Érythrée, 1974. J'ai joué au *French doctor* sur le front de cette interminable guerre contre l'Éthiopie.

Juillet 1979, en mer de Chine. Bernard Kouchner et moi participons au sauvetage des *boat people* qui ont fui le Vietnam communiste et accostent *L'Île de Lumière*.

Septembre 1982. À dos d'éléphant, nous apportons aux Karen de la jungle birmane un indispensable matériel médical.

Le Pr Trung devant l'hôpital Graal, à Hô Chi Minh-Ville.
Avec lui, nous irons au chevet de l'Indochine.

À la frontière du Cambodge, un million de réfugiés.
Ils ont changé la conception de l'humanitaire et bouleversé ma vie.

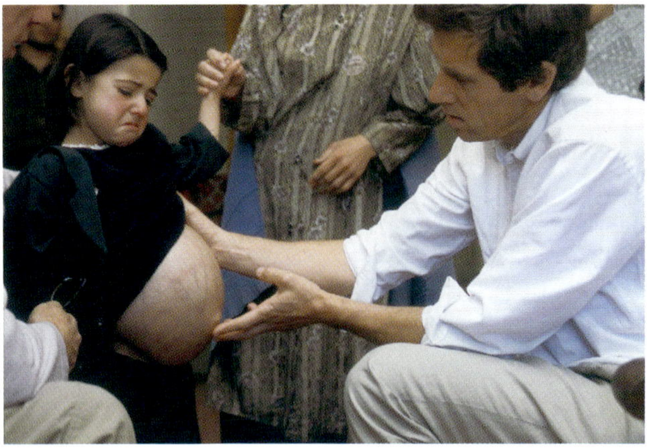
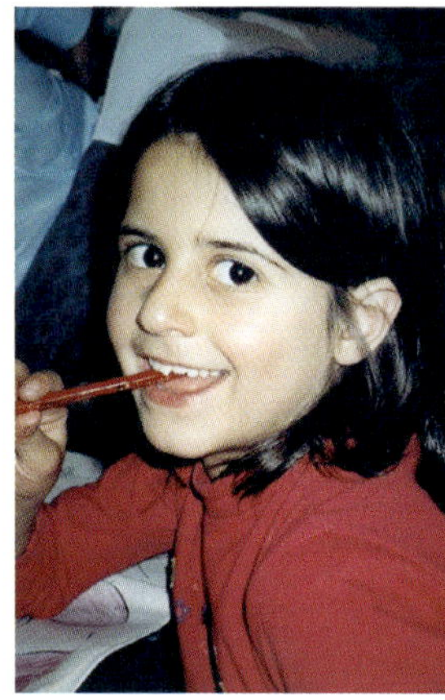

Mansourah, auscultée à Kaboul par Éric Cheysson.
Une anomalie cardiaque de naissance condamnait l'enfant.
À Paris, la chirurgie l'a sauvée.

Opérer les enfants à Paris,
c'est bien. Construire
des hôpitaux sur place,
c'est mieux.
Ici, l'hôpital cardiologique
de Phnom Penh, inauguré
en novembre 2001.

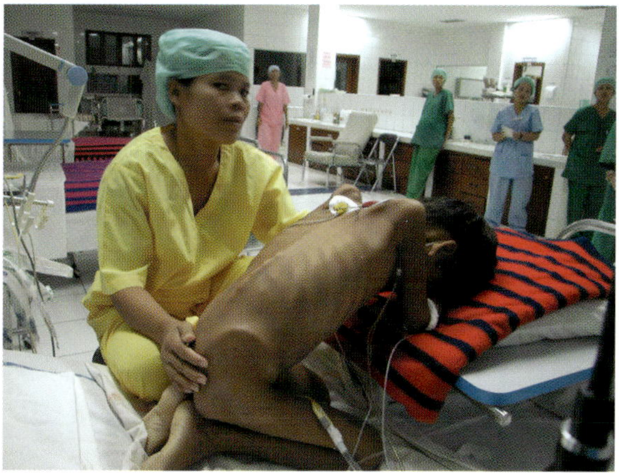

Heng Pros. Son karma était de mourir, mais le mien était de le sauver.
Désormais, il respire la joie de vivre.

Bernard Kouchner
et le père Ceyrac.
Deux « éléphants blancs »
qui ont changé mon existence.
Le premier m'a appris
à voir, le second à penser.

Consultation au Mozambique.
En Afrique, des centaines
de milliers d'enfants cardiaques
sont dans notre salle d'attente.

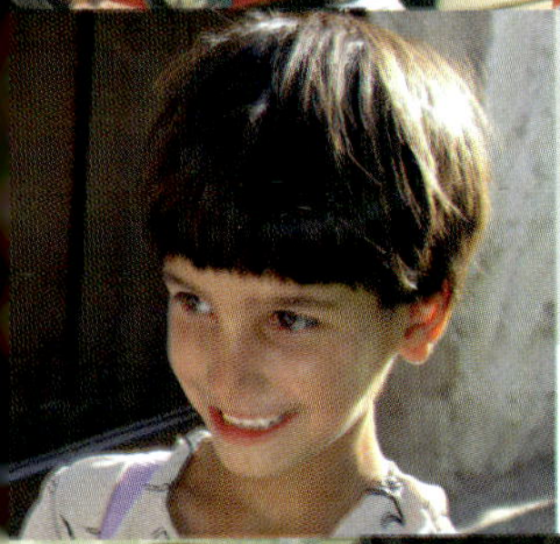

Chaque visage est une aventure
et un pari. Des enfants meurent
parce qu'ils n'ont pas eu la chance
de naître dans un pays riche.
La Chaîne de l'Espoir combat
cette injustice. Calmement,
fermement, patiemment.

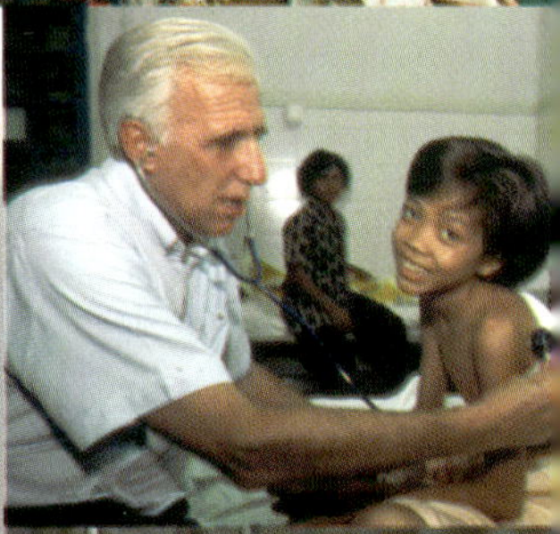

– Ils travaillent...

Étrange médecine, dira-t-on. Or, quinze ans plus tard, *New England*, prestigieuse revue scientifique, a publié un article pour suggérer de sucrer les plaies parce que les staphylocoques en meurent et de lâcher des asticots, nettoyeurs efficaces, vrais dévoreurs de microbes. Les Karen pratiquaient depuis toujours de cette manière : ambiance sucrée avec les feuilles de bananier, le riz et les asticots contre les microbes.

*
* *

Pour tenir ma promesse faite dans les camps de réfugiés de ne jamais abandonner le peuple cambodgien, je retournais régulièrement dans ces immenses villes de toile, témoins du malheur et du drame. À ma mesure, je tentais de soulager un peu les misères. En 1982, après mon incursion chez les Karen, j'y suis retourné à nouveau.

C'est là que j'ai rencontré pour la première fois le père Ceyrac. Les Nations unies ne disposaient pas sur place de suffisamment de compétences et avaient invité les organisations humanitaires à se mobiliser à leurs côtés. Le père Ceyrac, qui avait déjà œuvré d'une façon remarquable et remarquée en Inde où il avait sauvé la vie de milliers d'enfants, se trouvait à présent avec ses frères jésuites dans les camps de Thaïlande. Ils cherchaient à promouvoir ce qu'ils appelaient « la formation » – formation sous toutes ses formes – par la création d'écoles et par des apprentissages techniques. Ils étaient allés récupérer des vieux tacots à Bangkok pour enseigner l'art et la manière de démonter et remonter un moteur. Une façon de rendre l'espoir à une population découragée. En leur parlant d'avenir, tout simplement, ils leur insufflaient un peu de confiance dans le lendemain.

Maigre dans sa petite chemisette, un éternel sac en plastique sur l'épaule, le visage anguleux éclairé par un regard profond, le père Ceyrac se trouve face à moi. Tout de suite, il établit un contact très direct, comme si l'on se connaissait depuis longtemps. Avec lui, qui que tu sois, tu entres et tu es invité à la table. Moi, respectueux, je lui sers du « mon père » un peu onctueux, mais il me reprend, il préfère qu'on l'appelle par son prénom, Pierre.

D'emblée, il me plonge dans son problème du jour : un achat de lunettes pour une réfugiée affreusement mutilée et défigurée par les Khmers rouges. Après avoir trouvé les verres convenant à sa vue, le père Ceyrac lui offre la possibilité de choisir entre différentes montures. Option habituelle dans notre société d'abondance, mais surprenante dans ce camp de réfugiés. Aussitôt, le père m'explique son attitude : les lunettes ne sont qu'un prétexte, bien sûr. Le problème du réfugié, m'apprend-il, est d'exister. Or, par ce simple geste, celui d'offrir un choix esthétique, geste nourri d'une profonde culture, d'un sens intime de la beauté et de son rôle dans la marche du monde, il a rendu à cette femme à la fois son humanité et sa féminité.

Ensuite, l'homme, très pragmatique, m'invite chez lui à manger des œufs au plat. Dans cette atmosphère de fin du monde, il me détaille les multiples mérites des œufs au plat et, passant à autre chose, nous voilà partis dans de vastes projets... Il me cite Gandhi qu'il a bien connu : « Tout est difficile, mais cela peut être fait », phrase d'une extrême banalité, sans doute, mais qui prend du relief quand elle est prononcée par le père Ceyrac se référant à l'apôtre de la non-violence. Il me dit que, selon lui, les humanitaires perdent un peu leur âme dans la technique. Je suis ébloui, captivé, je ne me lasse pas de l'écouter...

Il semble indispensable, selon lui, de quitter parfois cette technique pour entrer dans l'amour. Certes, dit-il, il faut de la médecine, il faut de la chirurgie, mais n'est-il pas nécessaire d'envisager aussi les choses dans leur globalité ? Je suis tout de suite passionné par cette vision et fasciné par l'homme. Il élabore déjà une critique de l'humanitaire, il nous incite à ne pas nous perdre dans la pure technicité.

Le père Ceyrac me raconte alors, sous la forme d'une dramatique anecdote, une fable lourde de sens. Quand il a fallu chercher un certain nombre de pays où les fugitifs cambodgiens pourraient trouver un refuge définitif, un délégué américain est venu s'entretenir avec les candidats à l'immigration aux États-Unis. Une femme se présenta... Elle avait perdu son mari et avait vécu seule avec ses trois enfants avant d'en accueillir un quatrième, un petit orphelin de la guerre. L'Américain demanda à la femme combien elle avait d'enfants. Elle répondit tout naturellement : quatre. Le jeune Américain pianota sur son ordinateur, consulta ses fichiers, et répliqua, précis et froid comme une lame de rasoir :

– Madame, vous en avez trois. Vous me mentez, donc je ne peux pas vous retenir comme immigrante possible aux États-Unis.

La femme était bouleversée, elle ne comprenait pas : elle avait cru bien faire en adoptant un petit orphelin. Elle rentra sous sa tente, se coupa la langue pour avoir menti, et mourut d'hémorragie.

Le père Ceyrac met ainsi en relief, d'une manière terrible, les méfaits de la technicité pure et du choc des cultures. Il évoque l'inhumanité de l'humanitaire. Cet Américain consciencieux ne pouvait-il pas tenter de mieux comprendre la pauvre femme qui se trouvait devant lui ? Ne pouvait-il pas poser quelques questions complémentaires ?

– Ne perds pas ton âme dans la logistique, elle est vitale mais elle n'est pas le but, martèle le père.

Certes, il ne faut en rien négliger les besoins matériels des populations, mais l'aide humanitaire inclut, aux yeux du père Ceyrac, la dimension spirituelle et culturelle, sans laquelle il n'y aurait pas d'êtres humains.

Cela dit, son action est conduite avec le plus grand désintéressement, sans aucune intention de prosélytisme religieux, au point que quand un réfugié exprime la volonté de se convertir au christianisme, le père répond immanquablement :

– Ce n'est ni l'endroit ni le moment.

Il ne se situe pas dans cette optique restreinte. Au contraire, il aide à construire des pagodes bouddhistes.

– Le mieux pour toi, Alain, c'est de créer une faculté de médecine dans les camps, décrète-t-il.

Toujours son obsession de la formation, synonyme de dignité pour un réfugié... À son instigation, je mets donc en place ce semblant de faculté de médecine, titre un peu pompeux pour un enseignement général dispensé aux médecins et aux infirmiers qui ont survécu au régime de Pol Pot. Finalement, ce vaste projet ne mène pas bien loin... Comme dit le père Ceyrac, on n'est pas forcé de réussir, mais il faut au moins essayer.

Et c'est vrai qu'il entreprend tout, tente tout, constamment actif, attentif, présent. Dans ces circonstances effroyables, son immense culture, son intelligence englobante, qui peut saisir tous les éléments d'une situation complexe, font merveille. Le père, qui fréquente l'Inde et les Indiens depuis si longtemps, est imprégné de philosophie bouddhiste, vécue comme un enrichissement de son inébranlable foi catholique. Mieux que personne, il se trouve armé pour comprendre non seulement ce que les Cambodgiens ont vécu, mais encore comment ils vivent le souvenir du cauchemar.

C'est donc au patrimoine artistique de l'humanité qu'il fait appel pour commencer à reconstruire l'identité des Cambodgiens qui ont échoué là. En appelant à la rescousse la vielle tradition khmère, mais aussi Gandhi, Ignace de Loyola, Victor Hugo, il sait trouver la clé pour ouvrir cette prison de prostration, de résignation, d'abandon.

Parmi les réfugiés se trouvent une princesse et d'autres responsables de l'ancien ballet royal du Cambodge... Alors un jour, grâce au père Ceyrac, le soleil semble se lever sur ce camp désolé. La danse, au-delà d'un art, reste l'expression même de ce peuple, la formalisation de son histoire dans les milliers de gestes et de positions hiératiques codifiées et, dans cette misère, elle retrouve le droit de s'exprimer. En faisant revivre la danse, et l'envie de la danse, le père Ceyrac redonne une lueur d'espoir, un début de désir de vivre, une ébauche de volonté de se réclamer Khmer à nouveau.

Le père Ceyrac, c'est une vision de l'homme, une jonction entre le judéo-christianisme et l'univers indien. Pour lui, deux conceptions se partagent le monde : d'un côté, le faire et l'avoir judéo-chrétiens ; de l'autre, l'être et l'amour asiatiques. Ces deux éléments combinés expliquent le personnage. Il dit à son interlocuteur : « Tu sèmes dans l'univers », c'est la philosophie indienne. Dans le même temps il incite à bâtir, c'est le faire occidental. Ce mouvement de balancier est infiniment séduisant, et c'est ce qui fait du père un véritable guide spirituel.

Le père Ceyrac m'ouvre l'Asie, me démontre qu'il faut faire, certes, mais que faire rayonner est plus important encore. Il donne la vraie dimension aux choses et insuffle à tous une énergie considérable. Il m'a appris qu'une goutte d'eau dans l'océan n'est pas vaine : si petite soit-elle, elle a son rôle à jouer. Le père se situe dans une démarche rassurante, qui apporte le calme et la sérénité.

– Si tu fais, répète-t-il, tu es plus que ce que tu fais.

Il veut peut-être nous indiquer de cette façon que nos gestes ont des conséquences qui nous dépassent et que c'est à nous de dépasser la limite de nos gestes. Aller plus loin, toujours... « Tu es plus que ce que tu fais... » Autrement dit, ton acte a des conséquences que tu ne peux pas imaginer. Paroles capitales pour moi, chirurgien, qui suis dans le faire absolu.

De la même manière, il exige une certaine hauteur de vues et me transmet ainsi son enseignement :

– Ne commence pas par accomplir de petits gestes, élabore d'abord une grande vision, et puis réalise de petits gestes.

Une grande vision et des petits gestes : ce sera désormais mon credo.

Le père Ceyrac sait aussi réconforter. Il a été à mon côté lorsque je doutais, lorsqu'une action me semblait dérisoire dans un no man's land de détresse. Il me serinait constamment sa vérité : ce que l'on fait dépasse ce que l'on est, la force symbolique d'un geste peut changer le monde. En dispensant à tous sa houle douce aux brûlures de l'âme, et par son long souffle d'amour pur, il a rendu possibles de grandes actions.

Après Alain Carpentier et Bernard Kouchner, le père Ceyrac est le troisième éléphant blanc qui devait durablement marquer ma vie. Carpentier m'a appris à faire, Kouchner à voir, le père Ceyrac à penser. Ces trois éléphants blancs ont changé le cours de mon existence. Bouddha l'a dit : « De toutes les empreintes, celles de l'éléphant sont les plus larges et les plus profondes. »

Mon parcours m'ouvrait la voie royale, il m'aurait permis d'être le grand patron satisfait d'être grand patron. Mais non, à la stupeur des éléphants gris, l'éléphant blanc avait mis le cap sur Fada N'Gourma, s'était embarqué sur *L'Île de Lumière*, s'en était échappé pour pénétrer les camps des réfugiés cambodgiens et avait traversé la jungle pour rencontrer les Karen. Au sein de cette vie éclatée, le chirurgien baroudeur trouvait un point d'ancrage dans l'existence respectable du professeur...

– XV –

L'INNOCENCE PERDUE

La barrière à l'entrée de l'hôpital Broussais est un obstacle difficile à franchir. Derrière veille un cerbère. M. Paul est là pour filtrer toutes les incursions, car le parking ne peut absorber le flot des voitures de ceux qui travaillent à l'hôpital et de ceux qui consultent ou viennent voir leurs proches. Un casse-tête sans fin.

M. Paul fait preuve d'un autoritarisme forcené et sa tâche n'est guère facile. Pas de passe, pas d'autorisation ? La barrière reste baissée, et le refoulé doit reculer au milieu d'un flot d'injures ou de remarques agacées. Pour moi, c'est un petit salut et un sourire crispé en retour, car M. Paul est en partie édenté. Voilà près de quatorze ans que je franchis le porche de l'hôpital. Je range ma voiture à une place réservée à mon nom, inscrit sur une pancarte en bois. Un grand honneur qui s'apparente à un régime de castes.

Je suis dans mon bureau au quatrième étage du pavillon Leriche, le bâtiment dévolu à la chirurgie cardiaque. La vie d'un professeur est avant tout relationnelle. Je comprends maintenant ce que signifie l'expression « avoir une position assise » ! En effet, je passe le plus clair de mon temps derrière mon bureau, à ma chaire universitaire ou dans des commissions, des conseils, des comités. J'opère beaucoup moins et, lorsque j'interviens, je ne suis plus souvent en première ligne. J'ai enfin un statut, et petit à petit je me sens statufié, notabilisé.

Je reçois d'abord un interne qui vient se présenter pour le prochain semestre. Très jeune, longiligne, presque maigre. Son visage anguleux respire la volonté. Je lui demande ce qu'il veut faire. Sa réponse est nette :

– De la chirurgie cardiaque.

Je vis le début d'une nouvelle ère où les internes choisissent très tôt leur spécialité. J'informe mon visiteur sur la vie du service et ses contraintes. Je compare notre style de vie à celui des GI's américains, mais visiblement je ne le surprends pas, il acquiesce et ajoute :

– Monsieur, je suis là pour me former, et je sais qu'avec vous on peut l'être.

Ma première impression est bonne. Je me rends compte que les choses ont changé quand j'aborde avec lui ses problèmes d'avenir, de carrière et même sa vie personnelle. Une telle conversation aurait été impensable lorsque j'étais moi-même interne. À l'époque, ce genre d'entretien se déroulait d'une manière parfaitement convenue, en phrases stéréotypées, et jamais le moindre aspect de la vie privée n'était abordé.

Pour mon deuxième rendez-vous, j'accueille un résident étranger venu de Colombie. Contre vents et marées, il a obtenu une bourse de deux ans. Une chance pour lui car, pour un heureux, des centaines de candidats essuient des refus. Francesco Gomez, mon visiteur, a été éduqué chez les jésuites et parle parfaitement français. Il deviendra à nos côtés un splendide chirurgien. Nous n'avions pas, à cette époque, de politique d'ouverture au monde, à la différence des universités américaines. Et tout naturellement, le rayonnement de la médecine française commençait à décliner. Or, un médecin étranger formé à l'école française demeure le meilleur ambassadeur de celle-ci. Tous ceux qui, dans un souci de gestion mal placé, au titre d'un nationalisme mal compris, parfois pour des raisons encore moins avouables, veulent fermer les frontières et réduire le nombre d'étudiants reçus dans notre pays nuisent à moyen terme à l'avenir de la France tout entière.

Mon troisième rendez-vous se déroule avec un témoin de Jéhovah, petit monsieur assez âgé, élégant, la bouche surmontée d'une fine moustache. Dès les premières phrases, il me parle de sa religion et de l'exigence absolue de refuser la transfusion pour tous les adeptes... Quel est le rapport entre Dieu et les globules rouges ? J'ai du mal à comprendre. Je lui rappelle nos contraintes, mais le discours ne passe pas. Un dialogue de sourds. Il vient avec un dossier :

– Pouvez-vous opérer notre jeune consœur à nos conditions ?

Je ne sais que lui répondre. J'évoque seulement la nécessité de signer un formulaire lui rappelant « qu'en cas d'urgence vitale, la transfusion est nécessaire». Vers 9 heures, ma secrétaire frappe à la porte et me permet de raccourcir cet entretien à la limite de l'absurde. Sitôt l'étrange visiteur parti, je lui demande, un peu agacé :

– Pourquoi ce rendez-vous, Hélène ? Essayez de m'épargner...

– Mais, monsieur, il était pendu à mon téléphone, alors je n'avais pas d'autre choix.

Nous faisons ensemble le planning de la journée. Elle me remémore toutes les tâches du jour : 9 h 30, cours aux externes, puis opération. La jeune Marie-Claude a une CIA, une maladie de naissance, communication anormale entre les deux oreillettes.

– Je vous rappelle que vous lui avez promis une petite cicatrice, commente Hélène. La famille sera là en fin de matinée. Ne partez pas sans la voir.

14 heures, réunion de budget prévisionnel avec le directeur de l'hôpital. 16 heures, cours à la Faculté suivi d'une thèse et du Conseil de la Faculté.

Ma vie change. Les maîtres mots deviennent pour moi «délégation des responsabilités» et «organisation du temps». Une vie passionnante parce que diversifiée, mais ce n'est plus comme avant. Je le constate avec un brin de nostalgie. La mainmise de l'administration sur mon métier devient importante, voire contraignante.

Dans les années quatre-vingt, les réorganisations hospitalières s'articulent autour d'un budget global annuel pour chaque hôpital. Chaque établissement est pourvu d'une sorte d'enveloppe pour passer l'année, indexée sur l'activité des années précédentes. On conseille aux médecins une formation complémentaire en gestion hospitalière... pour une meilleure maîtrise des coûts.

La vie de l'hôpital est structurée autour d'une organisation assez rigide où se multiplient différentes commissions : effectifs, budgets, hygiène, équipement... De nouveaux pouvoirs apparaissent. Des médecins hospitaliers quittent en partie l'activité clinique pour entrer pleinement dans cet univers technocratique où la politique n'est pas absente. De nouveaux patrons apparaissent, qui vont régir notre quotidien, ce sont les cadres administratifs. Ceux-ci prennent une influence sans cesse croissante, tandis que les médecins, autrefois tout-puissants, sont emprisonnés dans un carcan de plus en plus étroit. Toutefois, il faut reconnaître qu'avec leur effrayante capacité de mémorisation et de travail, les hommes de l'art, surtout les plus jeunes, se sont formés à ces disciplines administratives et se montrent aujourd'hui capables de faire face, de tenir tête aux gestionnaires.

La « réunionite » gagne les secteurs de l'université et de la recherche. Le danger de cette pratique consiste à se transformer en une sorte de Bibendum incapable de voir, après quatre heures de réunion, les problèmes à résoudre.

Je finis le courrier avec Hélène quand le Samu m'appelle :

– Ici docteur Jean, régulateur Samu 75. Pouvez-vous accepter une embolie pulmonaire chez une accouchée ? Nous la tenons sous massage cardiaque. Il faut un direct au bloc.

Ma réponse est brève :

– Vous arrivez quand ?

– Arrivée prévue dans environ vingt minutes.

Je mets tout en branle au bloc et appelle la réanimation. Je joins le chirurgien de garde. Par chance, c'est Jean-Noël Fabiani. Il est plus jeune que moi de sept ans et je l'ai formé dans bien des domaines. Grâce à sa clairvoyance et à son intelligence fulgurante, il n'a pas eu de peine à prendre son envol. Voilà bien longtemps que je travaille avec lui. Il s'est totalement intégré à ma vie et moi à la sienne. Il a fallu tout partager, nos joies, nos peines, nos difficultés de carrière... et même nos problèmes personnels. Cette proximité est propre à la vie dans les hôpitaux. Tout bouge autour de nous mais, nous, nous restons en place pendant des dizaines d'années. Dans notre fraternité de médecins qui passent des heures et des heures au coude à coude avec la mort, il est pour moi comme un frangin, un cadet, une béquille de vie. Avec lui, je sais que je vais pouvoir demain m'absenter, courir l'humanitaire, traverser le monde. Il restera à la barre pour assurer la continuité de l'indispensable travail qui se réalise tous les jours à Broussais. D'une manière générale, l'importance de l'équipe à l'hôpital permet à chacun de s'absenter sans préjudice pour la marche du service.

– Jean-Noël, embolie pulmonaire sous massage. Une fois dégagée la salle 5, tu prépares une assistance cardiaque, c'est l'ouverture sous massage... tu vois le problème.

Il me répond :

– Je préférerais ta présence.

– C'est d'accord. Je serai en salle 4, mais je n'en aurai pas pour longtemps.

C'est cela aussi ma nouvelle vie : partager mon temps et tout organiser pour faciliter le travail d'un groupe. J'effectue rapidement la fermeture de la CIA en salle 4. Le temps essentiel est d'environ trente minutes, mais trente minutes vitales, en ces instants la moindre erreur entraîne le drame. Je suis aidé par Bernard, le chef de clinique, et par Bruno, l'interne. Tout en opérant, j'enseigne. Au fur et à mesure du déroulement, je décris pour l'interne toutes les chausse-trappes...

– Et là tu crains quoi ?

Il ne voit pas.

– Le risque d'embolie gazeuse.

J'ai l'air d'être en pilotage automatique, mais j'opère avec tous mes sens, les yeux, l'ouïe, la sensation tactile...

– Bruno, il y a une chose essentielle dans notre métier : la vigilance.

Il me regarde, un peu médusé. Je poursuis :

– Quand tu n'entends plus les singes, c'est qu'il y a risque d'embuscade, pourrait te dire un légionnaire en patrouille dans la jungle. Je te dis la même chose. Un degré de veille extrême doit te faire détecter l'imprévu et te permettre de réagir très vite.

L'intervention se termine quand on entend un branle-bas en salle 5. L'équipe du Samu arrive au bloc avec une femme de trente-quatre ans sous massage cardiaque. Tout est prêt de notre côté. Un réanimateur, à cheval sur un large brancard, écrase périodiquement la poitrine de la patiente. Premier constat : l'électroencéphalogramme est bon, le massage est efficace. Nous mettons rapidement en place un système d'assistance circulatoire. Une fois en route, cette assistance permet d'ouvrir le thorax. J'aide Jean-Noël. Je lui conseille d'ouvrir tout de suite l'artère pulmonaire. Dès l'ouverture un énorme caillot est retiré. En l'espace de quelques instants, la situation est récupérée. Le caillot avait migré brutalement après une phlébite du membre inférieur droit.

– Un geste simple et salvateur, lui dis-je en guise de conclusion.

Seule une prise en charge quasi immédiate par le Samu a pu permettre ce petit miracle.

À 14 heures, le bureau du comité médical de l'établissement tient sa réunion bimensuelle en présence de l'administration, représentée par le directeur accompagné des directeurs financiers et par ceux des affaires médicales. La direction se trouve sous les ordres d'une administration centrale, elle-même sous la dépendance d'autorités de tutelle municipales ou ministérielles. Le problème qui se fait jour est simple : les dépenses hospitalières affichent d'année en année une croissance supérieure à la croissance économique. Au cours de la réunion, nous passons en revue les différentes questions à l'ordre du jour. Mais un seul souci domine : la réduction du budget prévisionnel.

À 16 heures, je pénètre dans l'amphithéâtre Farabeuf de la Faculté de médecine pour un cours de sémiologie clinique prodigué à plus de deux cents étudiants.

Après le cours, je monte à la salle du Conseil, au premier étage, pour une cérémonie de soutenance de thèse.

Sous le buste d'Hippocrate, l'étudiant se présente à l'appel de son nom. Derrière lui se tiennent les familles émues. Devant lui sont assis les professeurs revêtus de leur toge. Moment solennel. Après avoir exposé en une dizaine de minutes le sujet de sa thèse, le candidat prête serment. Bras levé, il récite le serment d'Hippocrate, comme un jeune prêtre. Le public et le jury sont debout.

– Je promets et je jure d'être fidèle aux lois de l'honneur et la probité dans l'exercice de la médecine. Je donnerai mes soins gratuits à l'indigent... Que les hommes m'accordent leur estime si je suis fidèle à mes promesses...

C'est aussi beau que le Sermon sur la montagne.

Cette fin d'après-midi se termine par le Conseil de la Faculté. Les professeurs d'université se réunissent sous la direction du doyen. Tout est analysé, y compris les derniers décrets concernant les nouveaux programmes d'enseignement. Je suis un des plus jeunes professeurs et j'ai du mal à entrer dans ce cadre respectable où tout est codé, jusqu'au langage.

– Monsieur le doyen, si vous le permettez, j'aimerais faire un commentaire sur votre brillant exposé... Ainsi s'exprime le professeur de biochimie.

Il faut prêter attention, car les termes sont pesés, chaque mot est soigneusement avancé comme un pion dans une partie d'échecs. Dans quelques mois, il sera question des futures promotions au titre de professeur, alors ce sera la bataille de tranchées, même si le vote a été soigneusement préparé par des intrigues et de petites phrases anodines qui valent alliance ou déclaration de guerre. J'apprends ainsi les luttes de pouvoir et d'influences. Je perds un peu de mon innocence.

Quand je sors, mon bip sonne, c'est Jean-Noël. Il m'informe que la jeune opérée du matin est en train de se réveiller. C'est évidemment cela l'essentiel : rendre une maman en vie à son bébé.

La chirurgie cardiaque, née il y a vingt ans, se stabilise. Ses innovations se font désormais plus rares, les différentes opérations sont codifiées et exécutées selon un protocole établi. Alors, je vais partir encore, car cette vie de professeur, même pleine, ne me suffit pas.

– XVI –

GRANDEURS ET SERVITUDES DE LA MÉDECINE SANS FRONTIÈRES

L'histoire de la chirurgie cardiaque m'a toujours fasciné. En 1925, un chirurgien anglais audacieux, le Dr Souttar, a mis pour la première fois son doigt dans un cœur humain battant... Il a réussi à dilater un orifice du cœur rétréci par accolement des deux voiles, opération historique restée isolée. Rien ne s'est plus passé jusqu'en 1948, date à laquelle un chirurgien de Philadelphie, le Dr Bailey, a réitéré le geste et l'a codifié... En partant en Érythrée, douze ans après mon premier voyage dans cette contrée, je ne savais pas que j'allais répéter cet acte fondateur dans des conditions encore plus précaires.

En janvier 1986, la guerre entre l'Érythrée et l'Éthiopie se prolongeait depuis des années, aggravée par des dissensions internes, transformée en catastrophe par la sécheresse entraînant la famine. Le combat du David érythréen contre le Goliath éthiopien ne pouvait qu'attirer la sympathie de Médecins du Monde, sensible à la cause des peuples opprimés.

*
* *

Pour éviter la chaleur accablante et les attaques aériennes, nous roulons de nuit, sans phares, mais le trajet vers l'hôpital érythréen d'Orotta est épuisant. À l'inconfort du véhicule, au chaos de routes défoncées, s'ajoute l'angoisse diffuse de circuler, en pleine guerre, dans des étendues dégagées. Notre camion est un vieux Cama de l'Armée rouge. Hélas, la conception soviétique de l'efficacité et de la finition a fait perdre assez rapidement tout accessoire au véhicule... Et le pare-brise est considéré comme un accessoire ! En fait, nous voyageons dans une épave vaguement roulante dont les morceaux tiennent ensemble en partie grâce à l'intervention du Saint-Esprit, en partie grâce à l'ingéniosité des hommes qui, de soudures provisoires en nœuds de fil de fer, ont réussi à donner un semblant d'unité à cet assemblage de pièces détachées.

À la suite de nombreux arrêts consacrés à récupérer des éléments du véhicule qui ont cédé à la tentation de l'indépendance, après deux pannes dues à l'encrassement du filtre à essence, le camion – puisque tel est son nom – s'affaisse brutalement vers l'avant.

– L'essieu, grommelle le chauffeur.

Les cieux nous abandonnent en pleine nuit dans l'immensité du désert... Les cieux peut-être, mais pas le génie des Érythréens. En moins de quarante minutes, un camion-citerne, qui ravitaille en essence les garages de la région, nous prend en remorque jusqu'au lieu de sa prochaine livraison. Là, une équipe de mécanos accomplit l'exploit de changer l'essieu en moins de trois heures. Quatre heures dix montre en main après notre accident, nous reprenons la route... On est plus rapidement dépanné au fin fond de l'Érythrée en pleine nuit que sur l'autoroute du Sud à midi !

Après une bonne matinée de repos, je retrouve avec plaisir mes amis érythréens, formés en partie à Paris, Michaël et Simon. Ils sont en grande discussion avec Anne, une panseuse de l'hôpital Broussais.

Quelques embrassades, et ils m'entraînent sur un banc de bois à l'ombre des eucalyptus. Brièvement, ils me racontent leurs dernières interventions chirurgicales et m'interrogent sur mon voyage. Michaël, visiblement préoccupé, écoute à peine mon récit.

Michaël est un parfait chirurgien, doté de ce je ne sais quoi qui fera de lui un grand médecin. On sent qu'il a énormément travaillé pendant de longues années à Addis-Abeba, ne voulant rien laisser au hasard dans son métier, mais aussi en raison d'un orgueil bien placé. Il est africain et né, de surcroît, dans un des pays les plus pauvres de la planète... Il veut démontrer sa capacité à surpasser les Européens et les Américains dans leur domaine, malgré la guerre, malgré la pauvreté, malgré le manque de livres. C'est un véritable humaniste, ce qu'on aurait appelé autrefois un honnête homme. Il parle bien sûr l'arabe, mais tout aussi couramment l'anglais et le français, et sans doute plus de chinois qu'il ne faudrait dans cette contrée où s'affrontent les guerriers maoïstes érythréens et les combattants prosoviétiques éthiopiens. Féru de Mozart, il concilie à merveille les différentes cultures qui constituent son univers mental.

– Alors, Alain, toujours d'accord pour tenter notre intervention cardiaque ?

Le ton se veut détaché, mais je comprends que Michaël ne pense qu'à cela depuis mon arrivée. Ce sera pour lui une première, il n'a jamais participé à une telle opération.

– Je ne sais pas si c'est raisonnable...

Simon m'interrompt, le regard étincelant :

– Nous aimons bien relever les défis, tu le sais. Je comprends tes craintes. Nous ne disposons pas de votre plateau technique, loin s'en faut. Mais d'après Anne, on peut y arriver... Bien sûr, tu es libre de ta décision.

La portée symbolique d'une opération cardiaque à Orotta se révélerait capitale aussi bien pour les médecins locaux que pour l'idéologie maoïste. Cependant, je me dois de les mettre en garde :

– Je vous préviens, on va travailler sans filet. Il faut préparer l'intervention dans les moindres détails...

D'une besace militaire verte, Michaël extrait cinq dossiers médicaux et me les tend. Le bilan préopératoire de chaque patient est parfaitement ordonné : radiographies, analyses de sang, électrocardiogrammes.

– Nous disposons de poches de sang pour chaque groupe sanguin, j'en ai prévu quatre par malade, annonce Michaël dans un sourire satisfait.

J'examine chaque dossier et décide de commencer par Aster, une jeune fille de quinze ans. D'une part elle me paraît la plus menacée. D'autre part elle est jeune et peut supporter le choc opératoire. Son rétrécissement mitral est particulièrement serré, il faut le dilater. Une intervention cardiaque considérée comme bénigne en Europe, car elle ne réclame pas d'ouvrir le cœur. Nous voilà aux sources de la chirurgie cardiaque.

Nous passons le reste de l'après-midi à élaborer notre stratégie. Avec Anne, nous choisissons soigneusement les écarteurs, et surtout les clamps vasculaires, sortes de pinces servant à comprimer un vaisseau pour stopper un saignement. J'explique l'utilité de chaque instrument à Michaël, qui suit ces préparatifs avec avidité, mémorisant chaque information, chaque détail, de manière à tirer le plus d'enseignements possible de mes gestes, de mes paroles. J'ai rarement rencontré une telle volonté – je dirais presque une telle frénésie – de savoir. Il veut apprendre à pêcher, pour ne plus être obligé de mendier du poisson...

Tous les problèmes sont passés en revue. À l'exception d'un défibrillateur, qui permettrait de faire repartir le cœur par un choc électrique en cas d'arrêt, le matériel chirurgical me paraît suffisant. En revanche, je suis beaucoup plus inquiet pour la réanimation.

– Simon, toujours pas d'oxygène ?

– Toujours pas. Mais nous avons le *fresh air*. Le malade respirera l'air ambiant ! Il est très pur...

– Et l'électroscope pour enregistrer l'activité électrique du cœur ?

– Pas de problème, Alain. Nous possédons le meilleur scope du monde : plusieurs infirmières se relaieront toute la nuit pour prendre le pouls en permanence !

L'intervention est fixée au soir même. Ici, nous avons coutume d'opérer de nuit, toujours à cause de la chaleur moins intense et des attaques aériennes éthiopiennes.

À 23 h 30, j'entre dans la salle d'opération, enterrée comme tout l'hôpital pour échapper aux bombardements. Michaël et Simon sont déjà à pied d'œuvre. Nous avons même droit à des casaques neuves. Anne a sélectionné les meilleures infirmières et instrumentistes pour nous assister. En plus, elles sont d'une beauté bouleversante. Leurs attaches sont fines et leur port de tête altier avec des regards de feu.

Plusieurs médecins ont tenu à assister à l'événement. Ils se tiennent en retrait. L'un d'eux a apporté son appareil photo... Pour la propagande ? Il faut faire connaître au monde les grandes réussites médicales du Parti ! Pas loin de douze personnes sont présentes dans cette petite salle rendue torride, même à cette heure tardive, par l'absence de ventilation. Simon endort Aster. Il vérifie en permanence les paramètres de l'anesthésie. Des ordres brefs, rapides. Avec lui, je me sens en confiance.

Je prends place sur le côté gauche de la table d'opération, juste au-dessus du cœur d'Aster. Michaël me fait face. Dans son regard, je perçois une fébrilité inhabituelle. La peur de l'échec ? Je demande qu'on élève un peu la table pour être plus à l'aise dans mes mouvements, puis me tourne vers Simon. Prêt ?

– Quand tu veux, Alain, répond-il d'une voix grave, pour une fois mal assurée.

De la main droite, j'attrape le bistouri tendu par Anne. Silence absolu dans la salle. Seul bruit perceptible, le sifflement du ballon en caoutchouc qui assure la ventilation pulmonaire de la malade. Tous les regards sont rivés sur le champ opératoire. J'ai l'impression de réaliser une grande première. La lame du bistouri dessine une courbe rouge sous le sein gauche de la jeune fille. À l'aide de pinces et de ciseaux, je dissèque les tissus, puis incise les muscles qui retiennent les côtes entre elles.

– Écarteur.

Sans me détourner, je tends ma main gantée et sens le contact froid de l'instrument que me passe Anne. Entre les côtes ouvertes, je glisse l'écarteur à crémaillère... Les tissus se tendent, les côtes craquent. Au fond du trou béant apparaît la masse mouvante du poumon. Derrière le drap tendu pour cacher le visage de l'opérée, les regards suivent attentivement la progression de l'intervention.

En écartant le poumon de la main, je découvre l'enveloppe blanchâtre du cœur, distendue par un épanchement. J'incise le péricarde. Un flot de liquide s'en échappe. Le cœur apparaît. Il bat de façon anarchique, avec des pauses qui mettent sans cesse la vie d'Aster en danger. Tous sont médusés, fascinés de voir une opération aussi improbable commencer sous leurs yeux. À l'aide de l'aspirateur, dans un bruit de succion, je nettoie la cavité thoracique.

Le champ opératoire est bien dégagé. J'invite Michaël à se pencher. Dans son regard, je lis la stupéfaction et l'admiration de voir un cœur battre. Avec une pince à bout rond, je lui détaille l'anatomie. Imperceptiblement, tout le monde se rapproche pour essayer d'apercevoir l'organe sacré. La tension est extrême, je décide de détendre un peu l'atmosphère :

– Simon, viens voir, toi aussi. Il faut que je t'explique la découverte de ma carrière. Quelle que soit la couleur de la peau, le cœur a toujours le même aspect.

Simon sourit sous son masque, m'adresse un clin d'œil complice et retourne vérifier le pouls d'Aster en murmurant :

– C'est le prix Nobel assuré.

Avant d'inciser l'oreillette gauche, je me garantis contre toute hémorragie par une suture provisoire au niveau de l'auricule. Sous la protection supplémentaire d'un clamp qui pince cette auricule, j'ouvre l'oreillette d'un geste sûr. Tout mouvement intempestif entraînerait une hémorragie irrattrapable, fatale en quelques secondes. À travers l'orifice, j'introduis mon index droit, jusqu'à ce qu'il obture hermétiquement l'incision. J'enlève avec précaution le clamp. Rien ne cède. Lentement, je pousse mon doigt dans l'oreillette, à environ trois ou quatre centimètres. Je suis immédiatement en contact avec la valve mitrale. Elle est incroyablement rétrécie. Délicatement, mais avec une certaine pression, je force l'orifice pour l'élargir. Mon doigt s'enfonce avec la sensation de déchirer la valve. J'ouvre largement cette porte de salut qui fait entrer la vie.

– Tu vois, Michaël, la vie dépend de gestes d'une grande simplicité. Tu vas les apprendre.

J'ajoute, après m'être assuré de la parfaite dilatation de la valve mitrale :

– À toi, mets ton doigt. Si tu ne rencontres aucune résistance, c'est que l'intervention est réussie.

Michaël est visiblement ému, le matérialisme historique

vacille un moment devant le Grand Inconnu. Sa main tremble légèrement. Je l'encourage :

– Vas-y, tu seras le premier chirurgien érythréen à introduire ton doigt dans un cœur humain.

Je guide sa main droite. Son index s'enfonce de cinq centimètres. Il le retire, oubliant de remettre le clamp. Aussitôt le sang gicle. Un long jet puissant. En un réflexe, je remets le clamp en place. Michaël est pétrifié.

– Les battements deviennent faibles et irréguliers, lance Simon.

Je suture rapidement l'incision à la base du cœur quand ce dernier s'arrête, à peine quelques secondes, avant de repartir faiblement. Le muscle hésite à retrouver son rythme normal. Je ne possède aucune parade s'il cesse de battre plus longtemps. Un instant, je crains un arrêt cardiaque définitif. Je donnerais n'importe quoi pour un défibrillateur.

– Simon, passe-lui du calcium en intraveineuse et transfuse-la. Vite !

Penché sur le thorax de la jeune fille, je guette le cœur. Mes tempes battent anormalement vite. Sous mes gants, je sens la transpiration de mes doigts. Des secondes interminables s'écoulent avant que la drogue n'atteigne le cœur. Le rythme cardiaque se stabilise... C'est gagné ! Reste à refermer le thorax et à surveiller de près la réanimation.

J'enlève ma casaque, mes gants, ma bavette. Pari tenu ! Nous venons de réaliser la première intervention cardiaque en Érythrée. Nous pouvons laisser éclater notre joie...

Une heure plus tard, Aster reprend conscience. Elle est couchée sur un lit dans une petite pièce éclairée par une lampe à pétrole à côté de la salle d'op'. Deux infirmières vont veiller la jeune opérée toute la nuit. Elles se relaieront à son chevet, les doigts rivés sur son pouls. Simon demande que l'on apporte un autre lit.

– Je vais coucher là. Je préfère ne pas la quitter.

Finalement, cette malade est mieux surveillée qu'en France !

Dès le lendemain, Aster est déjà transformée. Moins pâle, elle respire librement et a perdu le mouvement permanent des ailes de son nez. Une auscultation confirme la qualité du résultat. La jeune fille me gratifie d'un sourire lumineux :

– *Thank you ! God bless you.* (Merci ! Dieu vous bénisse.)

Jusque-là, elle ne m'avait jamais adressé la parole.

Dès le début de la matinée, la nouvelle de cette première chirurgicale est diffusée par la radio érythréenne. Le succès de cette opération est un événement national et, sans doute, un succès du Parti de libération érythréen dans sa marche vers la victoire ! Rien n'est laissé au hasard dans le grand plan de propagande politique. Mais ce n'est pas mon souci. Je suis là pour sauver des vies. Je réussis à faire envoyer un télex à Médecins du Monde, à Paris : « Première intervention cardiaque en Érythrée réussie. D'autres suivront. »

D'autres opérations ont suivi, en effet. Sept en deux semaines. La portée symbolique de ces interventions était plus forte que leur réalisation. Elles exprimaient un refus de la fatalité, un respect infini vis-à-vis d'amis érythréens qui voulaient exister, en dépit de la guerre et des privations. Exister en médecine veut dire apprendre à pratiquer. Et il y avait de quoi faire... Car, dans le même temps, nous étions confrontés aux traumatismes de la guerre, de la guerre sale, de la sale guerre, comme elles le sont toutes : brûlures au napalm, bombardements, jouets piégés... Cette guerre ne s'achèvera qu'en 1991, par la défaite des forces gouvernementales d'une Éthiopie entrée elle-même dans le chaos.

*
* *

Nous, les *French Doctors*, trouvions notre raison d'être dans ces missions. Nous portions témoignage, à notre façon, par notre présence et notre morale. Nous reconnaissions la dignité de ces hommes et de ces femmes qui voulaient rester debout face au destin.

En Érythrée, j'ai perçu à l'échelle humaine toutes les grandeurs et les servitudes de la médecine sans frontières. À mon retour, j'ai décidé d'accepter un poste de responsabilité dans l'humanitaire. En fait, durant mon absence, les membres de Médecins du Monde m'avaient élu président à l'applaudimètre, en remplacement de Bernard Kouchner qui se retirait du jeu. Je pris cette fonction non comme une charge mais comme un défi.

Au cours de mon mandat de trois ans, j'allais provoquer une révolution culturelle : nous devions découvrir que le dépaysement du lointain et le soulagement des misères peuvent commencer chez notre prochain, en France même.

– XVII –

MISSION FRANCE : VOYAGE AU BOUT DE L'ENFER

– Pourquoi aller si loin pour soigner les malheureux ? Pourquoi ne t'occupes-tu pas des pauvres d'ici ?

Frappé par cette interpellation de ma pieuse mère, j'ai envisagé en plein Paris un véritable hôpital destiné aux étrangers en situation difficile. Mais ce projet est apparu trop ambitieux et irréalisable. Je me suis alors orienté vers une idée plus simple...

– Ouvrons un dispensaire au cœur de Paris, ai-je déclaré un soir en pleine réunion de Médecins du Monde. Un dispensaire gratuit pour les exclus des soins.

Les membres du conseil d'administration ont marqué leur surprise. Des propos négatifs ont fusé :

– Et les généralistes, tu y penses ?

– Tu vas être accusé de médecine foraine...

– Et de concurrence illégale.

– Que va dire le Conseil de l'Ordre ?

Même Bernard Kouchner, le révolutionnaire, m'incitait à la prudence :

– Le malheur est toujours insupportable ici ou ailleurs, d'accord. Mais justement, ici nous sommes en France, Alain, il faut nous méfier, en particulier des puissants syndicats de la corporation médicale.

Pour un peu, j'aurais été mis à l'index et traité comme un illuminé ! Des années durant, j'étais resté plutôt à l'écart du militantisme, je n'avais fait que répondre à des sollicitations pressantes, et maintenant je proposais un projet quasi révolutionnaire, sans doute teinté d'utopie. Cette adversité m'a stimulé. J'aime le combat qui mêle opiniâtreté et libre initiative.

Avec Véronique Ponchet, infirmière au parcours social impressionnant, nous avons décidé d'avancer, malgré tout. Nous sommes allés rencontrer l'abbé Pierre qui nous a déclaré avec emphase :

– Enfin, vous voilà, vous les médecins aventuriers... Bienvenue dans le quart monde !

Nous avons multiplié les démarches auprès des associations d'hébergement, des bureaux de la Ddass – la Direction départementale de l'action sanitaire et sociale –, du Secours catholique, d'Emmaüs, de la Cimade protestante et de bien d'autres organismes. Nous sentions le besoin urgent de centres d'accueil médicalisés pour les « sans-papiers ». Véronique trouva un appartement parisien qui servait encore, peu de temps auparavant, à héberger les filles mères célibataires. Comme en Afrique, comme en Afghanistan, nous avons créé un dispensaire de fortune et fait circuler une notice informative à tous les organismes sociaux...

*
* *

La salle de consultation, avec son papier à fleurs bleu marine et rose, son parquet et sa cheminée en marbre, évoque le salon désuet d'un appartement de la petite bourgeoisie parisienne. Nous sommes dans notre dispensaire, un modeste deux-pièces rue de la Clef, en plein XIIIe arrondissement.

Ce 18 avril 1986, jour de l'ouverture, nous avons installé dans le salon une table d'examen, une armoire à pharmacie blanche pleine d'échantillons gratuits, un bureau en bois clair et deux chaises.

Nous attendons une cohorte d'étrangers plus ou moins clandestins, mais notre premier consultant est un Français, et c'est une surprise... La quarantaine, rasé de près, Marc est vêtu d'un manteau en lainage. Dans le métro ou dans la rue, il pourrait passer pour M. Tout-le-Monde, mais à y regarder de plus près, le cheveu est gras, le manteau élimé cache une chemise rayée jaunie au col, pas de pull-over, pas de veste. Son regard est infiniment triste. Ses cernes, ses traits tirés, sa pâleur laissent entrevoir une profonde détresse. Il tousse sans arrêt et semble fébrile.

Jean-Louis Rouyard, médecin généraliste installé du côté d'Asnières, interroge le patient sur les maladies pour lesquelles il a été traité dans le passé. Le front dégarni et les cheveux poivre et sel de Rouyard accentuent le sérieux de son visage. Nous allons vite le surnommer « l'abbé Rouyard ». Aux questions posées, Marc répond :

– On m'a opéré d'un ulcère il y a plus de cinq ans, et j'ai eu une tache au poumon, il y a longtemps.

Jean-Louis fait préciser chaque symptôme. Quand ? Combien de temps ? Quel traitement ? Une enquête presque policière. Ensuite, toujours méthodique, le médecin commence son examen. Il palpe, percute, ausculte... Il plaque l'embout du stéthoscope sur un point précis du thorax, ferme les yeux et se redresse en me regardant :

– Souffle tubaire typique avec crépitants, pneumonie de la base gauche.

Je remarque que le pied droit de Marc est enflé, l'œdème remonte jusqu'au tiers inférieur de la jambe. En retirant ce qui a été une chaussette, nous découvrons une plaie suintante, à l'évidence surinfectée. D'un coup, nous comprenons que nous avons passé une frontière... Nous sommes entrés dans un autre univers, une ville dans la ville. Dehors, c'est Paris, Paris et ses bruits, Paris et ses lumières, Paris et ses vitrines, ses magasins de luxe, ses restaurants, ses terrasses. Sous la chaussette, il y a un autre Paris, une mégalopole tuméfiée de misère où viennent s'agglutiner tous les désespoirs du monde, s'échouer les vies brisées, s'effacer les volontés usées.

Nous avions raison. Cette action, notre action, était nécessaire, indispensable. À l'évidence, notre expérience acquise dans les pays du tiers monde sera utile pour aborder l'archipel de l'extrême pauvreté dans les pays riches.

La situation médicale de Marc se précise. Un traitement antibiotique s'impose et des soins locaux par antiseptiques sont prescrits.

Véronique, l'infirmière, interroge le patient sur sa vie.

– J'étais mécanicien à Elbeuf, en Normandie, confie-t-il. Puis le garage a fermé et je me suis retrouvé au chômage. Après quelques mois, j'avais toujours pas de travail et plus d'indemnités. Là-dessus, ma femme m'a laissé tomber... J'ai tout plaqué pour monter à Paris avec mille cinq cents balles en poche, persuadé que j'allais trouver du boulot. Je créchais chez des amis. J'ai fait des boîtes d'intérim, les annonces de *France-Soir*, les garages... rien pour moi. Je couche à droite à gauche. J'ai même été, ajoute-t-il presque inaudible, dans un centre d'hébergement.

– Mais vous avez droit à l'aide médicale gratuite, insiste Véronique, qui connaît parfaitement les textes de la protection sociale.

– Oh ça, ne m'en parlez pas, j'ai essayé. Ils demandent des papiers : carte d'identité, livret de famille, carte de Sécu, avis de non-imposition... Et surtout un certificat de domicile ou d'hébergement ! Mais je ne les ai pas. J'ai même perdu ma carte d'identité. Je ne suis rien, plus rien...

Nous sommes bouleversés. Marc ajoute :

– Aidez-moi, je n'en peux plus.

Il pleure.

Rouyard réagit vite :

– Monsieur, nous allons vous aider. Véronique va vous trouver un centre d'hébergement pour ce soir. Je vous donne des médicaments et vous reviendrez demain.

Le deuxième consultant m'émeut tout autant. Cécile, jeune femme aux longs cheveux blonds, aux lèvres gercées et aux ongles cassés, nous narre sa déchéance. Licenciée il y a quelques mois, elle a découvert à l'Agence nationale pour l'emploi qu'elle n'avait jamais été déclarée. Elle ne bénéficiait donc ni des assurances chômage ni de la Sécurité sociale. Malgré ses quelques heures de femme de ménage, elle ne put bientôt plus payer la chambre qu'elle occupait avec son fils. Expulsée par son propriétaire, elle a échoué dans une communauté installée en squat illégal dans un vieil immeuble sans eau ni électricité.

Cécile est malade. Elle souffre d'une grave infection urinaire avec début de septicémie. Elle vient chez nous en bout de course, adressée par la Ddass, pour trouver du soin et surtout du réconfort.

Le troisième patient est un jeune Africain très maigre, flottant dans un costume de laine rapiécé, gris. Rouyard l'examine et diagnostique un ulcère gastrique en évolution. Élie est zaïrois. Il est venu en France, via la Belgique, il y a quatre ans et vit de petits boulots. Il n'a aucun papier et, bien sûr, aucune protection sociale.

Notre dernier patient est encore plus surprenant. Olivier a vingt-cinq ans et vit dans la rue. Sans travail, sans logement, sans attaches, il fréquente des bandes. Le soir, il va à la gare de Lyon pour dormir dans un wagon... Au fur et à mesure qu'il se livre, nous comprenons que son cas, loin d'être isolé, est celui de beaucoup de jeunes pour qui cette errance est un mode d'existence, traduction d'un abandon complet devant une situation devenue trop dure.

Pour Olivier, les choses s'aggravent sur le plan médical, Rouyard craint un début de méningite. J'arrive, par un contact précis avec l'interne de garde, à l'hospitaliser en urgence à l'Hôtel-Dieu.

En fin de journée, nous faisons le premier bilan.

– Pour une ouverture, c'est une ouverture, dis-je. Qu'en penses-tu, Jean-Louis ?

L'abbé Rouyard me regarde, toujours calme, la voix monocorde :

– Il va falloir nous étoffer. Je connais pas mal de collègues qui pourraient être intéressés. C'est plus à leur portée que l'Afghanistan ou le Cambodge.

Ainsi, dans notre pays, sont apparues des poches d'extrême pauvreté qui minent les fondements mêmes de notre société, un peu comme les catacombes creusent le sous-sol de la Ville lumière. Mon expérience de la misère est utile, certes, mais se révèle insuffisante, ici. L'abandon, le renoncement sont présents, comme ailleurs ; pourtant la douleur se trouve accentuée, car il est plus pénible d'être misérable dans un pays riche que dans un pays pauvre. Cette indigence qui émerge au sein d'une nation aisée a quelque chose de plus profond, de plus tragique. Au cœur du tiers monde et des sociétés traditionnelles, il existe, même dans le dénuement absolu, une forme de solidarité familiale ou clanique. Ici, nous sommes face à des individus isolés, terriblement seuls. Un cercle vicieux s'est enclenché pour eux. Très vite, ils se sont sentis n'être plus rien. Symboliquement, ils n'ont plus de papiers, ils n'ont plus d'identité dans une société où l'on n'existe que par sa capacité à dépenser, où la pauvreté est plus qu'un effacement social, une disparition pure et simple.

Je suis entré dans le monde des exclus. Un voyage au bout de l'enfer.

Quelques semaines après l'ouverture, la rue de la Clef ne désemplit pas. Dominique Monchicourt, l'ami de toujours, dirige l'antenne médicale. Un groupe de généralistes se forme. En voyant travailler mes confrères, je constate que nous, médecins hospitaliers, n'avons pas une palette aussi large que les praticiens installés en ville. Eux savent tout faire et abordent leur patient de façon globale. Devant des malades aussi particuliers, ils apportent compétence et expérience.

Je décide avec eux que ma tâche ne doit se situer qu'au niveau de l'organisation. La partie médicale n'est pas de mon ressort : je ne possède pas les réflexes nécessaires. Habitué à penser chirurgie, je ne balaye pas complètement le champ des possibilités. Ainsi, j'ai cru déceler une infection dentaire là où il s'agissait en fait d'un scorbut... Le scorbut en France, de nos jours !

Ensemble, nous baptisons notre nouvelle action la « Mission France ». Le local que nous occupons se révèle bientôt trop exigu. Les copropriétaires supportent de plus en plus mal ces va-et-vient de « clochards ». Il faut déménager. Nous jetons notre dévolu sur une ancienne boutique de fripes située rue du Jura, à quelques encablures de l'hôpital de la Pitié.

Dans ce nouveau centre, tout prend une autre dimension. Nous disposons de trois cabinets de consultation, d'une pharmacie, d'un bureau d'aide sociale et même d'un fauteuil de dentiste. Avec les étudiants des Hautes Études commerciales, nous créons parallèlement un centre d'aide à la recherche d'emploi, qui nous paraît indispensable. En effet, nos protégés sont tellement épuisés qu'ils ne peuvent plus assumer des démarches de ce type.

Nous prenons conscience que l'exclusion détruit l'être dans sa profondeur. Il lui faut se remettre dans le circuit de la vie par une rééducation de plusieurs mois. Nous essaimons aussi en province. Bordeaux, Toulouse, Rouen, Marseille, Grenoble, Lyon, Strasbourg ouvrent des centres Mission France. Plus de deux mille médecins, infirmiers, assistantes sociales se trouvent impliqués dans cette vaste mobilisation.

Je me sens bien dans cet engagement. Nous nous situons dans une nouvelle démarche. Certains ont parlé de « nouveaux pauvres », ici nous soignons de « nouveaux malades », générés par un dysfonctionnement profond de notre système de protection sociale. Cette médecine est celle des sans-droits. La médecine « ici et là-bas » est créée. C'est notre slogan.

À Médecins du Monde, Jacques Lebas, avec son intelligence brillante et son savoir-faire, insiste pour que la Mission France ne soit pas une fin en soi. Aux autorités de prendre le relais. Nous ne voulons pas de médecine à deux vitesses, et nous ne sommes pas là pour pallier les défaillances de l'État.

En novembre 1986, avec Dominique et Véronique, nous décidons de frapper un grand coup : nous recensons les mille cent dix premiers cas traités par la Mission France et les dépouillons. Nous publions ensuite dans les colonnes du *Monde* un « J'accuse » à la Zola. Nous décrivons en détail notre population : chômeurs en fin de droits, jeunes à la recherche d'un premier emploi, réfugiés, toxicomanes, sans-abri... Cinquante-deux pour cent d'entre eux sont français. Les trois quarts ne disposent d'aucunes ressources financières, d'aucun logement, et donc d'aucune couverture sociale.

Depuis le début de mon engagement humanitaire, j'ai été frappé par une certaine absence de rigueur dans l'analyse des actions. Je veux désormais orienter notre mission vers une stratégie plus rigoureuse. Pour être crédibles, il nous faut des études chiffrées. Quoi de plus parlant qu'un taux de tuberculoses pulmonaires non traitées à Paris ? Nos chiffres portent finalement sur près de deux cent mille consultants. Non seulement la cause est juste, mais tous les éléments sont vérifiables. Nous effectuons un véritable travail de recherche, aux confins de la médecine et de la sociologie, un peu comme je l'ai vu faire aux États-Unis. Face à des impressions et des supputations, nous argumentons avec des faits et des chiffres. Surtout des chiffres et encore des chiffres, qui pulvérisent les objections.

Les médias relayent nos données, effectuent des reportages rue du Jura, au royaume des pauvres. L'opinion publique découvre un tableau consternant. Comme nous l'avions fait pour *L'Île de Lumière*, le bateau pour le Vietnam, nous utilisons la loi du tapage. Même CNN, la chaîne américaine d'informations, présente les travaux et les actions de la Mission France. Plus que jamais je suis persuadé que l'acte humanitaire consiste à soigner mais aussi à témoigner. Notre monde n'a de résonance qu'à travers les médias, le tapage médiatique reste l'allié, l'outil privilégié de nos actions.

Un tel vacarme n'est pas du goût de tout le monde. Interpellées, les autorités réagissent. Le ministère de la Santé, le ministère des Affaires sociales, la Ddass, la mairie de Paris s'inquiètent. Nous sommes convoqués dans de nombreuses instances :

– Professeur, tout ceci est ridicule, tout Français est couvert, vous avez affaire à des tire-au-flanc...

Un haut fonctionnaire de la Ddass tente pourtant l'expérience et se présente à l'hôpital sans aucun papier. Il est impitoyablement refoulé... L'Assistance publique de Paris propose d'ouvrir l'Hôtel-Dieu à nos patients. C'est la première reconnaissance officielle de la réalité des exclus. Mais l'administration a des ratés : après quelques mois de fonctionnement, l'hôpital n'arrive pas à se faire rembourser par la Sécurité sociale plus de soixante-dix pour cent de ses prises en charge.

En juin 1987, nous sommes reçus par Philippe Séguin, ministre des Affaires sociales, qui nous félicite pour notre travail. Il décide d'agir sous forme de circulaire afin de faciliter l'accès aux soins pour les plus démunis. La mairie de Paris, de son côté, met en route le système de carte Paris-Santé.

Régulièrement, je quitte mes activités à l'hôpital pour passer rue du Jura. Le travail des médecins frôle la perfection. Les assistantes sociales arrivent à démêler des histoires ubuesques. Tout est fait pour humaniser l'accueil, pour apporter, en plus des soins, écoute et réconfort.

Le réveillon du 31 décembre 1987 constitue une soirée d'émotions intenses, rue du Jura. Une étrange fête où l'on trinque avec les « déchets humains » fabriqués par notre société.

Un autre grand moment est celui où le Pr Paul Milliez, pour qui j'ai toujours éprouvé infiniment de respect et d'admiration, vient me remettre la Légion d'honneur parmi tous les déshérités, les paumés, aux côtés desquels il s'est toujours battu. Je suis moins flatté par la distinction que bouleversé de voir ce grand homme, toujours aussi rigoureusement fidèle à ses convictions et à son éthique, reconnaître à travers moi l'importance de la Mission France.

Le 8 mars 1988 constitue encore une date importante. Ce jour-là, la porte du dispensaire s'ouvre. Un visiteur inattendu, un peu hésitant, pénètre dans le centre. Sans aucun journaliste, presque incognito, l'hôte de l'Élysée, François Mitterrand, descend l'escalier tout en toisant cette étrange salle d'attente aux relents nauséabonds. Un Africain reconnaît le président et crie :

– Il faut qu'on se lève !

Tout le monde se dresse, sauf trois jeunes, qui restent prostrés.

– Rien à cirer, marmonne l'un d'eux.

Interloqué, François Mitterrand s'approche :

– Eh bien, messieurs, vous avez des problèmes ?

– J'ai pas de problème, j'suis dans la merde.

– Je vois, je vois...

– C'est pas vous qui voyez, c'est moi qui vois.

Manifestement très frappé, le président poursuit sa visite. Après avoir discuté avec Véronique, il me confie :

– J'aime cette femme, elle a le regard habité.

À la fin de cette visite, j'explique au chef de l'État la situation dramatique de ce quart monde :

– Vous voyez, monsieur le président, ils sont comme des réfugiés. Mais des réfugiés sans camp, sans statut.

– J'aime bien votre phrase, me répond-il.

Il la reprend, peu après, dans son communiqué de presse. Le lendemain, il convoque Bernard Kouchner :

– Que peut-on faire pour les exclus ? Il faudrait une sorte de revenu minimum.

Kouchner réfléchit rapidement et réplique :

– Plutôt un revenu d'insertion.

On sait que l'idée a fait son chemin. Elle est, depuis, largement entrée dans les mœurs.

En deux ans, l'épopée de la Mission France a été couronnée de succès. Des succès au goût amer. Pour nous, médecins hospitaliers, installés dans nos grands centres, quelque peu isolés du monde, le constat d'une réelle exclusion des soins a surgi comme une terrible révélation. Jusque-là, j'étais persuadé d'évoluer dans un des meilleurs systèmes de santé au monde, mais la Sécurité sociale n'avait pas prévu le chômage. La protection sociale fonctionnait dans une logique de plein emploi. Sans travail, toute personne perd peu à peu son intégration. Passé un certain stade, les démarches administratives deviennent un obstacle insurmontable. Et puis, comment classer des papiers, comment présenter des documents, lorsque tout ce qu'on possède tient dans un sac plastique, trimbalé de refuge en squat ? Comment faire pour laver et faire sécher son linge afin de chercher du boulot dans une tenue à peu près correcte ? Tout se conjugue alors pour accélérer la chute.

Pour la Mission France, les dons affluaient, chacun sentait qu'il s'agissait de son prochain, de son voisin, peut-être de lui-même demain. J'ai travaillé à une nouvelle manière d'envisager la quête des indispensables dons. Antoine Vaccaro, l'une des plus fines intelligences du marketing direct, s'est intégré à notre équipe pour réfléchir sur les méthodes à mettre en place. Des principes, aujourd'hui communément admis et rodés, nous ont permis de passer rapidement de deux mille donateurs à deux cent mille, cela au moyen de prospections et d'envois de courriers. Je me suis aperçu, fasciné, que le marketing direct constituait une démarche scientifique : la cause est déterminée, le donateur ciblé, le rendement défini.

On sait que le taux moyen du don est de vingt euros, on connaît le profil du donateur, de la donatrice devrait-on dire, car c'est la femme qui généralement initie le don. Elle est plutôt croyante, souvent provinciale... Bref, c'est ce qu'on appelle le grand public, pour qui j'ai un infini respect. Des gens qui n'hésitent pas à rogner sur leurs économies pour participer à un mouvement de solidarité.

Mais que d'énergie, de travail, de réunions, de compétences regroupées pour faire bouger l'opinion ! En définitive, j'ai compris que tout était possible grâce à la liberté d'agir offerte par la structure associative. Il suffisait de le vouloir.

*
* *

En 1989, le mur de Berlin tombait. Le monde de l'humanitaire voyait s'ouvrir des pays naguère totalement fermés. Notamment le Vietnam, réunifié sous l'idéologie communiste, longtemps isolé, mais qui laissait peu à peu tomber les barrières...

Un jour, nous avons reçu à Broussais la visite du Pr Trung, un grand chirurgien thoracique qui avait exercé plus de quatorze ans à l'hôpital Foch de Paris. Il venait examiner les possibilités de construire, avec le soutien de la fondation créée par Alain Carpentier, un centre de chirurgie cardiaque au Vietnam. Par convictions personnelle et politique, Trung était retourné dans son pays après la chute de Saigon, « après la libération », précisait-il... Nous avions encore à nous accorder sur la terminologie. Je l'ai sondé sur l'appréciation qui pouvait être portée par le régime communiste – par le gouvernement populaire, pardon – sur mon action passée en faveur des *boat people*. Trung estimait tout à fait normal qu'en tant que médecin je sois venu en aide à ces malheureux. Il suffisait de ne pas chercher de qui les victimes avaient été victimes, et nous pouvions parfaitement nous entendre.

Un rideau s'ouvrait sur l'ex-Indochine et nous devions nous porter à son chevet. Alain Carpentier restait le décideur du projet, mais je partais en éclaireur. Je m'envolais pour l'Asie enchanteresse, mon premier vrai voyage dans cette partie du globe. C'était pour moi un accomplissement parce que entre-temps, fort des enseignements du père Ceyrac, fort de ma maturité qui m'avait ouvert les yeux et l'esprit, je me montrais moins braqué sur l'urgence technique. Je commençais à donner une certaine place à mon humanité, à ma sensibilité. Je changeais de mode de vie, de style.

– XVIII –

AU CHEVET DE L'INDOCHINE

À l'aéroport de Ho Chi Minh-Ville, le douanier est une douanière parfaitement maquillée, en uniforme vert avec une casquette assortie, ajustée non sans coquetterie. Les Tupolev et les Antonov aux couleurs des Vietnam Airlines, garés en bout de piste, disent bien où nous sommes. Nous nous plions aux contrôles nécessaires à la sauvegarde de l'État, qui incluent de fournir la liste détaillée de nos bagages avec, par exemple, le nombre précis de pantalons pliés dans les valises ! Nous nous prêtons sans rechigner à cet inventaire, d'autant que les autorités vietnamiennes ne peuvent pas ignorer que nous avons pris fait et cause pour les *boat people*, les malheureux qui ont fui naguère le régime de ce pays. Pour faire bonne mesure, pour que nous n'ayons pas été contrôlés pour rien, pour garantir la sécurité du peuple, la représentante de la République démocratique du Vietnam réunifié nous confisque *Paris Match* et *Newsweek*, qui se négocient particulièrement bien sous le manteau.

Passé la douane, nous retrouvons le Pr Trung, accompagné de Jean-Claude Labbé, un journaliste depuis longtemps amoureux du Vietnam et qui nous sert d'intermédiaire avec les autorités, de pont entre deux univers. Avec ses tics anarchiques, Jean-Claude ne passe jamais inaperçu. Il m'a séduit par son rapport ambigu avec l'Asie du Sud-Est, sa vision littéraire du monde, son donquichottisme. Tout le rapproche d'André Malraux. Son physique et ses passions.

Notre taxi est une Peugeot 203 noire. Brisé par un long vol, Éric Cheysson, mon frère cadet en chirurgie et en médecine humanitaire, souffre de la chaleur et de la fatigue, droit sur son siège en moleskine complètement inadapté au climat de la Cochinchine. Haute stature, élancé, le port altier : toute l'attitude d'Éric est pétrie de grandeur, malgré l'épuisement. Il est ma béquille de vie dans l'humanitaire, je m'appuie avec confiance sur son jugement et sa dextérité.

Nous parcourons de longues avenues bordées de larges trottoirs, ombrées d'arbres majestueux. Des murs protègent les villas coloniales regroupées dans ces quartiers résidentiels et verdoyants, loin du tumulte de la ville asiatique. Nous pourrions être à Neuilly ou au Vésinet, mais les parcs sont plus vastes, plus calmes, apaisés par la sérénité de l'Asie qui, çà et là, a inséré un détail dans le dessin d'une grille, dans la grimace d'un dragon surmontant un portail, dans la courbe d'un toit en pagode.

Bientôt la circulation se fait plus dense ; notre 203 peine à se frayer un passage dans un flot de deux-roues, de pousse-pousse, de piétons. Nous avons dépassé la cathédrale Notre-Dame en descendant la rue Catinat, trop étroite pour son rôle prestigieux, celui d'aligner de célèbres magasins sous un double couvert de platanes. Dans la rue Lon Son, nous voilà vraiment en Asie, en dépit des imposantes façades occidentales du Grand Théâtre et des hôtels devant lesquels patiente une file de taxis.

Enfin nous arrivons. L'hôtel Majestic se dresse presque au bord du fleuve Jaune et la 203 se gare sous la marquise du palace, dont la somptueuse façade est soutenue par une forêt de colonnes. Immense, le hall mêle les thèmes décoratifs du néoclassicisme français et du traditionalisme vietnamien. Catherine Deneuve, dans un élégant tailleur blanc cassé en crêpe de soie, ne vient pas nous accueillir comme dans le film *Indochine*. Nous sommes à Ho Chi Minh-Ville, au Vietnam, pas à Saigon au temps du gouverneur général.

Deux guerres cruelles sont passées par là. Pourtant, la ville coloniale française est encore entêtante comme le parfum du gardénia. Ancienne beauté qui veut toujours séduire, elle sourit de ses charmes désuets, mais le maquillage s'effrite, travaillé par les rides, le crépi tombe, laissant voir la brique. Le stuc des colonnes est griffé de multiples lézardes, et l'antique tapis est à la trame. Au comptoir de l'accueil, l'acajou a perdu son vernis et les verres biseautés des portes vitrées n'ont pas été remplacés. Dans les chambres, la faïence des sanitaires est craquelée comme une coquille d'œuf. Les robinets, autrefois chromés, dévoilent leur squelette de laiton et laissent péniblement couler une eau suspecte, qui a teinté de rouille lavabos et baignoires. Les ventilateurs sont orphelins de leurs pales et, dans les coins, de silencieux troupeaux de moutons paissent l'herbage rare d'une moquette qui a oublié sa couleur. Du balcon fatigué, j'observe, sur le fleuve, les sampans éternels qui, dans un ballet, évitent les cargos rouillés, les jonques et les canonnières. La lumière rasante du soir rend un éclat aux joyaux de la nostalgie. Que c'est beau, le Vietnam !

Peut-on parler de coup de foudre avec un pays ? Je me sens bien au Vietnam, j'y vis un enchantement enfantin, un émerveillement de tous les instants. J'aime le fouillis de la circulation où tout ce qui roule cohabite sans trop de problèmes, j'aime la rigueur de ce peuple indompté, j'aime la débrouille et les combines qui finissent par trouver une solution à tous les problèmes, j'aime l'utilité, la reconversion possible du moindre bout de ferraille.

Au Vietnam, les légumes me semblent plus goûteux, les fleurs plus éclatantes, les fruits plus charnus. Les courgettes me semblent plus courgettes, et les bananes plus bananes. J'aime la surprise d'une cuisine qui trouve mille et une recettes pour chaque parure de viande, qui mitonne jusqu'au cartilage du poulet pour en faire quelque chose d'exquis. J'aime ce peuple, sa réserve débridée, son indiscipline policée, sa gentillesse moqueuse, sa noblesse désinvolte, sa dignité souriante.

Et puis, il y a les femmes... De merveilleuses araignées, et si vous tombez dans leurs pattes, vous n'en sortez pas indemne. Pour moi, les Vietnamiennes représentent l'essence même de la féminité, une alliance de courage et de douceur, avec l'éclat irrésistible de la beauté lorsqu'elle exclut toute vanité.

Il règne en Asie une certaine douceur de vie, douceur qui peut être d'une violence incroyable, mais avec des paravents qui cachent les choses, et cette mentalité du non-dit me convient. J'aime ce qui est caché, la vérité qui est fausse, les mensonges qui sont de politesse. Là-bas, il n'y a pas d'angles droits à l'occidentale, tous les angles sont arrondis. Je suis fasciné par le Vietnam, sa joie de vivre et son énergie, son mouvement perpétuel d'efficacité et de pragmatisme.

En fin d'après-midi, je retrouve Éric dans le hall de l'hôtel où nous nous installons dans des vestiges de fauteuils pour attendre le Pr Trung. Il arrive à 18 h 30 très précises, avec une rigoureuse ponctualité. Le dîner est à 19 heures et, après avoir vérifié que nul ne pouvait nous entendre, Trung met à profit les dix-sept minutes dont nous disposons avant de sortir pour détailler le programme de notre séjour et nous donner des indications très fines sur la manière de faire avancer notre coopération sans froisser les autorités vietnamiennes. À 18 h 47, nous montons dans les taxis qui nous emportent dans un restaurant du deuxième district.

Sous un tamarinier, une grande table est dressée, une quinzaine de personnes nous attendent, en tenue de gala. Ce sont les médecins « qui comptent », selon les dires de Trung. Éric et moi les saluons un à un. Il y a deux femmes : une pédiatre assez âgée et une cardiologue nettement plus jeune. Les autres sont, en quelque sorte, les patrons de médecine, les mandarins, le terme est approprié. Une fois que nous sommes assis, un silence convenu règne jusqu'à l'arrivée très théâtrale de Jean-Claude, le journaliste. Bousculant la réserve protocolaire diplomatique, il impose un style exubérant, mélangeant dans son allocution le vietnamien et le français :

– Vous voyez, Éric et Alain, ce soir c'est très vietnamien. Indispensable, le dîner de bienvenue ! C'est une tradition. Il faut vous ancrer dans le pays...

Trung se lève et nous fait un petit discours dans un français proche de la perfection :

– Pour nous, médecins du Vietnam, la médecine française reste notre mère nourricière. Malgré tous les aléas de l'Histoire, nos racines sont communes...

Il est interrompu par une certaine agitation. Je me retourne et découvre, émergeant d'un panier, un cobra royal... Le majestueux serpent se dresse doucement, entre deux serveurs assis sur leurs talons, et commence à déployer son capuchon qui, selon la tradition locale, porte sur le dos le mystérieux signe du destin.

– C'est un mets de luxe, rarissime, un grand honneur, me susurre Jean-Claude à l'oreille.

Un serveur, main gantée, saisit le reptile sous la tête tandis qu'un autre lui attrape la queue. Ils posent le serpent sur un plateau en bois et l'un des deux serveurs tranche d'un coup de machette la tête de l'animal. Puis, avec des gestes précis, il place le serpent à la verticale au-dessus d'un petit carafon. L'animal se vide de son sang. Le récipient est à moitié plein et le serveur le complète avec de l'alcool de riz.

Tous les convives se retrouvent avec un petit verre rempli de cette mixture. Trung invite chacun à se lever :

– Le sang de cobra est excellent pour la santé. Les Chinois lui attribuent de nombreux pouvoirs, et non des moindres.

Éric, déjà gavé de formalisme cryptocommuniste, révolté par les images des *boat people* qui lui reviennent en mémoire, me chuchote :

– Je ne bois pas cela, c'est une horreur, je vais vomir...

Je lui rétorque que l'on est obligés. Et hop, cul sec !

Un serveur dépose devant moi un autre verre... Au fond, j'aperçois le cœur du reptile encore faiblement battant... C'est un peu trop pour moi. Trung me glisse :

– C'est comme les truffes chez vous. Rare et cher.

Jean-Claude me sauve en prenant le cœur et en l'ingurgitant bruyamment, indiquant, dans un bruit sonore de succion, la satisfaction admirative que nous ressentons tous face à un accueil aussi grandiose. Tout le monde applaudit, la glace est rompue ! Nous sommes bien en Asie, plongés dans une ambiance douce, un peu agressive, raffinée comme un supplice cruel. Durant tout le dîner, nous allons manger du cobra sous toutes ses variantes, le cobra en sept modes...

Visiblement nos interlocuteurs sont très émus de nous voir à leur table. Il y a quelques mois encore, ils ne pouvaient pas s'adresser à un étranger. Des années d'isolement semblent enjambées en quelques instants... Ma voisine me parle de son père, qui avait comme référence Voltaire et le philosophe Alain. Je pourrais me croire à Paris, dans le XIIIe arrondissement bien sûr.

À l'asiatique, Trung se lève brutalement à la fin du dîner et lance :

– Demain sera une dure journée, nous allons raccompagner nos hôtes.

Tous les convives disparaissent aussitôt. Jean Claude nous ramène. Il est intarissable :

– Mes amis, vous avez fait une prestation remarquable de tact et de pertinence.

– Mais nous n'avons rien dit !

– Justement, au Vietnam l'important n'est pas dit. Tiens, regardez ces nanas, c'est quelque chose. Vous savez, il y a plus de putes maintenant que sous les Américains ! C'est sept dollars la passe...

Le lendemain, je donne une conférence à la Faculté de médecine. Beaucoup de drapeaux rouges. Près de cinq cents personnes sont regroupées. À cause des membres du Parti présents, Trung n'utilise pas le français. Il parle vietnamien et laisse le soin à un interprète, étanche à toute forme d'influence occidentale et de dégénérescence capitaliste, de nous traduire son discours d'accueil.

Je me lance ensuite dans un exposé complet sur l'état de la cardiologie. Pendant près de trente minutes, j'énonce tous les progrès faits en moins de vingt ans et je termine sur le cœur artificiel et ses espoirs. Je leur parle aussi de Médecins du Monde, mais visiblement, c'est trop. Le silence devient pesant, un épais bloc de chaleur moite. Je sens que ma conférence est presque lunaire. À l'occidentale, je demande s'il y a des questions. Silence encore plus pesant. Une catalepsie caniculaire. Personne n'ose s'exprimer, chacun met en balance d'un côté ses curiosités et de l'autre sa carrière, les études des enfants, l'avenir de sa famille, l'agrément d'un séjour forcé dans les rizières du Nord. Et puis se lève un homme assez âgé, les cheveux blancs, très digne :

– Monsieur le professeur, je n'ai pas de question. J'ai été doyen de la Faculté de pharmacie. Je dirai qu'en vous écoutant, nous réalisons ce que représentent vingt ans de progrès en médecine... Merci pour votre exposé et pour votre présence.

Éric fait ensuite une brillante conférence sur la chirurgie des vaisseaux. À la fin de son discours, peut-être à un signal, tout le monde se lève et applaudit de façon saccadée.

Je ressens en moi une émotion assez forte, rarement éprouvée. Je comprends peu à peu que nous devenons les ambassadeurs de la médecine française. Notre démarche n'est plus humanitaire, elle dépasse cette notion, ou plus exactement – mais je ne le saurai que plus tard – elle anticipe sur l'humanitaire à venir, qui doit revêtir la forme d'une connaissance mise à la disposition de tous les peuples, quel que soit leur régime politique.

Durant le reste de la matinée, nous visitons les grands hôpitaux. L'hôpital Binh Don, l'hôpital Nhidong 1, l'hôpital Nhidong 2, l'hôpital Tu Du... À chaque visite, un comité d'accueil est présent. Nous sommes assommés, « rééduqués » peut-être, avec d'interminables discours sur les prestations de chaque hôpital. Des exposés très officiels décrivent précisément la réalité... telle qu'elle devrait être. En attendant la réalisation, incessamment imminente, des dispositions du plan, la vérité apparaît sous la forme d'une incroyable pénurie d'équipements et de médicaments. L'ensemble semble figé à 1975, date du départ des Américains. Beaucoup d'appareils sont rafistolés ou carrément en panne, faute de pièces de rechange, les gants portent des rustines, les salles d'opération se visitent comme une rétrospective des années soixante. Par exemple, l'anesthésie dominante se fait encore à l'éther, technique abandonnée en Occident depuis des lustres. Et puis, partout, un monde fou, plusieurs malades en quinconce dans chaque lit, du vomi par terre... C'est visiblement l'accès gratuit aux non-soins ! Sinon, pour être opéré ou traité, le patient doit acheter lui-même au marché les médicaments, les compresses et les champs.

À l'hôpital Nhidong 2, ancien hôpital Graal, nous prenons le temps de visiter un moment d'Histoire. Le bâtiment a été construit par Gustave Eiffel. Cet assemblage savant de poutres et de pièces métalliques reste magnifique, insolent comme une pièce à conviction dans un procès jugé d'avance. Nous faisons une longue visite en nous concentrant sur les enfants cardiaques. Nous arrivons dans une immense chambre commune, un petit attroupement attire notre attention. Nous nous approchons et j'aperçois un enfant...

– Cette petite fille vient de mourir, me dit le médecin.

Toute pâle dans son pyjama rose, l'ange a de longs cheveux noirs étalés en auréole sur les draps blancs du lit. Je demande le diagnostic à mon interlocuteur. Il me répond :

– Canal artériel.

Deux mots terribles, car cette maladie de naissance est facile à guérir. Un geste simple et peu coûteux. Je lance à mon compère Éric :

– Il faut agir... Ici.

– C'est certain, me répond-il. Mais il y a du boulot, il faut voir d'où nous partons.

Éric ne dit pas non ! Serait-ce déjà un effet de l'envoûtant Vietnam ? En tout cas, ses préventions semblent s'estomper.

Nous finissons notre visite, qui rallonge la liste des besoins immenses de ce pays dans tous les domaines de la chirurgie de l'enfant. À l'évidence, même si la peste, la rage et le choléra sévissent, dominent les enfants atteints de graves maladies de cœur.

L'après-midi nous sommes reçus à l'hôtel de ville, construit par les Français il y a presque un siècle. On se croirait à Nice. Les Français ont bâti pour durer, prouver et séduire. Rien à voir avec le sordide béton américain. Nous allons être reçus par le président du Comité populaire, le maire en somme. Une réception glaciale, à la chinoise. Aucune convivialité possible : les distances qui nous séparent sont trop grandes. Le discours du président évoque la « libération » de Saigon... Nous buvons un jus d'orange et nous avalons deux petites bananes. Je sens le Pr Trung très tendu. Heureusement, Jean-Claude Labbé, une fois encore, va jouer les diplomates. Il parvient même à faire éclater de rire toute l'assemblée côté vietnamien. Il me traduira plus tard la teneur de son intervention : « Ce qui va inciter les éminents professeurs à vous aider à reconstruire la médecine ici, c'est que personne ne peut contester la beauté unique des femmes vietnamiennes. » Il ne croyait pas si bien dire. Par la fraîcheur de leurs sourires, par leur spontanéité calculée, elles redonneront au vénérable pommier en fleur à la blanche frondaison l'enjouement d'un printemps retrouvé et toujours renouvelé.

Promus ambassadeurs, lancés dans la diplomatie, nous rendons une brève visite au consul de France. L'homme est fin, presque raffiné. On m'avait dit que ces postes étaient une sinécure pour les hommes sans femmes... Peut-être. Mais nous ne parlons que chirurgie et dispensaires. Visiblement, M. le consul nous prend pour des médecins membres du parti communiste. Éric essaie d'expliquer la portée de notre voyage, mais n'arrive guère à convaincre notre interlocuteur... Nous mesurons toute la portée des mots « non gouvernementale » dans le sigle ONG qui désigne Médecins du Monde.

Le soir, nous participons à une réunion moins formelle dans le bureau de Trung. Autour d'une vaste table, Éric et moi retrouvons les personnes avec qui nous avons dîné la veille. Toutes et tous attendent nos conclusions. Trung m'invite à parler franchement et je tente de le faire.

– Chers amis, nous sommes émus d'être là parmi vous. Nous savons que la France est dans votre cœur. Monsieur Labbé m'a dit que le « lion Peugeot » s'achète sur le marché pour être placé sur des vélos fabriqués en Chine. Si vous me permettez une image, vous êtes au niveau de la 203 ou de la 403. Les médecins vietnamiens doivent changer de voiture. Nous pouvons vous apporter la 404 ou même la 504. Mais nous allons faire tout cela avec vous.

Trung me demande de me montrer plus précis et insiste de nouveau sur la nécessité de mettre en place une chirurgie cardiaque. Je lui réponds :

– Le professeur Carpentier va venir ici dans quelques jours, et c'est lui qui va décider. Je connais sa position de principe. Pas de bricolage, pas de petite rénovation. Il faut pour vous un grand centre tout neuf ! Nous devons nous projeter dans le futur en tenant compte du présent. Tout est à faire, mais profitons d'un certain retard pour importer ici une technologie déjà rodée ailleurs.

Je poursuis mon discours qui mêle émotion, technologie et engagement.

Nous apprenons un nouveau métier. Nous devenons des bâtisseurs. Qu'est-ce qui nous anime ? Au nom de quoi agissons-nous ? Au nom de la médecine, au nom d'une certaine fraternité. Au nom, aussi, d'un constat insupportable. Et puis, surtout, l'« utopie réaliste » l'emporte car, ici, avec peu on parvient à faire beaucoup.

En rentrant à l'hôtel, nous trouvons un petit bonhomme au teint très foncé, le visage marqué par les séquelles de la variole, qui nous attend. Il a cet air chafouin de ceux qui ont trop souffert.

– Je suis le consul du Cambodge. J'ai le grand honneur de vous confirmer que vous êtes attendus demain à Phnom Penh. Voici vos laissez-passer et vos billets. Le professeur My Samdi vous attendra.

Effectivement, le Pr My Samdi, doyen de la Faculté, m'a invité au Cambodge lors d'un récent séjour à Paris. Le consul s'incline en faisant, mains jointes, le salut khmer. Éric toujours anxieux lui demande, comme s'il s'adressait à une agence de voyages :

– Mais, votre avion... il est sûr, au moins ?

L'homme s'incline encore et répond :

– Docteur, ce sera un Antonov 24 de la compagnie Air Kampuchéa piloté par nos amis soviétiques.

Les Vietnamiens viennent de quitter le Cambodge, mais ils en conservent le contrôle politique et nous envoient à présent poursuivre notre mission à Phnom Penh.

*
* *

Le lendemain, le fameux Antonov à hélices de la compagnie Air Kampuchéa « piloté par nos amis soviétiques » atterrit sans encombre à Phnom Penh. Voilà dix ans que j'attends cet instant, depuis le jour où je me suis promis, dans les camps de réfugiés cambodgiens, de ne jamais abandonner ce peuple. Je vais découvrir enfin ce pays que j'aime déjà et que j'ai l'impression de connaître depuis si longtemps.

Le hall d'arrivée de l'aéroport de Pochentong est complètement délabré. Pas d'électricité. Assis derrière de vieilles tables en bois, des douaniers discutent entre eux. Après avoir rempli en deux exemplaires des formulaires aussi fins que du papier à cigarette, nous pénétrons au Cambodge. Le Pr My Samdi nous accueille, nous montons avec lui dans une vieille Volga noire aux sièges défoncés. Très digne et très poli, My Samdi n'en finit plus de nous remercier d'être là.

Silencieux, presque recueilli, je suis captivé par le spectacle de la rue. La route qui mène au centre ville est bordée de rizières et de petites maisons sur pilotis. Aucune voiture. Quelques motos seulement et une foule de vélos et de cyclo-pousses, qui s'écartent sous les coups de klaxon répétés de notre chauffeur. Les larges avenues sont parfaitement dessinées, la capitale du Cambodge est aérée, ponctuée, elle aussi, de vestiges coloniaux.

La Volga s'arrête devant l'hôtel Sukhalay, sur le boulevard Achar Mean. Ce petit établissement ne paie pas de mine. Pour deux dollars, on peut avoir une chambre au huitième étage, mais l'ascenseur est en panne. De la terrasse du dernier étage, on domine la ville. Au loin, on aperçoit le dôme du marché... Éric interrompt ma rêverie :

– Alain, nous ne sommes pas là pour faire du tourisme, il faut aller à l'hôpital Calmette.

Nous prenons en cyclo-pousse le boulevard Monivong, nous longeons la Faculté de médecine et le vieux bâtiment de l'Institut Pasteur. L'entrée de l'hôpital Calmette, rebaptisé « l'hôpital de la Révolution » par les Vietnamiens, est surmontée d'une grande banderole en khmer. Un gardien abruti de chaleur met plusieurs secondes à lever la barrière. L'hôpital comporte plusieurs bâtiments ocre à l'élégante architecture coloniale française. Dans les années cinquante, cet établissement, tenu par des médecins militaires, était un fleuron de notre science. Symbole ou non d'une certaine domination, il a été saccagé par les Khmers rouges. Lors de la libération du pays, les Vietnamiens ont commencé sa rénovation et l'ont transformé en hôpital du Parti.

Nous gagnons le bâtiment central et pénétrons dans une petite salle de réunion, pièce sombre sommairement meublée de fauteuils en skaï marron et d'une table basse. Au mur, un grand tableau naïf représente une scène de rizière. Il faut tout le snobisme des esthètes branchés parisiens pour trouver le moindre charme à ce genre d'œuvre d'art ! My Samdi fait les présentations : le directeur de l'hôpital, le sous-directeur, surprenant par sa petite taille, et le chirurgien en chef, impressionnant par sa corpulence. Le directeur nous invite à nous asseoir et nous propose une tasse de thé.

– Messieurs, soyez les bienvenus. Nous sommes très honorés de votre présence. Un signe de renaissance pour le Cambodge... Sachez que vous êtes les premiers chirurgiens français à revenir après nos heures dramatiques... Vous êtes ici chez vous.

Je regarde Éric, visiblement aussi ému que moi. Sans le vouloir, nous entrons dans l'histoire de cet hôpital où nos maîtres ont œuvré jadis.

Nous visitons les lieux. Nos pas résonnent dans les longs couloirs poussiéreux et dans les magnifiques galeries. Nous ne sommes pas seuls, un long cortège semble parcourir avec nous cet hôpital vestige, cet hôpital mémoire... Des centaines de milliers de Khmers massacrés nous demandent le pourquoi de l'abandon de la France. Les grands précurseurs, ceux qui portent la gloire de la médecine en ce qu'elle a de plus beau, la générosité, nous suivent en nous montrant le chemin. Je crois voir Alexandre Yersin, qui isola le bacille de la peste et, écœuré par le mépris et l'injustice qui frappaient ces populations, épousa une Annamite pour vivre ses derniers jours dans un village perdu. J'imagine Émile Roux, Albert Calmette et toutes les nobles figures de l'Institut Pasteur, accompagnés de ces vertueux médecins militaires anonymes du Corps de santé colonial. Ces fantômes d'humanité, oubliés en France autant qu'ils sont vénérés en Indochine, pourraient nous demander ce que nous allons faire, ne comprenant sans doute pas que nous hésitions encore, alors qu'ils nous ont ouvert la voie.

– Voici le bloc opératoire, annonce M. Kry, le sous-directeur.

Il est petit avec des yeux lumineux et parle si doucement qu'on le surnomme « Kry et chuchotements ». Avec lui, je pénètre dans une salle d'opération délabrée. La crasse est définitivement incrustée dans les murs et le carrelage. Sur une table bancale, se trouvent des vieux instruments à moitié rouillés. L'éclairage est assuré par une ampoule qui pend au bout d'un fil. La table d'opération, d'origine bulgare, est définitivement bloquée à 30 degrés.

– Et là ?

– Ce sont des rayons de bicyclettes pour le bistouri électrique, me dit le directeur.

Ce bricolage est effectivement fabriqué avec du matériel récupéré sur des vélos. Branché sur le secteur à l'aide d'une pince crocodile, un rayon métallique fait office de bistouri pour cautériser des plaies. Système aussi ingénieux qu'efficace.

– Et pour la stérilisation ? demande Éric.

– Nous avons une marmite... Le stérilisateur, don de la Pologne, n'a jamais fonctionné, nous déclare l'infirmier major.

Bref, tout est en ruine, tout est en panne. Nous visitons l'hôpital dans ses moindres recoins, y compris les armoires électriques et la centrale d'oxygène détruite à la hache par les Khmers rouges. L'ascenseur Roux-Combaluzier, bloqué pour l'éternité, a été converti en débarras, en application d'un principe élémentaire : la fonction crée l'organe.

Ce qui m'étonne le plus, ce sont les inscriptions en français qui restent là, comme des reliques : urgences, règles d'hygiène, consultation ORL... Vieux souvenirs, comme le sont, dans les chambres de malades, les lits rouillés, les sanitaires cassés et les ventilateurs couverts de toiles d'araignées.

Parmi les patients hospitalisés, je note une quantité d'amputations tout à fait prédominante.

– Le Cambodge possède un triste record, le plus grand pourcentage au monde de handicapés par habitants, me confie Kry. Il y a eu plus d'un million de mines enfouies, elles n'épargnent personne, surtout pas les enfants.

En faisant la visite, je m'interroge sur un jeune homme d'une vingtaine d'années, assis et courbé en arrière, tous ses muscles contractés. Deux femmes le retiennent pour qu'il ne tombe pas à la renverse.

– Un tétanos ultime, commente Kry. Rien à faire.

Nous sommes sous le choc de ce monde en déliquescence. En marchant, Éric me dit :

– Il faut soutenir l'hôpital Calmette. Pari fou, mais pari jouable.

Je lui rétorque :

– Tu as les fonds nécessaires ?

En rigolant, à la limite du fou rire, il me répond :

– Tu agis comme si tu les avais... Ça, tu sais faire...

Au cours de la courte réunion de synthèse, nous sentons qu'il faut réagir vite et je prends la parole.

– Cet hôpital nous émeut. À l'évidence, nous allons vous aider à le rénover, à lui donner une nouvelle vie.

Quand ? Comment ? Avec qui et avec quoi ? Nous allons voir. Mais retenez que nous nous engageons.

Le directeur m'offre un petit éléphant ciselé en argent en me déclarant à brûle-pourpoint, de façon touchante :

– Je rends à César ce qui est à César.

C'est comme si la France retrouvait sa place dans cette partie du monde. Je regarde Éric, lui aussi a les yeux embués. Nous nous trouvons bel et bien au chevet de l'Indochine.

Finalement, grâce à Médecins du Monde et à l'opiniâtreté bientôt légendaire de Kry, notre engagement a été tenu. L'hôpital Calmette, symbole de la médecine française en Asie, a été remis en marche et a pu, dès 1990, accueillir de nouvelles générations de patients.

– XIX –

LES MAILLONS DE LA CHAÎNE

Je remontais du staff. En cette fin de matinée de novembre 1988, nous avions, comme tous les vendredis à l'hôpital Broussais, mis en place le programme opératoire de la semaine à venir. Quelques dossiers délicats me préoccupaient, mais ma secrétaire me sortit brusquement de mes pensées pour me rappeler à la réalité du moment :

– Votre rendez-vous est arrivé depuis trois quarts d'heure.

Ma visiteuse avait insisté pour rencontrer un responsable de Médecins du Monde. En tant que président d'honneur, il me fallait accepter la corvée. Je m'attendais à voir entrer dans mon bureau l'une de ces femmes distinguées qui, entre un bridge et un dîner mondain, focalisent leur angoisse sur un drame humanitaire, choisi au hasard d'une conversation ou d'un article de presse.

En fait, Jacqueline Rougé, la quarantaine élégante, me fut d'emblée sympathique, sa sincérité m'a touché. Elle venait me voir en désespoir de cause avec deux problèmes : dans sa main droite, elle tenait le dossier d'un petit Malien cardiaque ; dans la gauche, elle serrait une facture de l'hôpital Foch... Une note au montant faramineux pour un enfant venu du Sénégal hospitalisé et opéré en France.

Jacqueline aurait pu me soumettre seulement la facture, son souci le plus urgent. Mais non, dans sa logique de cœur, elle voulait poursuivre une action qui semblait pourtant impossible... Elle était dans les ennuis, et elle s'y remettait ! Jacqueline me posait d'un seul coup les questions fondamentales : Comment faire venir en France des enfants malades ? Comment payer les soins ?

Elle se montrait déterminée et décidée sans être ni arrogante, ni insistante, ni obsessionnelle. Les choses étaient simples pour elle : des enfants mouraient parce qu'ils n'avaient pas eu la chance de naître dans un pays riche, elle combattrait cette injustice calmement, fermement, patiemment.

J'ai vite compris que nous partagions, elle et moi, les mêmes convictions.

Le destin m'appelait, j'étais prêt à y répondre. Je me trouvais face à une révélation, une évidence. Les enfants évoqués par Jacqueline, je les avais déjà rencontrés dans le monde entier. Pourquoi n'avais-je pas songé à agir méthodiquement pour eux ? Pourquoi n'avais-je pas ressenti le besoin de créer une structure pour soulager les souffrances ? Les paroles de mon interlocutrice trouvaient un écho en moi, elles constituaient l'étincelle capable de mettre le feu aux matériaux chimiques progressivement assemblés. Il ne s'agissait pas d'une révélation soudaine, mais d'un lent travail de maturation parvenu à son terme. Plusieurs éléments m'apparaissaient clairement désormais. D'abord, je supportais de plus en plus mal une certaine forme d'humanitarisme mêlé de politique qui agissait de manière ponctuelle et partiale. Ensuite, mon engagement humanitaire était profond, mais je voulais le limiter à ma sphère de compétence, là où je pouvais me révéler utile.

Ce long mûrissement trouvait brusquement avec Jacqueline le catalyseur nécessaire. Les idées diffuses que je portais pouvaient désormais s'organiser en un projet concret et cohérent. Humanitaire... Chirurgie... Enfants... L'action se déclenchait, les choses s'agençaient, la mise en œuvre précédait la justification. J'aime le concret et j'ai tendance à bâtir des systèmes à partir de rien, comme je l'avais fait avec la Mission France. L'éléphant va à son rythme avec méthode.

– Chère madame, ne faisons pas du cas par cas artisanal. Essayons d'envisager une action globale. Pourquoi ne pas créer une sorte de chaîne ? Appelons-la la Chaîne du Cœur ou, mieux, la Chaîne de l'Espoir...

Jacqueline et moi, nous serons longtemps appelés les parents de la Chaîne. Pour se concrétiser, cette idée simple avait sans doute besoin d'une mère et d'un père : Jacqueline, femme d'amour, et moi, homme d'action. Le yin et le yang.

En quittant mon bureau, Jacqueline insista encore :

– Et mon enfant du Mali ?

– Attendez un peu, bâtissons la maison d'abord !

Naïf, je pensais qu'il suffirait de quelques fonds et d'un peu de volonté pour mettre en marche la machine. Mais les choses se présentaient d'une manière nettement plus complexe. Avec opiniâtreté, il fallut assembler un à un les maillons de la Chaîne.

Premier obstacle : mes amis de l'humanitaire. Au sein même de Médecins du Monde, les critiques fusaient. « Ce n'est pas notre rôle... Ce n'est pas dans l'optique... Notre philosophie est de soigner sur place... Pourquoi un enfant alors que des centaines de milliers attendent ? » Beaucoup suggéraient d'en rester à une politique plus classique et de se satisfaire de larges campagnes de vaccinations en Afrique et en Asie. Quatre heures de débats acharnés pour aboutir, comme toujours, à cette conclusion du président Patrick Aeberhardt, mon complice :

– Alain, tu développes, tu fais comme tu veux. Mais pour le budget on verra, c'est une autre histoire !

La première démarche a été de repérer les enfants malades dans leur pays. Un modeste réseau initié par Jacqueline et moi se mit en place. Il fallait ensuite faire établir et payer des passeports au nom de chaque enfant, convaincre les autorités locales afin d'obtenir le visa de sortie du Mali, du Sénégal et d'autres pays.

Mais les grandes difficultés ont surgi en France. D'abord, comment obtenir le visa d'entrée pour nos petits malades ? Nous avons décroché un rendez-vous avec la responsable de la sous-direction des Affaires internationales du ministère de la Santé... Dans son bureau exigu, la sous-directrice émergeait entre deux piles de dossiers. Cette petite dame boulotte me toisa derrière les verres de ses lunettes et se montra d'emblée charmante mais hostile.

– Vous n'y pensez pas ! Ce que vous me demandez est quasi impossible...

Pour chaque cas, m'expliqua-t-elle, l'autorisation du visa ne pouvait être donnée par ses services qu'en accord avec les ministères de l'Intérieur et des Affaires étrangères. Vertigineuse complexité ! En fait, elle défendait quoi, cette dame ? Les ardoises ! Effectivement, de nombreuses factures d'étrangers venus se faire soigner en France restaient impayées, donc à la charge de l'État.

– Et vous, vous allez encore rajouter à cette facture ? s'étranglait-elle. Impensable !

Nous avons discuté, défendu notre position... Elle sembla soudain entrevoir une ouverture :

– Si vous, Chaîne de l'Espoir, vous portiez garant financièrement de toutes les dépenses concernant l'enfant, les choses pourraient changer.

Entre les deux piles de dossiers souffla un petit vent d'espoir.

À la fin de l'entretien, elle nous demanda de lui écrire, de lui faire une note, de la rappeler. Elle allait voir, se renseigner, étudier la proposition... Bref, ça partait plutôt mal.

De toute façon, une question demeurait : comment allait-on couvrir les frais hospitaliers pour un nombre important de malades ? Je rencontrai Alain Cordier, alors directeur des finances de l'Assistance publique-Hôpitaux de Paris, en quelque sorte l'employeur du chirurgien de Broussais que j'étais. Je connaissais le personnage, je n'ignorais pas sa grande élévation spirituelle, sa générosité et son engagement humain. Il avait été proche de moi lors de la Mission France, mais cette fois il soupira :

– C'est compliqué, plus que compliqué, mais nous devons trouver une solution.

Suivit alors une série de réunions où le directeur financier arrivait flanqué de sa petite bande d'énarques. Première conclusion : la gratuité se révélait impossible à long terme. De notre côté, nous ne pouvions pas envisager de payer le tarif plein... Par quel biais juridico-social parviendrait-on à donner une forme humanitaire à cette affaire ? On pensa d'abord établir une sorte de « forfait enfant » fondé sur les dépenses réelles, mais les conseillers administratifs nous rappelèrent aussitôt que le forfait était contraire au Code de la santé, en conséquence interdit par la loi.

Finalement, après deux mois de rencontres et de délibérations, nous sommes parvenus à l'accord le plus simple qui soit : l'enfant serait admis à l'hôpital, et une convention permettrait de diviser le prix légal de journée en deux parts égales, l'une à la charge de la Chaîne de l'Espoir, l'autre à celle de l'Assistance publique. L'administration accomplissait ainsi un geste élégant et un effort considérable. Mais les responsables financiers s'alarmèrent aussitôt : si nous amenions mille enfants par an, l'Assistance publique ne pourrait pas suivre, pécuniairement parlant. Le système fut donc limité à une somme plafond, correspondant grosso modo à un maximum de quatre-vingts enfants par année. Cet accord historique, signé entre un monstre administratif et notre groupuscule encore insignifiant, nous faisait exister. La Chaîne de l'Espoir était désormais officiellement reconnue.

La question du transport des enfants nous entraîna dans les arcanes d'une autre administration, celle des compagnies aériennes. Nous pensions venir discuter du prix du billet, pas du tout ! Air France nous engagea dans un débat où la sécurité, les assurances et les expertises médicales constituaient l'essentiel. Il fallait non seulement prévoir un accompagnant, mais aussi offrir une garantie médicale dans le but de prévenir la compagnie contre un éventuel malaise du petit passager durant le vol... Car en cas de problème, les conventions de l'aviation civile obligeaient l'appareil à se poser en urgence, entraînant des frais importants. Un médecin assermenté en France devait donc attester que l'état de santé de l'enfant lui permettait de supporter le voyage. Quant au prix du transfert, la compagnie nationale nous a offert un quota restreint de billets pour les gosses et a appliqué le tarif préférentiel réservé aux ONG pour les accompagnants. Air France craignait qu'en allant plus loin, elle ne fût submergée de demandes. Par la suite, la compagnie a quelque peu modifié sa position pour devenir un partenaire étroit de notre action.

Nous nous sommes tournés aussi vers UTA, compagnie privée qui reliait la France à l'Afrique. René Lapautre, le président-directeur général, nous déclara sans discussion :

– Gratuité pour tous les enfants, on ne va pas en discuter plus longtemps, sinon votre demande pourrait être dégradante, pour vous comme pour nous.

Même réponse positive et généreuse de Jacques Maillot, P-DG de Nouvelles Frontières.

Enfin, le problème essentiel des familles d'accueil a été mis sur la table. Un vrai débat de fond s'est ouvert. Certains jugeaient que l'on ne pouvait pas faire supporter à une famille l'angoisse et la responsabilité d'un enfant malade. Ils estimaient même que cette manière de procéder pouvait se révéler dangereuse : en cas d'incident, qui était responsable ? Pourquoi ne pas créer une Maison des enfants, comme cela se pratiquait (et se pratique encore) dans certains pays, en Suisse notamment ? Personnellement, je penchais pour cette solution, je n'imaginais pas que nous parviendrions à mobiliser des familles. Je n'y croyais pas. J'avais tort. Nous en avons trouvé, grâce encore à l'énergie de Jacqueline ! Par le bouche à oreille, elle a su en réunir autour d'elle une vingtaine, toutes prêtes à recevoir un enfant malade, à supporter la charge émotionnelle et la responsabilité que supposait cet accueil. Une tâche difficile, qui ne pouvait s'accomplir que dans un geste de pure générosité.

Après six mois de tractations tous azimuts, bénéficiant du dévouement de Chantal Allermoz, jusque-là secrétaire à Médecins du Monde, de Catherine Petermann, hôtesse de l'air à UTA, de Danièle Kimon et de Michèle Delarrat, toutes deux anesthésistes, les difficultés s'aplanirent. Curieusement, la Chaîne de l'Espoir se révélait être une affaire de femmes. Phénomène rare dans l'humanitaire d'alors.

*
* *

Bientôt, les premiers petits malades purent être accueillis. Parmi eux se trouvait, évidemment, le jeune protégé malien de Jacqueline, et d'autres gosses venus du Vietnam, du Cambodge, d'Ukraine, de Roumanie.

La Chaîne de l'Espoir était encore en rodage, nous étions sans cesse sur les dents, perpétuellement inquiets, constamment soucieux : rien de devait être laissé au hasard et il nous fallait tout inventer. J'allais à Roissy chercher les enfants, je tentais de définir les tâches avec les familles d'accueil, j'organisais les hospitalisations, je prévoyais les interventions...

Les cas qui nous sont arrivés m'ont stupéfié. Il y avait évidemment des petits cardiaques, mais bien d'autres pathologies, qui nécessitaient de faire appel à différents spécialistes. Seuls des professionnels de haut niveau pouvaient répondre à l'espoir que nous avions fait naître à l'autre bout du monde.

Je me souviens du tout premier enfant bénéficiaire de notre structure à peine ébauchée. Il s'agissait d'une fillette cambodgienne de quatre ans qui avait avalé de la soude caustique, produit ménager conservé chez elle dans une canette de Coke... L'œsophage brûlé, la petite ne pouvait être nourrie que par un tube dans l'estomac. Sans l'intervention qui lui a permis de retrouver une vie normale, elle aurait dû s'alimenter à l'aide d'une sonde durant toute son existence. Son grand bonheur a été le moment où elle a pu manger une glace pour la première fois de sa vie ! Instant merveilleux.

Mamadou le Sénégalais, lui, était tombé dans un feu. Grièvement brûlé, il s'était placé en position antalgique et avait cicatrisé les cuisses collées au thorax. Il ne pouvait ni se lever ni bouger, fixé à jamais en posture grabataire. Une horreur ! Un coup de bistouri et une greffe de peau l'ont remis debout.

Leïla, elle, avait été défigurée à Beyrouth par une grenade ; un chirurgien plastique a pu lui rendre visage humain.

Des cas semblables, je les connaissais par la littérature médicale, mais j'étais désormais confronté en direct à une dramatique réalité. La souffrance du monde entrait dans ma salle d'attente.

*
* *

« Dieu est dans les détails », dit-on. Je me suis aperçu que la Chaîne de l'Espoir était faite d'une accumulation de détails ciselés, travaillés, qui formaient un tout.

Nous avons compris qu'il nous était impossible de prendre en charge toutes les souffrances. Les critères médicaux devaient se resserrer, s'affiner. Très rapidement, un comité médical multi-spécialités se mit en place pour éviter les cas malheureusement trop tardifs, les atteintes considérées comme légères ou encore les situations complexes ou coûteuses nécessitant des transplantations.

À peine née, Aviation sans Frontières – le personnel navigant groupé en association humanitaire – nous permit de mobiliser des bonnes volontés. Des hôtesses de l'air et d'autres salariés bénéficiant de la gratuité des transports allèrent chercher les enfants, prenant sur leur temps de congés. Je me souviens d'un pompier de Roissy parti à Peshawar, pendant ses jours de vacances, pour ramener un petit Afghan.

À la suite de nos premières expériences, nous avons compris le don admirable de la famille d'accueil. La misère pénètre dans le salon, avec des décalages culturels parfois cocasses. Le lit ! Quelle découverte pour nos petits malades ! Venus d'Afrique ou d'Asie, ils ont l'habitude de dormir sur du dur, le matelas constitue pour eux une invention à la fois déconcertante et angoissante... Les parents d'accueil retrouvent bien souvent au matin leur petit protégé allongé par terre. La baignoire représente un autre élément traumatisant... Le lit et la baignoire restent les progrès les moins partagés au monde !

Une petite Afghane appuyait sans discontinuer sur le bouton actionnant la chasse des W-C. Quand on lui a demandé les raisons de ce geste, elle a encore une fois regardé l'eau couler et a répondu :

– Habituellement, cette eau, je la porte moi-même du puits à la maison...

Le sommet de la panique pour ces enfants se manifeste généralement devant l'ascenseur... La porte qui se referme les emplit de frayeur et provoque des hurlements terrorisés. Les familles d'accueil nous ont appris à entamer un processus progressif d'initiation à notre civilisation.

Quant à la nourriture, elle illustre parfaitement le choc culturel. Nos sauces bien françaises, notre riz aux grains qui ne collent jamais représentent des incongruités gastronomiques pour une grande partie de la planète. En revanche, tout le monde s'entend et se retrouve autour de trois valeurs universelles : le chocolat, le jus d'orange et le Coca-Cola.

À notre grande surprise, les familles d'accueil reçoivent régulièrement des lettres des parents de l'enfant. Ils leur demandent de garder leur petit, pour son bien, pour qu'il puisse connaître une nouvelle vie et une nouvelle chance. Des attentes auxquelles nous ne pouvons pas répondre, évidemment.

Le problème du langage, qui au départ nous paraissait prioritaire, s'est révélé secondaire. Nous prévoyons toujours des interprètes, bien sûr, mais le principal de l'échange se transmet par l'infraverbal et l'adaptation se fait par le jeu.

Plus tragique, nous avons été confrontés à la mort, toujours possible pour des cas aussi graves. Que faire du corps ? Comment répondre au choc ressenti par la famille d'accueil ? Une petite Vietnamienne avait été opérée à Paris, mais il était déjà trop tard, son cœur épuisé avait atteint sa limite. L'opération, même si elle a été techniquement réussie, n'a pas pu changer le cours d'un destin déjà presque accompli. Avec les parents d'accueil, tous écrasés de tristesse, boursouflés de chagrin et de remords, nous avons assisté à la crémation, respectant le rite bouddhiste à des milliers de kilomètres de son pays, de sa maison, de sa famille. Et j'ai, moi-même, dû affronter l'horrible voyage de retour avec la petite urne de cendres...

Il m'est arrivé, instant terrible, d'enterrer une fillette orpheline de Djibouti au carré musulman du cimetière de Bobigny. Il est rare que le chirurgien assiste à l'enterrement de son patient, mais pour cette enfant je me devais d'être présent. Devant la fosse minuscule, j'ai ressenti tout le désespoir du monde. Au moment où le cercueil est descendu dans les profondeurs de la terre, j'ai compris que la Chaîne de l'Espoir tissait un lien très particulier avec la misère, la souffrance, l'enfance. Il ne s'agissait pas de statistiques anonymes dans lesquelles se dissout la plus cruelle réalité. Anéanti et bouleversé, je me trouvais devant la tombe d'une petite fille dont je connaissais le visage et le nom, une petite fille que j'avais vainement tenté de sauver.

*
* *

Pour poursuivre notre action, nous étions entièrement dépendants de la générosité publique. En moyenne, les soins d'un enfant pris en charge par la Chaîne coûtent deux mille euros tout compris, dix fois moins que le prix normal. En jonglant avec les journées d'hospitalisation et grâce aux accords avec l'Assistance publique, on arrivait à réduire considérablement la somme, certes, mais il fallait tout de même la trouver. Nous avons d'abord essayé d'obtenir des subventions d'organismes gouvernementaux et d'instances européennes. Les réponses se ressemblaient désespérément : « Votre projet n'entre pas dans nos critères d'aide. »

Une fois encore, Antoine Vaccaro, le prince du marketing direct, se mit à l'œuvre. Des tests tentés auprès de donateurs potentiels, expliquant le cas d'un enfant en particulier, remportèrent plus de succès et démontrèrent que la Chaîne de l'Espoir pouvait devenir une chaîne de solidarité. Notre but, à la fois clair et défini, touchait l'âme et le cœur : sauver la vie d'un enfant curable par un geste chirurgical simple. Et nous pouvions présenter des histoires vraies, celle de Leïla ou celle de Mamadou. On m'a durement reproché cette manière de faire – on me la reproche encore –, on m'accuse de trahir le secret médical. C'est vrai, nous exposons dans nos courriers des cas authentiques, avec parfois une photo de l'enfant en question, mais les identités complètes ne sont jamais divulguées. J'ai pourtant dû aller m'expliquer devant le Conseil de l'Ordre des médecins et mes contempteurs ont dû finalement admettre que leurs arguments juridiques n'étaient pas d'un grand poids face à la vie d'un enfant.

En dépit des esprits chagrins, les réponses à nos mailings nous ont permis de développer notre action. Si nos donateurs savaient comme je me sens proche d'eux ! Je suis parfois presque gêné de les solliciter, de les solliciter encore, toujours les mêmes, les généreux. En même temps, je sais qu'une sorte de contrat moral nous lie, eux et nous. Ils m'en voudraient de ne pas leur permettre de donner libre cours à leurs élans de générosité. Ne pas faire appel à ces gens merveilleux, ces Français riches ou moins riches, ce serait presque insulter leur sentiment profond de fraternité et de justice. Seuls les égoïstes imaginent que nous exagérons en décrivant les misères : les gens qui ont du cœur ressentent instinctivement la souffrance des autres. À nous de ne pas abuser de leur grandeur d'âme, même s'il faut atténuer dans nos courriers l'ampleur des drames dont nous sommes les témoins.

Ils savent bien, nos donateurs, que le vrai bonheur se trouve dans le partage. La joie des enfants guéris, je sais qu'ils la ressentent. Ils ont pris part à la souffrance de la petite Leïla, ils ont éprouvé son malheur, et ils partagent son bonheur. Tous ceux qui aident et soutiennent la Chaîne de l'Espoir ont fait, par leur engagement, le plus beau don qui soit : le don de la vie.

Pour sensibiliser de nouveaux donateurs, il fallait faire parler de la Chaîne, populariser notre engagement. J'entrais dans une machine infernale : les dons n'arrivaient que si l'on médiatisait la Chaîne et je devais accepter de me médiatiser moi-même. Le producteur Jean-Luc Azoulay m'avait aimablement prévenu :

– Non seulement tu dois passer dans les médias, mais si tu ne le fais pas, ça ne marchera pas ! Nous vivons dans une civilisation de la communication et tout est bon pour une cause de ce type.

Notre plan médiatique, encore balbutiant, me poussait donc à faire des apparitions répétées sur le petit écran. Dorothée m'accueillit dans son émission hebdomadaire « Des millions de copains ». Durant plusieurs mois, tous les dimanches en fin d'après-midi, je présentais le cas d'un petit malade venu en France trouver la guérison.

Hélas, face à la caméra, je me montrais timide, hésitant, mal à l'aise. Mauvais, en un mot. Je n'avais pas l'habitude de l'œil glacé de l'objectif et, au fond de moi, je craignais les attaques du milieu médical. J'entendais déjà certains asséner leurs critiques acerbes : il cherche à se faire de la pub... il a la grosse tête... mais pour qui se prend-il ? Des envieux me gratifiaient d'un sobriquet : « Le Dr Téloche... »

Parallèlement, j'allais dans les écoles parler de la situation du monde et de l'action de la Chaîne de l'Espoir. Un élève, à qui la maîtresse demandait ce qu'il ferait face au cas d'un enfant malade à l'autre bout de la planète, fit cette réponse bouleversante pour moi :

– Je téléphonerais à Dorothée qui préviendrait le docteur Deloche...

Après deux ans d'un réel apprentissage sur tous les plans, la Chaîne de l'Espoir a trouvé ses marques et je pensais, pour ma part, avoir un peu apprivoisé la caméra. Je suis donc allé trouver les responsables de l'émission de France 2, « Envoyé spécial ». Un voyage au Vietnam pour la Chaîne de l'Espoir se préparait et j'estimais qu'un reportage télévisuel pourrait aider et soutenir notre action

Au siège de France 2, dans un étroit bureau, j'ai évoqué, un peu illuminé, mon nouvel engagement devant Paul Nahon et Bernard Benyamin. Paul m'a écouté, puis m'a regardé avec ses yeux malicieux et m'a lancé :

– Le message est fort, le sujet nous intéresse. Nous devrons te suivre, et surtout suivre un enfant de A à Z.

L'équipe s'est donc laissé convaincre d'entreprendre le périple avec nous. C'est ainsi que je suis parti pour le Vietnam accompagné de l'équipe d'« Envoyé spécial ». Ce voyage prit les dimensions d'une fable, le reportage qui fut diffusé sur France 2 à notre retour sensibilisa des millions de téléspectateurs et constitua la véritable naissance médiatique de la Chaîne de l'Espoir...

– XX –

SAUVER UN ENFANT,
C'EST SAUVER LE MONDE

L'hôpital Tu Du de Ho Chi Minh-Ville est situé dans un quartier populaire, si ce terme a un sens dans cette cité champignon. C'est en tout cas un quartier populeux, un vrai quartier d'Asie, qui vit, qui bouge, à pied, à vélo, à moto, en pousse-pousse, en voiture, un quartier qui achète, qui vend, qui marchande, un quartier qui prie, où l'on naît, où l'on meurt, où tout se côtoie, les racines médicamenteuses, la poudre de rhinocéros, la douceur du bouddhisme, le matérialisme d'un capitalisme échevelé, les convenances d'un pays communiste, les arrangements de la tradition commerciale de l'Asie, les fausses blondes et les vraies beautés.

Tu Du est considéré comme la plus grande maternité du Vietnam avec près de quarante mille accouchements par an. Nous nous trouvons dans l'amphithéâtre de cet hôpital, qui a des allures d'opéra à l'italienne, avec du monde partout, y compris aux fenêtres. Pour l'occasion, les lieux ont été transformés en une vaste salle de consultation pour enfants cardiaques.

Nous voici installés sur une estrade, sous le buste de Ho Chi Minh, l'immortel héros du Vietnam communiste. Devant nous, une grande table sur laquelle s'entassent les cadeaux offerts par les consultants, bouquets de fleurs, fruits, petites statuettes, éléphants de porcelaine... Aux bâtonnets d'encens près, nous pourrions nous prendre pour des bouddhas comblés par la ferveur populaire. Dans un bruit de vieilles poulies, deux ventilateurs cacochymes s'efforcent de brasser un air confiné, humide et chaud. Sous la touffeur, face à nous, tragiquement sages, une centaine d'enfants nous sourient faiblement. Beaucoup ont les lèvres sombres bordées d'un liseré bleu... cet étrange maquillage de la maladie cardiaque fatale.

Nous sommes arrivés la veille, et ressentons maintenant le décalage horaire. Pour nous, il est 4 heures du matin. Le stress, la chaleur, le brouhaha amplifient ma fatigue, me plongeant dans un état second teinté d'euphorie.

L'équipe de France 2 se trouve au loin, dans la foule des consultants. Anne Gintzburger, la journaliste, Philippe, le cameraman, et Patrick, le preneur de son, se voient d'emblée plongés dans l'ambiance. Sans le vouloir, sans le savoir, par leur seule présence, ils exercent sur moi une lourde pression. En incitant les journalistes à m'accompagner au Vietnam, j'ai engagé l'image de la Chaîne de l'Espoir. Si les choses s'enclenchaient mal, si les événements ne se déroulaient pas comme je le souhaitais, ma tentative de tapage médiatique tournerait court et finirait dans le fiasco...

Je poursuis ma consultation avec le Dr Trong. Ce pédiatre spécialisé en cardiologie, petit et râblé, parle un français parfait, toutefois teinté d'un accent saccadé. Nous sommes comme sur une scène de théâtre avec, face à nous, la masse des spectateurs que sont les petits malades et leurs familles... Nous examinons notre vingt-huitième enfant. Le jeune Dui Vong n'est pas gravement atteint, le cas n'est pas une urgence. Je le dis à Trong, qui traduit cet avis à la famille. Celle-ci ne paraît pas très convaincue, mais le ton ne prête pas à la discussion.

Mme Lam, l'infirmière en chef, assez corpulente et parfaitement maquillée, attrape son mégaphone et appelle d'une voix métallique :

– L'enfant Vo Thi.

Un grand garçon très maigre au regard triste se lève au fond de la salle et avance avec difficulté dans notre direction. Sa marche est arrêtée par des cris qui s'élèvent dans les premiers rangs. Les gens s'agitent tout en appelant à l'aide... Mme Lam se précipite. Elle écarte les familles assez brutalement pour arriver devant un gamin étendu par terre, inanimé, les yeux révulsés.

– Monsieur Deloche, venez vite !

Je m'approche et demande à Mme Lam :

– Il vient pour quoi ?

Elle consulte rapidement son dossier :

– Sténose aortique [1].

1. Il s'agit d'un rétrécissement sur le principal orifice du cœur.

J'ausculte l'enfant. Je constate un rythme lent et des extrasystoles, c'est-à-dire des contractions cardiaques anarchiques. Il faut immédiatement l'emmener en réanimation. Trong soulève le petit corps inanimé et sort de la salle sous les regards effarés des familles. À toute vitesse, il parcourt les galeries extérieures de l'hôpital, Mme Lam ouvre le chemin en faisant dégager le passage à grands cris. Je suis cette étrange procession. Derrière moi, le cameraman éprouve quelques difficultés à filmer cette course folle.

L'ascenseur est en panne et c'est à pied qu'il faut monter au deuxième étage. Nous pénétrons en face du bloc opératoire, dans une salle dite de réveil au carrelage bleu ciel ; l'odeur d'éther me prend à la gorge. Cette odeur, qui jadis baignait nos salles d'opération, est oubliée depuis des lustres en France. L'enfant est déposé sur un grand lit. Phan a neuf ans, il est très maigre et respire difficilement. On colle des électrodes sur sa poitrine pour effectuer un électrocardiogramme. Dès le début de l'enregistrement, je cerne le problème : tachycardie ventriculaire. Il faut un choc électrique. Des ordres sont donnés en vietnamien. Phan a les yeux exorbités, lointains, comme s'il contemplait déjà l'au-delà...

– Masse-le, Trong.

Une infirmière arrive avec un défibrillateur, un vieux modèle soviétique. Je saisis les deux palettes, dont l'une est fixée avec du sparadrap, et les applique sur le thorax...

– Feu !

Tous me regardent interloqués. J'explique :

– Choc, appuyez sur le bouton rouge !

Mme Lam presse nerveusement le bouton. Rien ne se passe. Elle réitère son geste en tapant l'appareil de sa main gauche. L'aiguille reste désespérément collée au zéro.

– Cet appareil n'a pas été révisé, murmure Trong.

Mme Lam suggère d'appeler un électricien. Exaspéré, je lui dis d'appeler en même temps un prêtre. Mais je me ressaisis et cherche une solution dans cette situation bloquée et absurde. Je change d'attitude : ne pas affliger l'équipe... Il faut trouver une porte de sortie pour ne pas leur faire perdre la face :

– Faites une intraveineuse de xylocaïne, dis-je.

La journaliste est bouleversée. Elle s'approche de moi et me demande, tendant son micro :

– Professeur, cela semble grave.

J'hésite à lui dire que ce n'est pas le moment, mais en la regardant dans les yeux, je lui déclare presque brutalement :

– Cet enfant va mourir. Ces gosses ont une sorte de bombe à retardement dans la poitrine. Tout semble bien aller, et brutalement c'est la syncope ou la mort subite. En France, ce gamin aurait été opéré dans sa petite enfance... Ici, c'est autre chose. J'ai décidé – nous avons décidé – de ne pas accepter cette situation et de nous battre pour en sauver le plus grand nombre.

Bouleversée par ce face-à-face avec la mort d'un enfant, Anne interrompt l'enregistrement. Hors micro, je lui explique la situation et lui demande de ne pas trop insister sur les carences locales. À quoi bon culpabiliser les médecins et les infirmiers ? Toutes et tous font ce qu'ils peuvent avec presque rien.

À mon retour dans la salle, les regards se tournent vers moi. Dans les yeux de toutes les familles, je lis l'anxiété, la peur... Le malaise de Phan aurait pu être celui de leur fils ou de leur fille.

Je reprends ma place derrière le bureau. Mme Lam appelle à nouveau le vingt-neuvième enfant. Pas de réponse. La famille prise de panique a dû prendre la fuite. L'infirmière fait venir un autre malade.

Than Thi est une fillette chétive, très pâle, vêtue d'une jupe bleue et d'un chemisier en dentelle. Elle marche à petits pas, soutenue par son père. Sa mère est juste derrière. La gamine s'avance seule vers le bureau. Elle s'arrête pour nous saluer bras croisés, tête inclinée vers le sol. Son visage est couvert de gouttelettes de sueur. Trong pose les questions d'usage à la famille :

– Quel âge ?

– Sept ans.

– Poids ?

– Treize kilos... (À peine celui d'une fillette de cinq ans.)

– Profession des parents ?

– Le père est agriculteur, la mère peint des éléphants blancs, des éléphants sacrés, en porcelaine

Trong examine la fillette. La cage thoracique est asymétrique, anormalement bombée au niveau du cœur. Je l'observe, elle a un visage très régulier et des yeux légèrement tombants, un peu tristes. La gamine est très essoufflée et ne peut quasiment plus marcher.

– C'est une communication interauriculaire avec autre chose, c'est un peu compliqué, diagnostique Trong.

J'ausculte à mon tour la petite patiente et confirme l'avis du pédiatre. Au moment où je regarde la radio, Anne s'approche presque timidement, suivie du cameraman, et me déclare :

– J'aimerais suivre cet enfant... Est-ce que vous pourriez expliquer son cas ?

À ce moment, je ressens un vide en moi. Je suis entouré d'une confiance absolue, personne alentour ne parvient à imaginer les obstacles. En ce qui me concerne, je ne vois que les complications possibles. Je n'ai pas droit à l'erreur, pourtant je ne peux pas vraiment énoncer un diagnostic sûr : je ne possède pas ici les moyens techniques d'investigation. Et si je me trompais ? Si, arrivé à Paris, je découvrais que cette fillette est inopérable ? Une double charge pèse sur moi : celle de l'enfant et celle de la télé. Je me sens seul, terriblement seul. Sur un ton professoral, faussement détaché, je cache mes hésitations et avance une probabilité comme une certitude :

– C'est une grave malformation de naissance. Il y a une communication anormale entre les deux oreillettes. Ensuite, le canal artériel aurait dû se fermer au premier cri, dès la naissance, ce qui n'est pas le cas. Enfin, il existe sans doute une troisième lésion, conséquence d'une probable infection. Le tout est sévère.

Mon ton théâtral me surprend. En fait, je regarde avec angoisse l'électrocardiogramme et je ne trouve pas un élément qui signe la maladie de naissance, ce que l'on appelle « un bloc de branche droit ». Je me focalise jusqu'à l'obsession sur ce détail. Pourquoi n'ai-je pas ce bloc de branche droit ? J'ausculte encore une fois Than Thi, sans trouver de réponse à ma question.

Le soir même, discrètement, je vais consulter des ouvrages à la bibliothèque de l'hôpital. Je veux tenter de comprendre. Pourquoi est-ce que je ne trouve pas ce fameux bloc de branche droit ? Existe-t-il des cas où, en dépit d'une malformation de naissance, le bloc de branche droit n'apparaît pas ? Effectivement, je découvre dans un vieux livre américain que de telles situations ont été observées, elles sont rares, mais possibles.

Soulagé, je peux appeler Chantal Allermoz, responsable de la logistique de la Chaîne de l'Espoir :

– Il faudrait ramener Than Thi avec nous en France, elle ne peut pas attendre.

Réaliste, Chantal me rappelle les impossibilités administratives : pas de passeport, pas de visa, pas de place dans l'avion... Je la regarde et lui dis :

– Chère Chantal, ce qui est impossible va devenir possible grâce à toi, nous avons trois jours devant nous.

La journaliste se propose d'aller chez Than Thi filmer son environnement. Je demande à Mme Lam si cela lui paraît possible. Elle nous fait une réponse asiatique :

– Normalement non, mais avec vous c'est différent.

Le lendemain, pendant que je prononce une conférence à la faculté et que je visite plusieurs hôpitaux, l'équipe de France 2 filme l'habitation de la famille de Than Thi, une sorte de hutte à la Robinson Crusoé recouverte de feuilles de palmier. Dans la pièce unique, tout le monde vit à l'étroit. La mère, très anxieuse, répète à sa fille :

– Tu vas faire un grand voyage, tu vas partir en avion dans le ciel.

– Je sais, maman, un avion, ça vole pour sauver les enfants comme moi.

Le père, plus silencieux, convie Anne à une cérémonie devant l'autel des ancêtres chargé de bougies, de photos jaunies, de fleurs et de fruits. Tandis que la fumée des bâtonnets d'encens se répand dans la pièce, toute la famille se recueille et prie pour la vie de l'enfant.

Le soir, Anne me parle encore de la gamine et de l'opération. Than Thi est devenue la petite protégée de l'équipe de France 2.

– Elle est adorable, cette gosse. Qu'a-t-elle au juste ? Dis donc, Alain, tu vas la sauver ? Est-elle condamnée si on ne fait rien ?

Le cameraman s'en mêle :

– J'ai une fille de cet âge...

Ils sont dans l'affectif, une position qui m'est refusée si je veux conserver l'indispensable neutralité médicale. L'amicale pression des journalistes m'isole un peu plus. Je ne peux exprimer mes doutes et mes craintes. Encore une fois, l'acteur doit assumer son personnage. Je sais. Je décide. Je fais.

En deux jours, la ténacité de Chantal fait des miracles. Sous l'œil de la caméra de France 2, un fonctionnaire de l'ambassade de France tamponne le passeport flambant neuf de Than Thi. Tout est prêt pour le grand voyage. Aux côtés de la petite fille, deux autres enfants partent avec nous pour être opérés à Paris.

Dans l'après-midi, une foule bruyante envahit le vaste hall international de l'aéroport de Tan Son Nhat. C'est le croisement des arrivées avec leurs retrouvailles émues et des départs ponctués d'adieux déchirants. Dans ce brouhaha, quelques policiers essaient de mettre un peu d'ordre, sans succès.

Tout le monde est là, Mme Lam, le Dr Trong, le doyen de la Faculté, des infirmières et même un représentant de l'ambassade de France. Than Thi a été conduite à l'aéroport à Mobylette. Ils étaient quatre sur le petit deux-roues Honda, comme c'est l'habitude. Arrivée en même temps qu'eux, l'équipe de télévision filme tout et finit par cadrer sur Than Thi. Blottie dans les bras de sa mère, la petite fille conserve son sérieux habituel. Son père lui dit en montrant Chantal :

– Tu vois la dame blonde, elle va voyager avec toi. Surtout, sois bien obéissante.

Lien, la maman de Than Thi, éclate en sanglots. Inversant les rôles, Than Thi sort de son petit sac un mouchoir, avec lequel elle essuie tendrement les joues de sa maman. Chantal, les yeux embués, revêt son habit de père Fouettard et demande d'accélérer un peu les choses. Elle redoute des ennuis de dernière minute à la douane. Les deux mondes se séparent. Cette déchirure émeut au plus haut point les journalistes. Philippe, le cameraman, m'interroge :

– Quelle scène, c'est terrible ! Comment peut-on envoyer son enfant seul au loin pour être opéré ?

– Ils n'ont pas le choix, les parents sont prêts à tout pour sauver leur fille. Pour eux c'est le destin. Tu sais, le plus terrible c'est de voir son enfant mourir en étouffant progressivement...

Sitôt la douane passée, Than Thi quitte son masque d'adulte pour redevenir une petite fille. Alors seulement, elle laisse couler les larmes.

Dans l'avion, Than Thi découvre la civilisation, elle est fascinée par les écouteurs qui diffusent de la musique. Le plateau-repas arrive, mais elle ne peut que picorer. Elle dessine un avion qui s'éloigne de sa maison...

Un sommeil profond la gagne rapidement, d'autant plus que Chantal lui a fait prendre du sirop de Théralène.

Assis quelques rangs devant elle, je me lève et viens voir ma jeune patiente. Même endormie, les battements désordonnés de son cœur sont perceptibles à l'œil nu. La baisse de la pression d'oxygène liée à la pressurisation de la cabine me fait peur. Cependant tout va bien.

Au-dessus du golfe de Bengale, je commence à m'assoupir... Mais les journalistes travaillent sans relâche. Je me libère un peu :

– Vous savez, pour un chirurgien, voyager avec ses futurs opérés est assez éprouvant. En vue de l'intervention à venir, je dois m'interdire tout lien affectif qui pourrait entraver le contrôle de mes gestes... Une certaine distance est nécessaire. Mais dans ce cas, c'est difficile, je suis trop concerné.

Je sais combien cela peut paraître désobligeant pour les malades, mais il est important pour nous, chirurgiens, que le patient à opérer soit seulement une aorte, une mitrale, un ventricule droit... Pendant l'opération, lorsque nous recouvrons le malade de champs opératoires pour ne laisser apparaître que la zone d'intervention, nous essayons de faire abstraction de la personne afin de conserver la distance et donc la sûreté du geste. Cette vérité est encore plus absolue dans la médecine humanitaire. Il faut se bâtir une carapace, se limiter au strict but médical. Sinon, comment faire pour résister à tant de drames, à tant de désarroi ? Je m'efforce de ne pas m'impliquer, de me borner à ma zone de compétence : la chirurgie.

Les enfants que je soigne souffrent de maladies cardiaques, bien sûr, mais aussi de misère. Autour d'eux, les parents, les frères et sœurs, la grand-mère ont tout aussi besoin d'assistance, d'aide, de secours. Et que dire des équipes soignantes sur place, au Vietnam, en Afrique ou ailleurs ? Des infirmières, des médecins, des chirurgiens font preuve d'un beau dévouement, ils se battent tous les jours non seulement contre la maladie et la mort, mais aussi contre le découragement, la gabegie, la corruption, le manque de matériel, le manque de médicaments, le manque de tout. Il faut que je construise une muraille autour de moi pour ne pas voir, ne pas entendre, ne pas comprendre. C'est en vain que je prendrais sur mes épaules ce fardeau. Il m'empêcherait d'agir avec efficacité.

Anne me demande si tout se déroule correctement. Je lui réponds, un peu gêné :

– Pour la première étape, tout se passe bien, mais le plus difficile reste à venir. Il nous faut sauver Than Thi... Ce genre d'atteinte cardiaque évoluée ne se voit plus chez nous. Avec ces enfants, nous sommes ramenés aux débuts de l'histoire de la chirurgie cardiaque. Nous revenons à la case départ. Nous réactualisons donc de vieilles techniques abandonnées depuis plus de trente ans. Il s'agit pour moi d'un nouveau métier : opérer des évolutions de lésions que l'on ne trouve plus en France, revenir à des gestes oubliés, consulter des ouvrages du début des années soixante.

J'essaie de dormir un peu, au moins de somnoler. Mais j'ai dans les yeux une image qui ne me quitte pas : celle du pauvre thorax de Than Thi qui se soulève désespérément, cherchant de l'air. Chacune de ses respirations est une souffrance.

Nous arrivons à Roissy au petit matin. Épuisée, Than Thi peut à peine marcher. Après la douane, le portillon s'ouvre sur le hall des arrivées. La famille d'accueil est là. Il s'agit aujourd'hui de Patricia et Jean Barbier ainsi que de leurs deux filles, Coralie et Florine. Rencontre pleine d'émotion. Patricia a immédiatement un réflexe de mère : elle tente de prendre Than Thi dans ses bras, mais la fillette a un peu peur et ne veut pas quitter Chantal. Une interprète vietnamienne lui explique, avec une douceur infinie, qu'elle va habiter dans une belle maison pleine de jouets. Coralie, quatre ans, vient timidement à la rencontre de Than Thi avec une poupée de chiffons. Jean Barbier recouvre les frêles épaules de la fillette d'un manteau de laine écossais.

Chantal donne à Patricia toutes les recommandations d'ordre médical et l'avertit d'une série de rendez-vous. Anne demande à Patricia ses impressions. Avec ses cheveux bruns, sa frange, ses yeux bleu-gris en amande, son petit nez en trompette et ses charmantes fossettes, Patricia a plus l'air d'une star que d'une maman d'accueil. Elle a cependant une formation d'infirmière et de l'expérience. Elle répond très calmement :

– Oh vous savez, c'est mon troisième accueil, alors je commence à connaître. Je ne me lasse pas. C'est merveilleux. Jean et moi essayons d'être à la hauteur de l'événement. Nous donnons à ces enfants tout notre amour en pensant à leur papa et à leur maman loin là-bas.

Dehors, Than Thi ressent une morsure sur les mains et le visage : elle fait l'apprentissage du froid. L'équipe de France 2 va suivre le couple Barbier jusqu'à leur pavillon de Sucy-en-Brie. Than Thi est toujours dans un mutisme total, elle observe son nouveau domaine : la vaste salle à manger, le grand canapé, l'immense étagère encombrée de livres, la télévision... Patricia lui offre un bol de riz gluant arrosé de nuoc mam que Than Thi avale avec peine.

Coralie arrive, très volontaire, avec son panier de jouets, suivie de Florine qui n'a que deux ans. Elle demande à Than Thi :

– Tu veux jouer ?

D'autorité, elle renverse le contenu de son panier aux pieds de Than Thi. Coralie commence à assembler des cubes en plastique et annonce qu'elle va faire une maison. Than Thi hésite, s'approche et se mêle peu à peu au jeu. Avec un sourire esquissé et une lueur de joie dans ses petits yeux bridés, elle participe à la construction. C'est gagné.

Deux jours plus tard, l'intégration de Than Thi est presque achevée. Elle ne quitte plus sa poupée, elle ne se lasse pas de regarder les dessins animés à la télé.

Ce matin, c'est la visite à Broussais. La salle d'attente est déjà pleine. Outre Than Thi, il y a aussi Amadou, un gamin de dix ans venu du Sénégal, et Dimitri, un petit Roumain tout blond. La consultation prend des allures Benetton.

C'est au tour de Than Thi. L'analyse du cœur se fait sous tous les angles, l'effet Doppler mesure les flux sanguins anormaux. En quelques minutes, je passe de l'obscurité à la lumière. La vérité médicale apparaît. Les trois anomalies cardiaques peuvent s'opérer en un seul temps. Il y a un risque, certes, mais il faut faire vite, le cœur est à bout. Je suis soulagé, je vois enfin clair, la tactique opératoire peut se mettre en place, je définis mon geste.

Une lumière crue, violente, baigne la salle 1 du bloc opératoire. Au plafond, un dôme vitré accentue cet aspect un peu futuriste. Ensevelie sous les champs opératoires en papier plastifié bleu, Than Thi est inconsciente. Son visage dissimulé derrière un rideau stérile n'est visible que par les anesthésistes. Sur l'écran de l'électroscope s'affichent, en couleurs différentes, les battements cardiaques, les pressions artérielle et veineuse.

L'équipe de télévision est là. Anne, notre journaliste, n'a pas l'air très à l'aise. Sa pâleur est perceptible sous le masque et des gouttes de sueur perlent sur son front. Nous avons longtemps parlé du déroulement de l'opération avec elle, les caméras pourraient en filmer l'allure générale, mais pas les détails. Des vues précises sur le cœur et sur l'exécution de l'intervention seraient trop choquantes pour le public. La poitrine ouverte, l'os du thorax scié dans un bruit effroyable sont insupportables pour un non-initié, c'est en général l'instant où les journalistes tombent en syncope...

Après l'intervention, la décharge électrique du défibrillateur rétablit les battements cardiaques. Tous les regards sont tournés vers l'écran. Peu à peu, les battements du cœur de Than Thi se font efficaces. La tension artérielle s'affiche en rouge. C'est bon. La pression nerveuse que j'ai accumulée s'évanouit du même coup. Derrière mes lunettes grossissantes, je regarde autour de moi, je croise le regard d'Anne et lui dis :

– C'est beau, la chirurgie.

Sylvain, mon assistant, ajoute, pince-sans-rire :

– Surtout quand ça marche.

L'opération a duré quatre heures onze minutes, mais Than Thi n'est pas encore totalement sortie d'affaire. Toujours inconsciente, avec son tube dans le nez, elle est mise sous respiration artificielle pendant environ quarante-huit heures.

Passé ce délai, Michèle, la réanimatrice, se penche sur la fillette et lui caresse les cheveux. Un médecin vietnamien en stage traduit des ordres simples :

– Allez, maintenant tu vas respirer... Ouvre les yeux... Ne t'énerve pas... On t'enlève le tube...

Than Thi respire désormais seule. Elle est toujours aussi sérieuse.

Au troisième jour postopératoire, on la transfère à la clinique Juliette de Wils, à Champigny, où le prix de journée est relativement modique. Nos contraintes financières nous obligent à inventer un nouveau système de soins.

Les progrès de la guérison sont rapides. Une semaine après son opération, assise au centre de son lit, Than Thi est rayonnante. Elle fait signe à Patricia de fermer les yeux et, avec un petit rire, tend à sa maman d'accueil un collier de perles multicolores qu'elle a fabriqué elle-même... Patricia ouvre les yeux et, le regard embué, embrasse longuement Than Thi. La fillette lui donne ensuite deux autres colliers, plus petits :

– Coralie... Florine... murmure-t-elle.

Patricia, dans son langage codé, lui fait comprendre qu'elle va sortir de la clinique :

– Maison !

À ce mot les yeux de Than Thi s'illuminent. Elle a compris.

Le reportage d'« Envoyé spécial » se termine sur Tan Thi chevauchant un petit vélo, emmitouflée dans un épais blouson rose, les joues en feu sous l'effet du froid. Elle appuie sur les pédales comme une folle. Elle avance ! Elle distance même Coralie... Chaque fois que je revois ce film, je suis bouleversé jusqu'aux larmes par l'émotion qui se dégage de ces séquences. Le reportage s'achève sur une image fixe du visage radieux de l'enfant. Tout est dit. Comme dans une ode à la vie retrouvée.

Quelques semaines après le départ de Than Thi, une lettre me parvient du Vietnam, les lignes sont tracées d'une belle écriture ronde et régulière, celle de l'écrivain public et traducteur qui s'est fait l'intermédiaire des parents de la petite fille pour nous envoyer leur message : « Nous avons l'honneur aujourd'hui de vous annoncer l'arrivée de notre petite Than Thi, chez nous, le soir du vingtième jour du dixième mois lunaire. Si nous pensons au jour de son départ, quand nous la regardions s'éloigner pleins d'espoir et d'inquiétude, le fait de la voir rentrer complètement guérie dépasse notre imagination. Nous voulons dire notre reconnaissance éternelle à vous tous de la Chaîne de l'Espoir qui avez permis de sauver notre enfant en l'opérant et en la réanimant à l'hôpital. Et vous, monsieur et madame Accueil, vous avez protégé notre fille de votre mieux, avant et après l'opération. Nous vous prions aussi de dire nos profonds remerciements aux messieurs et mesdames de France qui ont avec amour envoyé leur argent. Grâce à vous tous, notre fille a enfin trouvé sa guérison. Nous espérons que les autres enfants malades retrouveront grâce à vous la vie, la santé et le sourire, si Dieu le permet, comme notre petite Than Thi. Que Dieu vous garde, cher monsieur professeur, monsieur et madame Accueil et tous les chers amis de France... »

Je songe aux éléphants blancs sacrés que la mère de Than Thi peint tous les jours et qui, peut-être, quelque part, ont protégé l'enfant en lui offrant un nouveau karma...

*
* *

Aujourd'hui, dix-sept ans plus tard, la Chaîne de l'Espoir accueille en France une moyenne de deux enfants chaque semaine, venus d'Europe de l'Est, d'Afrique, d'Asie. L'idée a essaimé en Espagne, au Portugal, en Grande-Bretagne, en Belgique, en Israël, aux États-Unis. Quand un enfant atterrit à Roissy, d'autres arrivent au même moment à Lisbonne, Londres ou Bruxelles. Du stade artisanal, nous sommes passés à une machine efficace et bien rodée.

Sans toutefois devenir un monstre de l'humanitaire ! Nous n'avons pas de bureau sur le terrain, pas de tee-shirts à notre logo, pas de drapeau, pas de quatre-quatre, nous adoptons plutôt le look cyclo-pousse ou taxi-brousse, selon les cas. Nous voulons nous intégrer à la population, pour un humanitaire qui puisse se mouvoir sur place comme un poisson dans l'eau. Aussi possédons-nous une structure minimale, qui entre en action selon les besoins, une organisation dormante, un peu à l'image d'un réseau de résistance. Je suis seulement le catalyseur, celui qui provoque la réaction chimique. Je constate également, en écoutant autour de moi, que la Chaîne de l'Espoir pousse à toute une série d'interrogations sur le partage dans nos sociétés, sur l'humanitaire moderne, sur la mise en réseau des forces indispensables. La Chaîne de l'Espoir est une association du troisième type parce qu'elle met en liaison tout ce qui compte : les grandes générosités, le meilleur des grandes administrations et les grandes compétences médicales. Oui, on peut changer le monde en combinant ces forces. Chaque maillon se révèle indispensable pour rendre possible l'impossible.

Quand la télévision évoque la Chaîne de l'Espoir, je reçois en retour des lettres du monde entier, car les émissions sont également diffusées par TV5. Autant de bouteilles à la mer lancées par des parents pour sauver leur enfant malade et adressées parfois simplement à « M. Deloche, Chaîne de l'Espoir, France ».

La Chaîne a même dû répondre à des situations de guerre. En 1992, nous avons ramené de Sarajevo cent vingt-sept enfants pour les soigner en France. Il ne s'agissait plus, cette fois, de faire venir un gamin isolé, mais un groupe important de petites victimes des *snipers* et des bombes, arrachées à l'horreur par les avions-cargos de l'armée française sous contrôle des Nations unies. Notre engagement prenait une dimension encore inconnue et la Chaîne de l'Espoir était désignée par le ministère français des Affaires étrangères comme le bras armé du gouvernement pour l'évacuation des personnes plongées dans des situations de crise. À cette occasion, nous avons découvert les « enfants patriotes », des gamins de dix ou douze ans qui nous demandaient de les remettre sur pied au plus vite car ils n'avaient qu'une idée : retourner combattre ! Chez d'autres gosses, nous avons constaté les terribles traumatismes de la guerre : ils se cachaient, terrorisés, au moindre bruit d'avion.

Plus tard, lors du tsunami de décembre 2004 en Asie du Sud, nous avons pu planifier les besoins médicaux et faire transférer, par des avions de l'armée française, quatre tonnes d'appareils destinés à des hôpitaux du Sri Lanka, d'Indonésie et d'Inde. Je reste fasciné par l'armée. En logistique, les soldats sont les meilleurs. Quand les routes sont coupées, quand les ponts sont détruits, seule l'infrastructure militaire apporte la solution médicale. À quand une armée de casques blancs pour répondre aux grandes catastrophes ?

Les temps héroïques de la médecine humanitaire ont vécu. Les traversées improbables de la jungle pour transporter des blocs opératoires démontables sur des pirogues malmenées par les eaux font place à de plus amples objectifs.

L'éléphant blanc a posé son paquetage.

*
* *

La Chaîne de l'Espoir a chamboulé ma vie. Pourquoi ? Parce qu'elle agit exactement dans la direction à laquelle je crois. Pour moi, il est intolérable de voir au bout du monde un gamin promis à une mort certaine alors que je sais que, en l'espace d'une heure et demie d'opération, je peux lui rendre sa vie. Il ne s'agit pas de s'attaquer à de grands fléaux comme la famine ou le sida mais, plus modestement, d'accomplir un geste précis, simple et salvateur. Un bambin atteint d'une leucémie aiguë à Brazzaville m'émeut, mais quand je sais que seule une greffe de moelle ajoutée à une chimiothérapie pourrait éventuellement le sauver, je me sens impuissant, d'autant plus que je sais qu'il ne pourra pas suivre, en Afrique, la lourdeur des soins postopératoires. Ma révolte est dirigée vers ce que je sais faire. Il ne s'agit pas de transformer l'humanité, ni même de lutter contre les grands fléaux qui ravagent la planète, je le répète. Notre objectif, plus modeste, consiste à sauver un enfant, puis un autre, et encore un autre. Pas à pas. Pour allumer de petites lumières qui viennent enrichir notre Terre. « Qu'est-ce que l'éternité, face à la vie d'un enfant ? » demandait Albert Camus, l'un des précurseurs de la philosophie de l'humanitaire. Nous avons célébré à Phnom Penh le millième enfant opéré à cœur ouvert. Deux mille autres, du monde entier, ont pu venir se faire soigner en France.

La Chaîne de l'Espoir décline trois propositions qui ne peuvent laisser indifférent : l'enfance, le malheur, l'action. Dans toutes les cultures, la vie d'un enfant est sacrée, on touche ici réellement au divin. D'ailleurs, les parents des enfants guéris ne pensent pas à dire que la Chaîne a bien fait son travail ou que le chirurgien a parfaitement mené l'opération... Face au miracle absolu, ils remercient simplement le Ciel, chacun selon sa foi.

Depuis les origines de la Chaîne, la critique que j'entends régulièrement est la suivante : il vaudrait mieux opérer les enfants dans leur pays. Je suis entièrement d'accord et nous œuvrons sans relâche pour que le gamin opéré en France constitue l'exception. Le Pr Trung, de Ho Chi Minh-Ville – grand visionnaire –, me dit souvent que la venue d'un enfant à Paris n'est qu'un préambule, un bon préambule pour mener à bien de vastes projets et resserrer notre collaboration médicale. En effet, notre but final n'a jamais été de faire venir les enfants du monde entier en France. La réponse ultime consiste à créer des hôpitaux sur place, comme nous l'avons fait à Ho Chi Minh-Ville, Phnom Penh, Kaboul ou Maputo, au Mozambique. Nos seuls objectifs pour l'avenir sont de former et de bâtir. Dans chaque centre créé, près de deux mille opérations par an peuvent être pratiquées, deux mille Than Thi sauvées chaque année...

D'une seule phrase, le père Ceyrac a résumé notre action : « Sauver un enfant, c'est sauver le monde. »

– XXI –

DE L'UTILITÉ DU PARAPHEUR

Comme pour tous les Français, le journal de 20 heures constitue pour moi un rendez-vous à ne pas manquer. Ce 2 avril 1992, la journée finie, j'avais pu rentrer assez tôt à mon domicile. Sur le petit écran était annoncée la formation du nouveau gouvernement de Pierre Bérégovoy. Du perron de l'Élysée tombait une liste de noms et d'attributions...

– Monsieur Bernard Kouchner, ministre de la Santé et de l'Action humanitaire.

Bernard était ministre. Quelle revanche, quel triomphe pour nous tous... Un médecin, et un médecin humanitaire, au gouvernement ! Pas secrétaire d'État, pas ministre délégué, pas ministre rattaché, non, vrai ministre, ministre de la Santé pour de bon ! J'étais joyeux, heureux pour lui, heureux pour nous. En cet instant, je pensais à la réunion constitutive de Médecins du Monde qui s'était déroulée chez moi treize ans auparavant, je me souvenais de l'enthousiasme, de l'utopie triomphante, de la capacité de révolte contre les fausses évidences... Bernard ministre saurait-il réfréner sa créativité brouillonne, son indiscipline visionnaire ? Saurait-il jouer le jeu, accepter les règles sans doute pesantes de cette fonction officielle ?

Lorsque, par un coup de téléphone, on me proposa un rendez-vous au ministère de la Santé pour le lundi suivant à 9 heures, je ne fus pas très étonné. Bernard voulait sans doute me faire partager sa joie, échanger quelques idées, et peut-être même s'informer des besoins de l'hôpital Broussais et de mon service... Surtout, nous allions nous réjouir ensemble de ce bon tour joué par le destin.

*
* *

Le lundi à 9 heures, je suis donc au ministère de la Santé, avenue de Ségur. Le bâtiment est un gros bloc massif du plus pur style stalinien avec sa cour intérieure en briques rouges. Les services se trouvent en plein chambardement entre les cartons de dossiers qui arrivent et les caisses de documents qui s'en vont. Secrétariat, antichambre, huissiers...

– Monsieur le ministre vous attend.

À la vivacité du regard, à la fébrilité du geste, je devine que Bernard Kouchner est dans un de ses grands jours, les neurones en effervescence tournant à cinquante idées par minute. Débordant de projets, bouillonnant d'innovations, le téléphone vissé à l'oreille, dictant une note à sa secrétaire, veillant au bon agencement de son bureau, guidant les déménageurs, monsieur le ministre se montre plus chaleureux et plus inspiré que jamais. Il m'informe que je fais partie de son équipe, il suffira de quelques jours pour organiser mon arrivée, on arrangera mon remplacement à l'hôpital...

Dans ces moments-là, je me sens capable d'égorger Bernard. Tout à son projet, il se situe déjà quelques mois plus loin, dans la mise en œuvre. L'évidence l'habite, alors il tranche et décide pour les autres. Ceux qu'il aime doivent partager sa conviction, abandonner femme et enfants, patients et collaborateurs, pour le suivre dans sa nouvelle croisade. C'est généreux, amical, mais insupportable.

– Tout est réglé, suis-moi. On va voir le directeur de cabinet, il va mettre ça en musique...

Il me fait entrer dans un bureau et s'adresse à un homme jeune, le visage presque poupin, avec des airs de Tom Hanks dans *Turner et Hooch*.

– Soyez gentil de recevoir mon ami le professeur Alain Deloche, il fait partie du cabinet, voyez pour le poste et les démarches administratives, je vous laisse, je suis attendu, déjà en retard...

Le départ de Bernard fait place au calme et au silence. Didier Tabuteau, faux Tom Hanks et vrai directeur de cabinet, a des yeux bleus pétillants de générosité, de vivacité, d'intelligence, un regard franc et ouvert. Il semble à la fois enthousiaste à l'idée de diriger un cabinet aussi atypique, et inquiet de détenir la responsabilité d'une équipe sans doute incontrôlable. Polytechnicien et énarque, il possède un cerveau organisé comme un ordinateur. Le polytechnicien est aussi à l'aise dans les chiffres que le maître des requêtes au Conseil d'État l'est dans les arcanes du droit administratif. Une machine souriante, à la fois rigoureuse et affable.

Le jeune homme s'adresse à moi d'une voix calme, posée, et me donne du « Monsieur le Professeur » un peu trop déférent. Il s'enquiert de mes souhaits, et, dans un petit cahier où il note le jour et l'heure de l'entretien, transcrit méticuleusement tout ce que je dis, d'une écriture fine et rigoureuse. Il m'informe du rôle du cabinet, et de la façon dont il entend le diriger. J'ignore de quoi il parle, je cherche désespérément un point commun, un repère connu avec le fonctionnement d'un hôpital, d'une équipe médicale. Je lui indique que, contrairement à ce que peut souhaiter Bernard Kouchner, j'entends bien conserver mon poste à Broussais et ne me rendre au cabinet qu'à temps partagé, afin de conserver un contact avec le milieu hospitalier. Didier Tabuteau en est, à l'évidence, agréablement surpris.

Le lundi suivant, je prends mes fonctions effectives. Didier Tabuteau a tout organisé. Je suis immédiatement mis en possession des hochets du pouvoir : une carte bleu-blanc-rouge, un badge et un passe pour le parking. Je rencontre celle qui sera ma secrétaire, on me demande le libellé souhaité pour ma carte de visite, qui sera imprimée dans la journée même.

Peu de temps après, ma secrétaire entre dans mon bureau :

– Monsieur Vincent, directeur des hôpitaux, vous demande audience.

– Très bien, pouvez-vous m'indiquer où je dois me rendre ?

À la stupeur qui fige les traits de cette honorable secrétaire ministérielle, je comprends que je m'apprête à commettre un crime, pis, un manquement au protocole !

C'est à M. Vincent de se déplacer pour me voir. Si je tiens à lui marquer une attention particulière, il m'appartient de venir le chercher moi-même dans l'antichambre ou, sans aller jusqu'à de pareilles extrémités, je peux quitter mon siège pour m'asseoir à côté de lui, dans l'autre fauteuil réservé aux visiteurs.

Je connais M. Vincent pour avoir souvent tenté de le rencontrer – sans toujours y parvenir – afin de débloquer des crédits ou d'accélérer le règlement de certains problèmes. Pour reprendre la terminologie en vigueur, c'est lui qui est demandeur aujourd'hui. Je le reçois. Il tient à connaître mes « attributions ». Je ne sais pas très bien que lui répondre, j'ignore même comment s'organise le travail d'un cabinet. De toute manière, rien n'est encore décidé. Je ne manquerai pas de l'informer des dossiers dont j'aurai la charge. Il m'encourage à conserver un poste à l'hôpital, comprend mon souci de « garder le contact avec le terrain et les hospitaliers » et considère que c'est une des meilleures façons de « venir utilement en appui au ministre ».

Un peu plus tard, de retour à l'hôpital, je comprends que je serai peut-être en mesure de venir efficacement en aide à l'établissement, du moins si j'en juge par la subite déférence que vient de me témoigner le directeur de Broussais, soudain très pressé de me rencontrer. Naguère, surtout en période budgétaire, il évitait soigneusement de me croiser pour esquiver l'insistance de mes demandes de matériel. L'équipe médicale n'est pas moins impressionnée par mes nouvelles fonctions, mais l'esprit carabin reprend vite le dessus et l'on me baptise ironiquement « le ministre ». Très rapidement, le téléphone n'arrête pas de sonner, mon courrier se fait abondant : on me sollicite, on me demande d'« intervenir » – c'est le terme consacré. On soumet à ma « bienveillante attention » toutes sortes de problèmes... Une semaine avant je n'étais rien, et me voilà devenu brusquement « homme d'influence » !

*
* *

Dès les premiers jours avenue de Ségur, j'ai été surpris par la quantité de papier ingérée, digérée et produite par un cabinet ministériel. À mon arrivée, mon bureau était déjà surchargé d'une pile de documents. Impressionnant et inquiétant...

L'usage administratif recourt aux « parapheurs ». Celui qui ne connaît pas cet objet redoutable ignore tout de l'univers des fonctionnaires. Il s'agit d'une sorte de classeur élégamment relié dont le dos est constitué de soufflets en toile noire. L'intérieur se compose de pages cartonnées percées de quatre grands trous.

Chaque note, fixée par des trombones, m'était donc réglementairement présentée dans un parapheur, seule la page de droite se trouvait utilisée afin de faciliter une signature rapide – un paraphe, qui a donné son nom à l'instrument. Lorsque, en tournant la page, je ne voyais plus que les trous, je savais qu'il n'y avait plus rien à signer ou à lire. Si l'on ne devait me faire parvenir qu'un seul document, on n'en utilisait pas moins l'inévitable parapheur. De cette manière, une note de trois lignes prenait l'ampleur d'un livre tout entier ! Un courrier tout à fait normal, une vingtaine de lettres et de notes, nécessitait ainsi un petit chariot pour son transport. Partout dans le ministère, on voyait circuler ces chariots dans lesquels les appariteurs promenaient de bureau en bureau « les parapheurs à la signature ».

Je découvrais un monde nouveau. Chaque courrier adressé au ministre faisait l'objet d'un projet de réponse. Là, le courrier était présenté sur la page de gauche et l'on proposait le projet de réponse sur la page de droite du parapheur. Bien sûr, ce projet de réponse se faisait sur papier à lettre officiel, « République française, Ministère de la Santé et de l'Action humanitaire », « Le Ministre » ou « Le Directeur de Cabinet » ou « Le Chef de Cabinet » ou « Le Cabinet », c'était selon. Mais ce fameux projet de réponse devait être encore accompagné du même texte transcrit sur papier vierge, c'était « la minute », destinée à être pieusement conservée dans le dossier. Enfin, une autre copie était prévue pour intégrer le « chrono », classement chronologique de tout ce qui sortait du cabinet.

Pour les courriers un peu complexes, une note expliquait au ministre les raisons qui avaient dicté le projet de réponse. Si la matière couvrait différents domaines, la note passait par chacun des conseillers techniques ou chargés de mission, par le directeur adjoint du cabinet, par le directeur de cabinet, éventuellement par le chef de cabinet ou le conseiller parlementaire. Chacun devait apposer son paraphe en regard de son nom. Si l'un ou l'autre griffonnait une observation ou proposait une rédaction différente de telle ou telle phrase, le parapheur repartait sur son petit chariot pour un nouveau tour de circuit. Certains courriers, les compliqués, les embêtants, les délicats, avaient manifestement connu un destin contrarié et leur parcours se comptait en dizaines de kilomètres de couloirs ministériels. Les notes d'accompagnement s'étaient multipliées et le parapheur se faisait boursouflé, avec de nombreux commentaires, de multiples annotations... Et le parcours du combattant se poursuivait de conseiller en conseiller, de cabinet en cabinet.

L'athlète le plus titré de cet épuisant marathon restait sans conteste le dossier de la fermeture – ou du maintien, on ne savait plus très bien – de la maternité de Saint-Jean-les-Flots. Une petite maternité, trop modeste pour fonctionner correctement et faire face à l'accident imprévu, une maternité que le minimum de prudence et de responsabilité recommandait de fermer. Mais c'était compter sans les préoccupations d'emplois, de prestige, de réélection... Le dossier allait et venait, s'enrichissait de lettres d'élus, de députés, de sénateurs, de conseillers généraux ou régionaux, de pétitions du personnel et des habitants de la commune, des syndicats et des commerçants. Chaque courrier supplémentaire, chaque intervention complémentaire gonflait d'autant plus le dossier qu'il s'accompagnait obligatoirement d'une note explicative. Il y avait finalement plusieurs parapheurs, avec un petit chariot bien à soi, presque un landau, uniquement pour la maternité de Saint-Jean-les-Flots, dont les élus pouvaient plaider tout à la fois le « maintien de petite structure de proximité, indispensable à la vitalité du canton » et « l'impérieuse réduction des coûts inconsidérés de la santé dans notre pays ». Je découvris ainsi que les mesures drastiques sont toujours nécessaires, à condition que ce soit ailleurs et autrement.

Au cours de cet apprentissage de la vie administrative, j'ai aussi découvert la « note ». La note est à la machine administrative ce que le globule rouge est à la vie : un élément a priori minime, mais indispensable et qui, par son nombre, finit par constituer l'essentiel de la circulation. Les petits chariots qui évoluaient dans les couloirs du ministère étaient pleins de ces inéluctables notes. Il y avait des notes pour tout. En général cela commençait par un courrier que Didier Tabuteau avait surchargé de sa petite écriture régulière : « J'aimerais une note. » La note devait être courte et concise. Elle tenait sur une page, parfois deux, un très grand maximum que seul pouvait justifier un sujet particulièrement complexe. Cela dit, la note restait empreinte de prudence, il s'agissait de donner son avis, mais pas trop. Les arguments « pour » étaient avancés, mais sans occulter les arguments « contre »... Cet équilibre savant avait été baptisé par les étudiants de Sciences-Po le « balancement circonspect ». Une technique qui constituait l'essentiel de l'initiation de nos futures élites et trouvait son épanouissement le plus complet dans le discours politique.

Autre grand rituel qui se jouait toutes les semaines, à jour et heure fixes : la réunion de cabinet. Tout le staff se réunissait autour du directeur de cabinet, parfois du ministre. La première de ces réunions m'a marqué. Il y avait foule, plus d'une trentaine de participants. Chacun savait que le gouvernement Bérégovoy serait le dernier gouvernement de gauche, l'alternance prochaine ne faisant aucun doute. La règle qui exigeait de limiter le nombre de collaborateurs de cabinet n'avait donc pas été respectée, et Bernard Kouchner avait eu les mains libres. Au premier regard, j'aurais pu me croire dans une réunion de Médecins sans Frontières ou de Médecins du Monde. Je connaissais presque tous les présents. Il y avait là deux doyens et des sommités de la médecine dans bien des domaines, la neurochirurgie, l'orthopédie, la cancérologie, la cardiologie, presque toutes les spécialités, et même un généraliste, ce qui faisait figure de révolution. Presque à part égale se trouvait présente une masse d'énarques, que l'on distinguait facilement car ils étaient plus jeunes et avaient l'air plus sérieux que nous. Bernard Kouchner assistait, bien sûr, à cette première réunion et nous fit un de ses shows les plus animés, les plus éclatants. En le regardant se démener, brillant et inventif, je me suis dit que ce gars-là, si populaire auprès des Français, avait l'étoffe d'un futur président de la République. Je le pense toujours, même s'il me fait peur parfois, lorsqu'il se lance tête baissée dans de grandes actions qu'il ne contrôle pas nécessairement. Mais enfin, je crois que l'Élysée lui irait bien.

Pour cette première réunion au ministère, plus le spectacle se révélait triomphant, plus Didier Tabuteau semblait consterné. Lorsqu'il prit la parole, il se lança immédiatement dans une description des modalités de fonctionnement du cabinet, insistant sur la nécessité de respecter les règles administratives et le cheminement des documents, qui faisait de son bureau le point de passage obligé. Plus que tout, il redoutait les initiatives intempestives, les communications inconsidérées vers l'extérieur. Il nous avait sollicités sur les sujets que nous voulions nous « approprier » et je me retrouvais chargé de mission pour « les urgences » et « les médecins étrangers ».

Tabuteau avait trop de qualités et Kouchner trop d'intelligence pour qu'une estime confiante ne s'établisse pas rapidement entre ces deux hommes d'exception. Le directeur de cabinet n'en donnait pas moins l'image du pion dans une classe de potaches. Parfois, dans une réunion technique, le ministre et les médecins s'enthousiasmaient, entraient dans le problème, et s'engageaient plus qu'il ne l'aurait fallu... Les énarques prévenaient le directeur de cabinet, qui accourait pour rappeler les contraintes administratives. Dès qu'il entrait, on croyait avoir ouvert la porte d'un congélateur, une glaciation silencieuse succédait à l'effervescence.

Pourtant le travail avançait, vite. Les jours du gouvernement étaient comptés, nous étions les matelots du *Titanic*. En plus de ce contexte politique, le scandale du sang contaminé et le spectre du sida obscurcissaient toutes les initiatives. Bernard Kouchner se démultipliait, rentrant de Sarajevo, où l'urgence humanitaire était déchirante, pour assister à un colloque à l'Académie de médecine. Cet aréopage prestigieux, où Bernard comptait nombre de ses détracteurs les plus féroces, recevait le membre du gouvernement avec tous les égards possibles, et les paillettes du prestige retombaient sur mes épaules. Cela me valait une cohorte de nouveaux amis, des gens que j'avais peut-être croisés dans un couloir d'hôpital mais qui se souvenaient d'autant mieux de notre chaleureuse camaraderie qu'ils avaient une faveur à demander au ministre.

Avenue de Ségur mes attributions concernaient, notamment, l'urgence à l'hôpital. Sur un tel dossier, notre rôle, à nous médecins, pouvait se révéler essentiel car il faisait directement appel à notre vécu, à notre expérience. N'oublions pas que deux millions de Français transitent chaque année par les urgences et que ces services représentent les portes d'entrée de l'hôpital.

Nous avons commandé au Pr Ady Steg un rapport afin de pouvoir appuyer nos intuitions sur des études solides et une analyse incontestable des faits. Le rapport Steg se révéla d'une brillante pertinence, ses propositions étaient précises et recoupaient largement nos propres constats. Il distinguait l'urgence médicale de l'urgence médico-sociale. Dans ce dernier cas seulement, la proximité de la structure peut revêtir une certaine importance. Mais l'urgence médico-sociale relève-t-elle vraiment de l'hôpital public ?

*
* *

Autant l'hôpital public se montre outillé pour traiter un problème médical vital, autant il est inadapté pour répondre au désarroi social. Le public n'a pas intégré les évolutions considérables intervenues dans la médecine en général, et dans la médecine d'urgence en particulier. L'imaginaire collectif reste convaincu que la proximité physique d'un hôpital est la garantie de l'efficacité des soins. La réalité est tout autre, elle a été considérablement modifiée par la mise en place des Samu. Aujourd'hui, il n'y a plus une ambulance qui transporte un blessé aux urgences pour qu'il y reçoive les premiers soins. La première médicalisation se fait dans le véhicule même. C'est là que sont gagnées les quelques minutes qui permettent de sauver tant de vies. En effet, sauver dépend de la capacité à donner des soins dans les premières minutes, pour permettre, ensuite, dans les heures suivantes, de procéder aux interventions nécessaires. Plus que la proximité, ce qui compte c'est la qualité. Mieux vaut un véhicule bien équipé qui vous conduit avec un certain délai dans un CHU – un Centre hospitalier universitaire – où pourra être menée une opération complexe, plutôt qu'une ambulance désuète qui vous conduit rapidement dans un service d'urgence ne disposant ni du matériel ni du savoir nécessaires.

Il n'y aura jamais une IRM – une imagerie par résonance magnétique – et un scanner tous les vingt-cinq kilomètres dans notre pays. Les urgences, comme les hôpitaux, doivent être hiérarchisées à l'image du réseau ferroviaire, où il y a quelques lignes TGV, des lignes nationales et de multiples lignes secondaires.

Ce qui importe, c'est que le blessé soit pris en charge le plus rapidement possible dans des véhicules équipés et par des équipes compétentes – celles du Samu le sont – capables de réaliser un premier diagnostic, de diriger le patient vers la structure la mieux adaptée à la gravité de son cas et de commencer un travail préopératoire. Le trajet, même sur soixante-dix kilomètres, n'excédera jamais le temps qui serait de toute façon nécessaire pour préparer le blessé ou le malade à l'opération et acquérir le minimum d'informations indispensables.

*
* *

Pour nous mettre à l'écoute des services d'urgence, nous partions, parfois en pleine nuit, pour Alençon, Pontoise ou Passy-sur-Orge. Sur le terrain, face aux médecins, Bernard Kouchner martelait ses slogans : proximité oui, mais sécurité... Proximité oui, mais qualité... Égalité pour tous dans l'accès aux soins.

Si ces visites surprises nous mettaient souvent en contact direct avec la réalité médicale, il en était d'autres plus protocolaires. Les déplacements en province, où nous attendait le préfet, mobilisaient quantité de chauffeurs, de motards, dans un impressionnant déploiement de forces de sécurité. Je m'amusais du contraste entre le formalisme de comportement qui existait lors de tout déplacement, et le côté très humain de ces mêmes chauffeurs, de ces mêmes officiers de sécurité lorsqu'ils n'étaient pas sous pression, et discutaient comme tout le monde, sans veste et la cravate desserrée, des mérites de tel footballeur ou de la qualité de tel match. Les secrétaires du cabinet, à l'impeccable tenue, à l'orthographe irréprochable – qui semblaient être nées dans un guide du protocole –, échangeaient, dans des fous rires rafraîchissants, confidences amoureuses, adresses de boutiques et recettes de cuisine. L'irruption de l'humain, de la vie normale, me réconfortait après les pesantes réunions.

J'ai évoqué les réunions de cabinet, mais il y en avait bien d'autres ! Elles constituaient l'essentiel de l'emploi du temps administratif. Plusieurs caractéristiques de ces réunions m'ont frappé.

Il y avait la réunion qui s'ouvrait par cette phrase incroyable : « Aujourd'hui, nous ne décidons rien. » Un tour de table suivait et chacun rappelait une position que l'on connaissait déjà. Venaient alors les points divers où quelques-uns disséquaient des détails dans un jargon abscons, l'obscurité et l'opacité étant la règle. Enfin, on en venait à la partie la plus importante : celle où l'on décidait de la date et de l'heure de la prochaine réunion.

Il y avait la réunion imposée, relevant de la séquestration, où tel groupe de pression faisait valoir ses préoccupations. Séances toujours inutiles, puisque la rencontre n'avait pas été préparée, les dossiers n'avaient pas été travaillés, les éléments pas réunis. Les militants d'Act-up s'étaient fait une spécialité de ces coups de force qui ne menaient à rien et se déroulaient dans d'odieux et inutiles beuglements. Chacune de leurs actions, où ils s'appropriaient le sida comme si c'était un problème d'ego et non un drame de santé publique, gênait et retardait toujours davantage la mobilisation nécessaire.

Il y avait aussi les réunions que j'avais surnommées « pythie ». Le ministre y assistait mais ne disait rien, histoire de conserver une marge de manœuvre et une position de repli. Les grands prêtres commentaient alors son mutisme. « Le ministre pense que... Le ministre estime que... Le ministre considère que... » La statue de l'idole restait silencieuse, et c'était de son silence même que l'on débattait.

Il y avait encore les réunions avec les syndicats, en forme de match de boxe. Tous ces gens, si courtois à l'hôpital, recouraient dans cette enceinte à l'invective, au sous-entendu insultant, à la harangue dogmatique. Beaucoup se montraient gênés par ma présence, mais n'en jouaient pas moins leur rôle. Ni d'un côté ni de l'autre on ne croyait ce que l'on disait, mais la joute se poursuivait quand même dans la violence. Je détestais ces réunions parce qu'elles me faisaient ressentir à quel point j'étais dépassé. Par exemple, l'interne constitue, par définition, un médecin en formation ; pourtant lors d'une réunion avec leurs syndicats, jamais la qualité de cette formation ne fut abordée, on perdait des heures à discuter confort des horaires, garanties de statuts, rémunérations. Les internes n'acceptaient plus d'être « esclavagisés », « prostitués »... Je sentais que nous entrions dans une ère nouvelle. Ma seule utilité était alors de décoder les demandes, d'informer le cabinet et le ministre, de faire le tri entre les problèmes réels, les rodomontades et les revendications infondées.

J'eus la stupeur d'assister à une autre sorte de réunion : le cadrage budgétaire. Les conseillers techniques du ministère de la Santé, des énarques de Matignon, de Bercy et des Affaires sociales s'étaient réunis. La densité d'inspecteurs des finances, de conseillers d'État, de maîtres des requêtes au Conseil d'État ou à la Cour des comptes dépassait tout ce que j'avais pu imaginer. Il s'agissait de régler le sort du futur hôpital Georges-Pompidou et accessoirement de quelques autres établissements.

Les dossiers étaient posés sur la table, les ordinateurs portables et les calculettes chauffaient. On discuta de diminutions minimes par chapitre, de réajustements apparemment dérisoires, de réaffectations de crédits. Je savais que derrière ces quelques dixièmes de pourcentage il y avait des lits supprimés, des emplois menacés, des vies brisées... et des millions d'économies. Tout cela était froid, mathématique, rationnel. La discussion se déroulait entre gens de bonne compagnie, fonctionnaires aux rôles interchangeables, qui auraient pu, s'ils avaient travaillé pour un autre ministère, défendre une position exactement contraire.

J'ai éprouvé un sentiment de totale impuissance, et en même temps de grande puissance : si je jouais habilement ma partie, je pouvais influer sur les événements. Je connaissais bien le dossier et j'avais appris la tactique de la réunion.

– Je vous propose d'entendre sur ces quelques points un avis éclairé, écoutons monsieur le professeur Deloche...

Surtout ne pas prendre la parole, et jamais, jamais, en premier. Passer son tour, imposer une sorte de gêne par le mutisme, apprendre à manier le silence comme une arme. Il me fallait centrer mon offensive sur ce que je pouvais réellement préserver, ne pas user mes arguments dans des batailles perdues. Je devais attendre le bon moment et, par une remarque imprévisible, une observation inattendue, je pourrais peut-être sauver quelque chose.

J'ai participé aussi à des réunions d'urgence. Il faut savoir que la vie ministérielle semble totalement régie par la presse. Dans notre domaine, le scandale du sang contaminé avait fait des ravages. Pour alléger la pression, il avait fallu la droiture, le courage d'un Kouchner reconnaissant les fautes passées et mettant en place des mesures préventives pour l'avenir.

Un dimanche matin, catastrophe... Branle-bas de combat, réunion de cabinet sur l'heure, plan de communication d'urgence ! La presse faisait état de cas de listériose, le ministère était assailli de messages. Une nouvelle fois, la fulgurance de Kouchner fit merveille. Lui seul pouvait parler de développement sous contrôle, de veille sanitaire efficace. Lui seul pouvait être compris. Lui seul pouvait être cru.

Une autre fois, une revue grand public s'était lancée dans le classement des hôpitaux. Un jeu de massacre.

Tabuteau m'interrogea sur le sujet.

– Je te répondrai comme les Anglo-Saxons, lui ai-je répliqué. Là-bas, l'évaluation et le classement sont obligatoires et constituent même un outil de promotion. Mais en France, l'évaluation est considérée comme une punition, alors que c'est seulement une incitation au progrès et à l'amélioration. Aux États-Unis, chaque chirurgien se doit d'afficher ses propres statistiques de mortalité. Nous, nous n'en sommes qu'à un vague classement des hôpitaux.

J'ai enfin connu les réunions pour rien. C'était dans les dernières semaines du gouvernement, dans une atmosphère crépusculaire de fin de règne. Nous avions eu de nombreuses consultations pour décider du meilleur candidat au poste de directeur général de l'Assistance publique-Hôpitaux de Paris, qui devait être nommé en Conseil des ministres. Loin de tout calcul politique, en fonction de seuls critères de compétences techniques, notre choix s'était porté sur M. V.

Nous eûmes une dernière réunion concernant cette nomination, la veille du Conseil des ministres. Bernard Kouchner voulait s'assurer qu'il n'y aurait aucun obstacle de dernière minute. La réunion touchait à sa fin, tout était clair, lorsqu'un pli, apporté par un motard, parvint de l'Élysée. Bernard ouvrit devant nous l'enveloppe aux armes de la présidence de la République, surchargée des mentions « confidentiel », « signalé » et « urgent ». Le message de la présidence était clair : « Concernant la nomination au poste de directeur général de l'Assistance publique-Hôpitaux de Paris, mon attention est appelée sur les qualités signalées de M. X. Je ne doute pas que vous rejoignez cet avis unanime. Sa nomination sera officialisée demain en Conseil des ministres et annoncée aussitôt. »

– Que pouvons-nous faire ? soupira Bernard.

– Rien, asséna le directeur de cabinet.

*
* *

Ce fut enfin à notre tour de remplir les cartons de nos dossiers et de nos archives personnelles. Le personnel du ministère nous aida à déménager avec une réserve compatissante, certains en étaient à leur quatorzième ministre. Le pot de départ fut triste, malgré les éclats de rire qui saluaient les anecdotes sur les travers des hommes politiques ou l'absurdité du fonctionnement administratif.

Ces onze mois passés au ministère m'ont fait découvrir le fonctionnement de la machine administrative sur laquelle s'appuie la santé publique. Mon stage à l'ombre du pouvoir m'a enseigné la nécessité de la rigueur budgétaire lorsque l'accumulation de petits dérapages s'additionne en milliards de déficit. J'ai été heureux de constater que l'administration républicaine constituait une réalité qui fonctionnait sans passe-droits, sans corruption, et avec un réel souci du service public.

J'ai appris les lourdeurs administratives ou du moins j'ai cru y être confronté, alors que pour bien des gens nous avions réalisé tous azimuts un travail réglementaire et législatif assez extraordinaire. Cette période a quand même été marquée par les premières expériences sur les produits de substitution pour les toxicomanes, par la loi sur la bioéthique, par la création de France-Transplant, par la loi sur la sécurité sanitaire avec la création de l'Agence française du sang et de l'Agence française du médicament, par la mise en place d'un système de veille sanitaire.

Après mon stage au ministère, tandis que d'autres occupaient mon bureau avenue de Ségur, j'ai repris tout naturellement ma vie à l'hôpital. Le Dr Rieux, héros de *La Peste* d'Albert Camus, répétait sans cesse : « Il nous faut sauver les corps. »

– XXII –

ÉCHEC AUX PIONS NOIRS

J'ai pour habitude de passer régulièrement à l'hôpital le dimanche en fin d'après-midi. C'est la fin des visites et les opérés récents ou les futurs opérés sont replongés dans l'univers hospitalier, hors du monde extérieur. Pour eux, apercevoir le chirurgien est un réconfort dans ce moment de solitude. Et face au personnel soignant, ma venue représente une marque de solidarité.

– Vous êtes là, docteur, même le dimanche. Mais quelle vie vous avez ?

Ces quelques minutes d'entrevue sont capitales pour détecter des anomalies ou des complications débutantes chez des malades que l'on connaît parfaitement, en tout cas forcément mieux que l'équipe de garde. La visite a encore plus de poids pour les opérés du lendemain. Voir le chirurgien la veille de l'opération rassure le patient.

J'entre dans la chambre de M. D. Il est presque dans la pénombre, allongé et immobile sur son lit. Je sens d'emblée une anxiété pesante chez lui. Je l'ai vu en consultation il y a une quinzaine de jours. Cadre dans une grande entreprise d'informatique, il fait plus jeune que ses cinquante-deux ans. Ancien sportif de haut niveau, c'est un actif introverti.

Il était venu à ma consultation pour une gêne passagère, adressé par son cardiologue en vue d'une éventuelle opération. Seule une radio du thorax, faite par acquit de conscience, a révélé une grave anomalie : un anévrisme de l'aorte thoracique.

Un léger tremblement traduisait son état de tension. Cette consultation était essentielle, car je devais confirmer l'indication opératoire, c'est-à-dire affirmer la nécessité d'un acte chirurgical. Si le diagnostic pose rarement des problèmes, grâce aux moyens modernes d'investigation, la décision d'opérer peut être source d'erreurs, éventuellement fatales. Il faut tout peser, parfois décider de ne pas intervenir ou de différer le geste chirurgical. L'opportunité d'agir est encore plus délicate à affirmer en cas d'affections graves ou rares. Nous sommes aux confins de la connaissance et de l'expérience, de l'intuition et du pressentiment. Pour M. D., la lésion avait été parfaitement identifiée par le scanner, et un consensus clairement établi pour opérer ce type de dilatation à partir d'un certain chiffrage.

– Docteur, est-ce que ma femme peut entrer ? m'avait demandé M. D. au cours de cette consultation.

Une précaution de langage assez curieuse.

– Bien sûr, il n'y a rien à cacher.

Sa femme, la quarantaine, très élégante, blonde à longs cheveux et bien maquillée, est entrée dans la pièce.

– Monsieur, je pense que votre médecin vous a expliqué le problème, ai-je demandé à M. D. pour tâter le terrain.

– Oui docteur, il m'a parlé d'une opération.

– Eh bien, je crois que c'est nécessaire, vous ne pouvez rester avec cet anévrisme. Vous risquez des accidents graves... avant tout la rupture.

« La chirurgie est un acte d'autorité sur le destin », disait le Pr Leriche. C'est vrai, mais c'est aussi un acte salvateur, quand tout va bien.

J'ai hésité un peu avant de conclure :

– Et la rupture, dans votre cas, c'est la mort brutale.

En quelques secondes, M. D. a basculé dans un monde où ses certitudes et son expérience d'homme de décision comptaient pour rien, un monde où le petit enfant qu'il était autrefois devait désormais s'en remettre au grand monsieur qui se trouvait devant lui, en espérant que ce ne soit pas un ogre. À ce dernier de prouver qu'il était inoffensif, de jouer le rôle de stabilisateur, de prendre en charge le futur opéré dans son ensemble, avec son contexte social, familial et professionnel.

Dans ces cas-là, je fais tout pour casser l'image du chirurgien un peu froid et dépourvu de compassion. C'est vrai que le spécialiste apparaît souvent comme un homme dont la science est maintenue inaccessible, voire mystérieuse. La chirurgie donne, de surcroît, l'impression d'une discipline très technique, ce qu'elle est de plus en plus il est vrai.

– Vous auriez quatre-vingt-dix ans, peut-être que l'on en resterait là. Mais à votre âge, pas de politique de l'autruche.

– Docteur, est-ce que je peux attendre ?

– Oui, lui répondis-je, ce n'est pas une urgence. Mais attendre quoi ?

Sa femme intervint :

– Vous savez, docteur, depuis quelques semaines, depuis le scanner, il ne dort plus, il est très nerveux et... on ne peut plus lui parler.

– Madame, je comprends bien cela, car il ne se sent pas malade.

Puis, m'adressant aux deux :

– C'est comme abriter un obus non explosé, il faut beaucoup de courage pour décider de le désamorcer.

J'avais touché le point faible de tous les hommes, l'orgueil machiste. J'ai senti que je gagnais.

J'ai tenté ensuite d'expliquer le but de l'opération et d'exposer sommairement la technique opératoire. Mais avec une extrême précaution, car toute description trop détaillée peut accentuer l'angoisse. Parfois, il vaut mieux jouer les médecins à la Molière, en affirmant d'un ton péremptoire : « C'est l'aorte, vous dis-je. » Je me méfie des futurs opérés qui nous demandent de tout détailler, et encore plus de ceux qui ont travaillé le dossier à partir de revues de vulgarisation médicale.

Et je dois aussi parler du plus délicat : le risque. Bien souvent, c'est l'entourage du patient qui pose la question. Faut-il répondre par des chiffres, comme aux États-Unis ? Là-bas, chacun se dit tout. Le futur opéré parle de son assurance-vie, le médecin expose la liste des périls. Plusieurs formulaires sont signés et contresignés. Les procédures juridiques restent présentes en toile de fond.

Notre approche est plus latine, ou plus humaine, et j'ai articulé devant M. D. une phrase choc :

– Vos risques à ne pas être opéré sont bien supérieurs au risque opératoire.

Avant l'opération, nous nous devons de faire signer un consentement « éclairé » et toute l'ambiguïté de la situation réside dans cette formulation. Un consentement éclairé avec les époux D. paraît sans doute possible, mais nous n'opérons pas toujours des cadres supérieurs. La chance, l'honneur de notre pays, c'est justement que le maçon sénégalais ou le paysan vosgien a un droit à la santé équivalent à celui du président de la République. Mais que signifie « consentement éclairé » chez des personnes parfois illettrées, bien souvent incapables de situer le foie ou les poumons ? Il faut expliquer en s'adaptant au niveau de chaque malade.

Jusqu'où l'éclairage mène-t-il ? Ne pas prévenir de la gravité de l'opération représente une faute, tomber dans une ambiance d'euphorie ou de légèreté constitue une erreur.

M. D. a pris les choses en main, presque brutalement, en chef d'entreprise :

– Docteur, j'ai compris, je suis d'accord pour l'opération, j'accepte le risque. Voyons les choses en pratique.

– Avez-vous des empêchements majeurs, sachant que vous allez être plus ou moins hors circuit pendant trois ou quatre semaines ?

– Non, le plus vite sera le mieux.

Le dialogue prenait une allure positive. Il fallait alors s'engager à fond dans une foule de détails qui dissipaient l'angoisse... Chambre seule ? Date d'entrée ? Avez-vous déjà été transfusé ?

M. D. a sorti son agenda et nous sommes convenus de la date. J'ai ajouté que la visite de pré-anesthésie se révélait nécessaire et... légalement obligatoire. Cette visite devait résoudre le problème de la transfusion et compléter l'entretien avec le chirurgien. Pour le futur opéré, l'anesthésie constitue un acte aussi important que l'intervention elle-même, qui déclenche des peurs multiformes et presque primaires.

Ce dimanche soir, je me trouve à nouveau face à M. D., plongé dans l'obscurité de sa chambre d'hôpital.

– Vous restez dans le noir ?

– Docteur, merci de passer, parce que j'ai la trouille.

– Vous savez, le contraire serait étonnant...

Et aussitôt j'enchaîne sur un ton de légèreté un peu factice.

– Dans une semaine vous sortirez : où allez-vous passer votre convalescence ? Nous n'en n'avons pas beaucoup parlé.

Il est important de transposer tout de suite le patient dans « l'après », même si nous sommes encore dans « l'avant ». Je lui décris à nouveau les prochaines étapes, y compris la réanimation.

Dès le lendemain, tout se passe très vite. L'anesthésie se déroule parfaitement grâce à un cocktail de drogues. M. D. est enfoui dans un univers de draps bleus. Au centre de la salle d'opération, l'énorme Scialytique distribue sa lumière sans ombre. Tout autour de la salle, de nombreux officiants casqués et bottés ne laissent apercevoir que leurs silhouettes irréelles et sans formes. Au plafond et sur les murs, on peut voir des écrans et des bandeaux lumineux. Des chiffres clignotent, des courbes s'affichent.

En cours d'opération, le chirurgien est concentré sur son geste technique. Son déroulé est stéréotypé. Il doit d'abord confirmer la justesse de l'opération et surtout confirmer son choix technique, sujet à quelques modifications selon ses observations. À toutes ces étapes, de multiples erreurs d'appréciation sont possibles, et elles peuvent perturber le dernier stade : l'exécution. Je ne vois qu'une image pour expliquer cela : une sorte de gare de triage, avec une succession d'aiguillages. À chaque aiguillage, on peut se tromper. L'erreur est pardonnable, puisque l'aiguillage suivant permet de corriger le mauvais choix précédent. Mais s'il y a accumulation d'erreurs minimes, alors on va droit dans le mur.

Pour M. D, l'anévrisme se révèle de taille importante dès l'ouverture du thorax. Surtout, ce qui avait échappé au scanner, la paroi du vaisseau est très fine, trop fine, voire fragile, faisant craindre une rupture. « Pas de discussion sur l'indication », me dis-je en moi-même.

Je dois décider de la stratégie, car plusieurs techniques sont possibles. J'opte pour la sécurité : l'hypothermie, une sorte d'hibernation provoquée pour protéger le cerveau. Quand on arrive à 20 °C, la circulation sanguine peut être interrompue pendant vingt à trente minutes sans dommages cérébraux.

Pour effectuer cette opération, j'ai des appuis sérieux. Le premier assistant se trouve en face de moi. Corinne, l'instrumentiste, et Jacqueline, l'infirmière de salle d'opération, œuvrent avec compétence et efficacité. L'instrumentiste chevronnée est presque soudée au chirurgien, comme une danseuse à son partenaire dans un ballet longuement répété. Elle précède et prévoit chacun de ses gestes. Je connais Jacqueline et Corinne depuis plusieurs années et une affectueuse connivence nous unit. Nous aimons opérer avec un fond musical en sourdine pour éviter les bruits, les bavardages de l'entourage, et permettre ainsi, curieusement, une plus grande concentration.

Cette intervention va être longue. Tout se déroule selon le plan préétabli. Un tube artificiel en Dacron va être interposé pour remplacer le segment pathologique. Les tissus fragilisés rendent les sutures assez délicates, surtout à proximité du cœur. À la fin de l'opération, le montage est correct. Je note un degré anormal de tension au niveau de la prothèse, mais cela me paraît sans conséquences et je décide de finir le travail. La charge nerveuse du chirurgien réside principalement dans l'intense densité de la décision qu'il doit prendre et assumer. Malheur aux indécis et aux hyper-affectifs.

Après cinq heures d'intervention, tout est terminé. J'appelle ma secrétaire pour rassurer la famille, précisant bien qu'il faut attendre vingt-quatre heures avant de se prononcer définitivement.

M. D. passe en réanimation vers 14 h 15. Le réanimateur fait son bilan d'arrivée. Il est alerté par une anomalie persistante sur l'électrocardiogramme, ne détecte cependant aucune alarme majeure, mais exige une surveillance attentive. Par ailleurs, les reins et le cerveau fonctionnent parfaitement. Après trente minutes, les signes électriques s'aggravent et la tension artérielle diminue. Je suis appelé. Nous constatons une menace d'infarctus, confirmée par l'échographie. Dominique, le réanimateur, me dit presque brutalement :

– C'est l'artère droite, toute la partie inférieure du cœur est en souffrance.

Faut-il envisager des investigations plus complexes ? N'est-ce pas prendre un risque d'aggravation pendant des examens toujours longs ? Il me recommande de retourner au bloc opératoire pour vérification du montage. Pourquoi attendre, d'autant que les signes persistent ? Ces décisions capitales doivent être rapides. C'est là que résident les sources des plus grandes erreurs. Des erreurs d'appréciation peuvent conduire au pire, devenir une faute, sans que la compétence du chirurgien soit remise en question du reste, simplement par la succession de ces erreurs.

J'appelle Jacqueline pour prévenir toute l'équipe au bloc opératoire. Que dire à Mme D. ? Il nous faut décrire la situation sans être trop alarmistes, mais en sachant que l'on se situe dans une phase préoccupante. Dans notre jargon, nous disons que l'on entre dans une spirale de complications.

Une nouvelle opération commence. À l'ouverture, je constate que la tension au niveau de la prothèse est encore plus importante que nous ne le pensions et qu'il existe, proche de l'artère droite du cœur, un hématome qui doit comprimer. Déchirure minime ? À l'évidence, il faut refaire le montage, c'est-à-dire repartir quasiment de zéro ! Tout cela pour se mettre à l'abri d'un lâchage, qui pourrait se révéler catastrophique.

Un vent défavorable souffle, des éléments contraires s'accumulent. Le chirurgien, qui doit assumer la situation, est gagné par un grand sentiment de solitude. Je dis à Jacqueline :

– Ça va être long, avez-vous prévu des remplacements ?

– Bien sûr, monsieur, comme d'habitude.

Vers 20 h 30, la seconde opération se termine. La prothèse n'est pas tendue et l'artère se trouve complètement libérée. Le cœur bat, mais les paramètres ne sont pas bons. Une autre complication se fait jour : un saignement diffus, difficile à contrôler, lié à une atteinte des facteurs de coagulation. Je sens que nous allons vers une impasse fatale. Vers 21 h 30, je demande à l'infirmière d'envoyer un avis d'aggravation à la famille. Un terrible message. En un court instant, j'imagine M. D. mort, le visage blafard et bouffi... Il faut que je sorte quelques instants.

Proche du bloc, je prends un café et me restaure avec quelques biscuits. Je rentre en moi-même pour me mobiliser. J'essaie de mettre entre mon inquiétude et le reste de l'équipe une sorte d'écran. Un *self control* indispensable pour continuer l'action.

Après avoir téléphoné chez moi pour dire de ne pas m'attendre, je remets mon costume de chirurgien. L'horloge n'existe plus pour personne, les trente-cinq heures non plus. Les priorités sont de rétablir un fonctionnement cardiaque correct avec un agencement de puissantes drogues et, surtout, de venir à bout du saignement. J'interpelle l'anesthésiste :

– Avons-nous du sang frais et des plaquettes ?

– Oui, la banque du sang est alertée. Tout arrive dans la demi-heure.

Vers 23 heures, nous passons un cap essentiel. La situation cesse de s'aggraver. La tension reste stable et le saignement diminue. Peu après minuit, je donne l'ordre de la fermeture du thorax. Écrasé de fatigue, je gagne le vestiaire. Plus rien dans les tripes, ni dans l'esprit, ni dans le cœur. Je troque une tenue chirurgicale maculée de sang contre une blouse blanche, il me faut aussi revêtir une sorte de carapace mentale pour affronter le monde extérieur et surtout la famille de l'opéré, qui m'attend au troisième étage.

Combien de fois ai-je dû être le messager de la mort ? Combien de fois ai-je dû prononcer la phrase terrible, « c'est fini », et surtout traduire en quelques mots la terrible réalité tout autant que les raisons de l'échec ?

Je hais la mort. Les images du *Septième Sceau* montrant le Chevalier jouant aux échecs avec la Mort illustrent notre duel permanent, presque subconscient. Il y a les « coups » évidents, facilement joués. Il y a les pièges que l'on est heureux d'éviter. Il y a les parties difficiles, longtemps incertaines, où l'acharnement triomphe contre toute attente, mais dont on sort humble, sachant que l'issue aurait pu être différente. Et il y a les joutes dont on sort vaincu, forcé d'abandonner la victoire aux pions noirs.

Mme D. est entourée de quatre personnes. Ils m'attendent avec une grande nervosité. J'essaie de décrire la situation :

– L'anévrisme était énorme, il fallait l'opérer. Comme vous le savez, nous avons eu des ennuis avec un début d'infarctus. Il a fallu faire une deuxième intervention.

C'est là que, souvent, commence un décalage étrange. L'angoisse des familles étant sans doute trop grande pour être efficacement gérée, l'instinct de survie, donc l'espoir, se réfugie dans des détails triviaux, comme chez les gens qui ont été aspirés dans la tourmente d'une guerre impitoyable, et qui n'en font le récit qu'au travers de la difficulté à trouver des rustines de vélo ou la mauvaise qualité du riz distribué par le Haut-Commissariat aux réfugiés. Le chirurgien veut expliquer avec des mots choisis que la très lourde opération était déjà une tentative de la dernière chance et que... En retour, il obtient des questions totalement décalées :

– Ah bon, mais pour Noël, il pourra manger ? Parce que j'ai commandé un beau chapon...

Le plus important est de ne pas se tromper sur le pronostic. Mme D. bafouille et parle d'une voix très basse :

– C'était très long, docteur, comment a-t-il supporté tout cela ?

Je tente de lui décrire la réalité :

– Vous savez, ce n'est pas la durée qui nous préoccupe... Nous avons frôlé le pire... Nous sommes dans un état stable mais avec des moyens artificiels...

Au fur et à mesure que j'expose l'état de M. D., je sens plus qu'une incompréhension. Alors, comme souvent, je brusque les choses :

– Madame, nous sommes dans la gravité, mais nous verrons demain ce qu'il en est. Je vous appellerai et, de toute façon nous pourrons nous voir en fin de matinée.

Je regagne mon bureau. Sur ma table se trouvent tous les mots de ma secrétaire qui relatent les appels de la journée. Je vois aussi le dossier du malade que je dois opérer demain : une valve aortique simple.

Avant de quitter l'hôpital, je passe en réanimation voir M. D. En pleine nuit, l'activité est encore intense. Le chirurgien n'est plus au front, mais l'équipe de réanimation combat toujours l'ennemi. L'opéré est endormi, maintenu en sommeil artificiel, sous assistance respiratoire. Il est entouré de quatre tuyaux reliés à des seringues automatiques qui injectent des drogues avec un débit contrôlé. Quatre autres tuyaux sortent de sa poitrine pour qu'on surveille le saignement. Une infirmière, un externe et le réanimateur-anesthésiste gravitent autour du patient. Je décris à Pierre, qui est de garde, les péripéties qu'il connaît déjà. Il me répond :

– Allez, Alain, va te coucher... demain sera un autre jour.

Heureusement que l'équipe est là. Seul, un tel combat serait insurmontable. Il faut bien quitter l'hôpital, se mettre en civil, rentrer chez soi, affronter l'autre monde...

*
* *

Loin d'éviter le débat sur l'erreur et la faute, je pense qu'à chaque moment d'une méditation intérieure sur tout ce qui touche à ce métier se livre la certitude que, pour être meilleurs, il nous faut comprendre jusqu'au bout cette évidence bizarrement fugace : nous sommes des hommes, et si quelque chose peut être surhumain, ce n'est jamais notre rôle effectif, mais seulement l'apparence idéale de la tâche qui nous incombe. S'il est un métier qui, à partir d'une certaine qualité d'âme, ne peut se faire dans l'indifférence, c'est bien celui de chirurgien. Il est difficile d'imaginer qu'un homme puisse atteindre l'authentique impassibilité lorsque son action, presque toujours, engage la vie de ses semblables.

Dans ces moments-là, comment ne pas penser à la révolte des jeunes chirurgiens ? Ils ont fait les mêmes sacrifices que nous, ils maîtrisent des techniques sans cesse plus complexes, ils sont – comme nous les seniors – menacés par l'obsession judiciaire de notre société, avec le risque de voir leur nom traîné dans la boue par la presse et la justice à cause d'un enchaînement improbable mais possible de mauvaises chances. Et ils voient leur avenir bouché avec peu ou pas d'opportunités de promotion ou d'avancement après tant d'années d'études et de dur apprentissage. Alors que des responsabilités de plus en plus lourdes pèsent sur leurs épaules, les jeunes chirurgiens se sentent face à un mur gris et lisse comme un silence administratif. Il est dangereusement pernicieux d'imposer cette castration de toute ambition légitime, de toute volonté d'agir, de tout désir de se projeter dans l'avenir à ces médecins d'élite. Gavés de sacrifices et de dévouement, soûlés de promesses et d'atermoiements, ils ne voient poindre aucune reconnaissance, ni administrative, ni financière, ni humaine. Ils ont les charges du chirurgien, mais plus aucune compensation. Ils doivent assumer toutes les responsabilités, mais ne peuvent en prendre aucune dans un monde ligoté de règlements, de normes, de préventions, emmuré par-dessus tout dans une crainte panique de toute initiative individuelle, de tout risque.

Le malaise du chirurgien provient aussi d'une réduction du temps de travail purement virtuelle, absolument impraticable dans la réalité. On a aussi écrêté, limité, égalisé les rémunérations. Ce n'est pas être mû par l'appât du gain, ce n'est pas être vénal que de souhaiter bénéficier d'un minimum de confort, pouvoir faire face à un incident financier sans remettre en cause une vie de famille déjà lourdement éprouvée par un métier aussi accaparant. Il faut de toute urgence trouver un statut acceptable pour les chirurgiens, et d'une manière générale pour les médecins, avant que la crise ne devienne incontrôlable, avant que les vocations ne s'éteignent. La tentation est forte, très forte, d'aller chercher à l'étranger ce que l'on ne prend même pas la peine de leur refuser franchement ici. Si la situation perdure, la séduction de l'ailleurs sera bientôt irrésistible, et la chirurgie française mourra.

*
* *

M. D. est sorti de réanimation au septième jour et il a quitté l'hôpital au seizième jour. Il n'a pas perçu la réalité des difficultés de son intervention, et si l'on projetait le film de l'opération il n'y croirait sans doute pas. Au moment de partir, il m'a dit simplement :

– Merci pour tout... j'aimerais bien vous revoir, mais dans d'autres lieux.

Mme D. était là aussi. Les larmes aux yeux, elle me serra longuement la main et murmura :

– Merci de me le rendre vivant.

*
* *

Ma carrière de chirurgien des hôpitaux se poursuivait de façon presque linéaire. Le coup de tonnerre survint en novembre 1997. Je savais que des hôpitaux allaient être englobés dans la grande structure du nouvel hôpital européen Georges-Pompidou, mais j'ignorais lesquels. Nous avons été convoqués à la direction de l'Assistance publique. Avec peu de dialogue et aucune précaution, le directeur nous a informés d'une double décision :

– Premièrement, l'hôpital Broussais va fermer. Deuxièmement, vous allez migrer à l'hôpital Georges-Pompidou.

L'explication était d'ordre stratégique et économique. La suppression des lits équivalait évidemment à une économie de personnel. Mais comment nous insérer dans un établissement en cours de construction, au projet déjà établi ? Mystère épais de l'administration.

Après presque trois ans de réunions, de palabres, de découpages, de sacrifices, de concessions, d'ordres et de contrordres, l'hôpital Georges-Pompidou pouvait ouvrir ses portes.

– XXIII –

L'HÔPITAL DU IIIe MILLÉNAIRE

Début juin 2000, Jean-Noël Fabiani a pratiqué la dernière intervention à cœur ouvert réalisée à l'hôpital Broussais. À la fin du geste opératoire, au moment où le malade quittait le bloc, il a éteint la lumière, un geste symbolique. Cette obscurité soudaine m'a donné une impression de mort. Nous mettions fin à un demi-siècle de chirurgie cardiaque en ces lieux.

Nous devions quitter cet hôpital, devenu cimetière des éléphants. Dans cet endroit était née la chirurgie du cœur en France et même en Europe, là s'était développée la cardiologie moderne. L'hôpital Broussais avait été un monde d'empereurs et d'empires où avaient triomphé, dans des domaines différents, Pasteur Vallery-Radot, Paul Milliez et Charles Dubost.

Ici, les grands ont toujours été des géants. Quand on cumule les connaissances et les avancées surgies de tous les cerveaux des praticiens de cet hôpital, on parvient à une somme impressionnante, qui a forgé une partie de la médecine de notre temps. De plus, Broussais a aussi été un grand carrefour d'humanisme. C'est là qu'ont pris forme Médecins du Monde et la Chaîne de l'Espoir.

Et voilà que tout s'éteint. Nous allons migrer vers un monstre : l'hôpital européen Georges-Pompidou. Il a fallu fermer trois hôpitaux, Broussais, Laennec et Boucicaut, pour n'en faire qu'un. Regrouper les forces et les moyens : tel est le principe de l'hôpital du IIIe millénaire qui doit nous accueillir.

Jean-Noël et moi-même avons été promus à la tête du grand département de chirurgie cardiaque. Tous deux, nous avons guidé le déménagement de Broussais à Georges-Pompidou. Il a fallu tout boucler, et surtout assurer le lancement d'un secteur clé du nouvel établissement. Pendant près de deux mois, nous avons tout vérifié, accomplissant de multiples exercices à blanc : simuler les temps opératoires sur des mannequins, reproduire les complications éventuelles, tester de faux malades sur informatique, pratiquer des quantités d'examens pour déterminer la marge d'erreur.

Par exemple, le sang devait être fourni par petits conteneurs guidés sur des rails jusqu'au bloc depuis la banque du sang, située assez loin. Nous avons chronométré le temps nécessaire pour obtenir plusieurs poches de sang en cas d'hémorragie... La conclusion a été formelle : mieux valait envoyer quelqu'un à marche rapide ! Durant ces quelques semaines, nous fûmes proches par moments des aventures du *Sapeur Camembert*. Des problèmes stupides de portes trop étroites pour les lits de réanimation se sont posés, il a même fallu détruire et reconstruire une salle de radio, uniquement pour pouvoir y faire entrer les appareils nécessaires.

Les neuf mille quatre cents points de sécurité mis en place, visant le risque zéro, réclamaient une gestion excessivement complexe et incertaine. Ainsi, mal réglés, les mécanismes d'alerte des armoires alimentant le bloc opératoire en oxygène clignotaient en permanence. Nous étions encore en rodage.

Le 13 août à 23 heures, le système électrique a disjoncté, faisant craindre un incendie. Les relais prévus ne se sont pas enclenchés : les systèmes de sécurité se trouvaient dépassés par une réaction en chaîne. Par miracle, les transformateurs ont pu être remis en fonctionnement. Heureusement, il n'y avait pas encore de malades... L'entrée dans le modernisme ne se fait pas si aisément.

*
* *

4 septembre 2000. Voilà près de trois mois que nous avons quitté l'hôpital Broussais et que nous occupons le nouvel hôpital Georges-Pompidou. Arrivé tôt, je contourne en scooter cet immense ensemble de cent vingt mille mètres carrés situé à deux pas de la Seine, au milieu d'immeubles de luxe. Comme une sorte de H, l'établissement est composé de deux longues baies parallèles de plus de deux cents mètres de long, reliées entre elles par deux embrasures. Grâce aux cours intérieures et aux patios, la lumière du jour est partout présente. Cet effet lumière est encore renforcé par une verrière monumentale couvrant l'artère principale, sorte de rue

hospitalière qui traverse le complexe dans sa longueur et définit l'organisation spatiale de cette construction élevée sur onze niveaux.

Je longe le bâtiment, évite le parking car il est presque plein, même à cette heure matinale, gare mon scooter sur le trottoir et pénètre par la voie intérieure principale. Je ne suis pas le seul à éprouver le sentiment d'entrer dans un aéroport ou dans un immense hall d'exposition... C'est voulu. L'hôpital du IIIe millénaire se doit de déployer une architecture fonctionnelle, moderne... et rassurante.

Me voici propulsé dans une ère nouvelle. L'impression de clarté et d'espace est une réussite. Fini l'hôpital conçu en petits pavillons entourés de jardinets, oubliés les vieux ensembles rénovés et restaurés, véritables lieux d'histoire et de mémoire. À Georges-Pompidou, tout est ouvert, décloisonné, fluide. Place au bois, aux tonalités acidulées entre bleu et jaune, aux matériaux futuristes étanchés et faciles à entretenir.

De prime abord, on pourrait taxer l'ouvrage de gigantisme, ce serait une erreur. Avec ses huit cent vingt-sept lits et ses plateaux techniques, cet hôpital est d'une taille moyenne si l'on se place à l'échelle européenne. L'hôpital de Munich aligne trois mille lits, celui de Milan deux mille cinq cents.

Je monte au premier par un ascenseur qui me précise, de façon sonore, l'étage demandé... une commodité pour les malvoyants. Je parcours près de soixante-dix mètres de couloir pour rejoindre l'espace des bureaux. Aucun bruit, car la moquette bleu foncé absorbe les décibels, comme dans le luxe stéréotypé des hôtels pour hommes d'affaires. Dès mon arrivée, je sais qu'une petite caméra, déclenchée automatiquement sur mon passage, transmet mon image au central de sécurité.

Parvenu dans mon vaste bureau, mon premier geste consiste à allumer l'ordinateur... Nous sommes ici au royaume de la technique ! L'irruption de l'informatique bouleverse le mode de prise en charge des patients, le stockage des images et des radios. Le logiciel gouverne les rendez-vous et les conséquences de cette informatisation se révèlent parfois surprenantes, avec des examens prévus dans le passé ou, au contraire, renvoyés à un futur très éloigné. Je possède mon code secret pour accéder au dossier de chacun de mes opérés. La circulation de l'information se fait rapide, efficace. Je peux transmettre tout le dossier à un autre hôpital, converser en ligne avec un médecin du bout du monde... Les courriels transmis d'un clic remplacent téléphones et entretiens.

Cependant, deux mois après l'arrivée du personnel médical, l'hôpital n'est pas encore fonctionnel. Loin de là. Nous sommes tous confrontés non pas à un changement, mais à une véritable mutation. Quand j'entre dans une chambre de malade, je n'ai rien sous la main et l'ordinateur le plus proche se trouve loin du poste de soins. À quand le PC dans chaque chambre ? Et puis le moindre bogue bloque le système. À soixante ans, je ressens tout cela comme une contrainte, et je prends la précaution de doubler toutes les informations par l'écriture, sur papier.

Après de multiples répétitions et vérifications, nous avons décidé, Jean-Noël et moi, de pratiquer ce 4 septembre la première opération à cœur ouvert réalisée à Georges-Pompidou. Tout le monde est sur le pont, y compris les responsables de la maintenance. Tout est même doublé. À côté des circuits d'oxygène les plus modernes, il y a d'antiques bouteilles. On ne sait jamais.

Tout se passe bien. Mme H. ne s'est pas aperçue qu'elle était la première opérée ! Nous le lui avons dit après l'intervention seulement. Elle en a tiré une grande fierté.

Après cette première, l'ensemble se met peu à peu en marche comme un immense navire mis à l'eau. Hélas, ce fier bâtiment ressemble un peu au porte-avions *Charles-de-Gaulle*, victime lui aussi de nombreuses maladies infantiles. Ainsi, à côté des systèmes automatiques, se tient le personnel hospitalier habituel des anciennes structures, crédibilisant l'idée absurde que ce personnel pléthorique serait indispensable. Un exemple : Georges-Pompidou conserve toute une équipe de portages des repas, alors que des chariots télécommandés sont prévus pour accomplir cette tâche. Dès lors, un personnel plus restreint suffirait pour tendre le plateau aux malades immobilisés.

Hors des problèmes techniques, il nous faut surtout affronter les problèmes psychologiques de l'équipe, difficultés liées au changement. Des dépressions surgissent. Tout se mêle : regret de l'ancienne structure, adaptation à de nouvelles pratiques, initiation aux règles d'ergonomie. Nous pratiquons la psychothérapie de groupe dans chaque secteur. Mais, visiblement, l'administration a sous-évalué l'épreuve de l'ouverture.

Peu à peu les choses se calment. La dernière vague d'arrivée en provenance de Boucicaut se fait en octobre et le grand jour de l'inauguration arrive.

Au début du mois de novembre 2000, le président Chirac vient en personne célébrer l'ouverture de ce nouvel établissement. Une foule immense se bouscule. Tout le gratin médical est là, rejoint par le Tout-Paris. Au pas de charge, le président parcourt l'hôpital, saluant tout le monde, serrant des centaines de mains. À la fin de sa visite, il monte sur une estrade et commence son discours. Dès les premiers mots, ses paroles sont couvertes par les véhémentes injonctions des syndicalistes.

Cette opposition bruyante me peine. D'abord parce que l'homme est sympathique, chaleureux et profondément humain. Ensuite parce que j'estime que le président de la République française a droit au respect, au moins à la courtoisie, quelle que soit l'opinion que l'on porte sur l'homme politique. En plus, je souffre de voir l'hôpital européen Georges-Pompidou, ce merveilleux outil, salué par des quolibets, des slogans et des pancartes. Je perçois un certain désarroi chez notre directeur, Louis Omnès, qui a œuvré sans relâche depuis plus de dix ans pour que cet hôpital existe. Je m'approche de lui pour faire part de mon émotion et l'assurer de mon soutien inconditionnel. Il le sait, mais autant le lui redire.

– Tout ne peut pas être facile, surtout en France, me souffle-t-il.

Les protestations syndicales sont pour moi le signe que l'hôpital public est malade. Voilà plus de dix ans que les décisions importantes ne sont pas prises. L'hôpital est perçu comme une machine à produire des déficits, mais les progrès technologiques et le vieillissement de la population rendent illusoire toute perspective de diminution des dépenses. De plus, les diverses missions du service public ajoutent encore à la perte financière. Bref, le défi lancé à l'hôpital public n'est pas de dépenser *moins*, mais de dépenser *mieux*.

*
* *

Georges-Pompidou, c'est la technologie avancée, les plateaux techniques informatisés, les nouvelles pratiques. Tout est mis au service du malade, du malade « consommateur ». L'hôtellerie haut niveau devient une obligation. Plus de quatre-vingt-dix pour cent des chambres sont individuelles, avec canapé-lit pour un éventuel accompagnant. Tout cela est splendide, mais stupide. L'hôpital aurait dû marquer la volonté de mettre en œuvre les réformes que chacun sait nécessaires. L'hôpital devrait être un lieu exclusivement réservé aux soins lourds, correspondant aux jours difficiles.

Un enfant venu d'Asie ou d'Afrique pour être opéré à Paris grâce à la Chaîne de l'Espoir ne reste en moyenne qu'un peu plus de deux jours à l'hôpital. Pourquoi un Français demeure-t-il plus longtemps ? Pourquoi doit-il occuper inutilement une structure lourde et onéreuse ? L'hôpital n'est pas un hôtel, le suivi des soins post-opératoires peut parfaitement se dérouler dans un autre cadre, avec médecin de garde et bracelet électronique pour assurer une surveillance constante, dans une structure allégée, et donc moins coûteuse pour la collectivité. C'est à cette condition que l'on parviendra à sauver notre système de santé.

Pour les malades aux pathologies relativement légères, le développement du concept de l'hôpital de jour permettrait au patient de rentrer chez lui le soir, une façon de supprimer son isolement psychologique et de limiter le risque d'infections nosocomiales, ces affections contractées dans le milieu hospitalier.

Pour les cas plus lourds, l'hôpital de semaine, avec opération le lundi et surveillance intensive jusqu'au vendredi, suffirait bien souvent. Si aucune difficulté n'est survenue durant cinq jours, cela signifie que la situation d'incertitude est dépassée et que la convalescence a commencé. Ainsi, seules les unités de soins intensifs tourneraient vingt-quatre heures sur vingt-quatre, sept jours sur sept. Telle est la vocation de l'hôpital d'aujourd'hui avec son appareillage de pointe et son coût élevé.

Un coût souvent mal maîtrisé... Il faut savoir que, sur le plan fonctionnel, soixante-dix pour cent des frais d'un hôpital sont des frais de personnel. Les économies parfois suggérées sur les médicaments ou les pansements ne peuvent être qu'annexes. Il n'y aura pas de réforme indolore de l'hôpital public. Ou alors ce sera, une fois de plus, une réformette marginale qui, en retardant la solution, ne fera que la rendre plus douloureuse.

Mais comment faire, alors que l'évolution médicale n'est même pas acceptée par les médecins ? Et puis, tandis que la démographie du corps infirmier et du corps médical diminue, les lois sur la réduction du temps de travail ont surgi sans aucune préparation. C'est bien dans ce contexte de malaise que le président de la République n'a pu se faire entendre lors de l'inauguration de l'hôpital Georges-Pompidou.

La véritable mutation dont a besoin l'hôpital public consisterait en un système d'évaluation de ses performances, tout en redonnant une marge de manœuvre dans son fonctionnement. La médecine française demeure hautement appréciée, beaucoup d'étrangers seraient prêts à payer le prix réel pour obtenir des soins de qualité. Or, nous ne pouvons pas les accueillir dans ces conditions, car le prix de journée est artificiellement bas et, en tout cas, non représentatif du coût réel : près de mille cinq cents euros la journée. En refusant d'imposer, dans certains cas, ce prix réel, on prive les hôpitaux de revenus substantiels, qui contribueraient à leur équilibre financier.

Par ailleurs, une exigence sans cesse accrue de santé se manifeste dans notre pays. Là aussi, cette santé a un coût. Nous avons le droit de le connaître puisque nous, contribuables, sommes les payeurs. Qui sait qu'une greffe cardiaque coûte près de deux cent mille euros ? Nous devons accepter d'en payer le prix avec nos cotisations d'assurance maladie. Un vaste débat public est indispensable sur les missions de l'hôpital public et ses moyens nécessaires.

Un autre danger se fait jour. Relationnel, celui-là. De merveilleuses technologies entourent le malade, l'IRM décortique au millimètre près chaque partie du corps, en quelques heures tous les documents générés par une technique ultramoderne et par un laboratoire de biologie entièrement automatisé sont numérisés et versés au dossier du patient, lui-même conservé dans le serveur central. Les médecins et le personnel soignant peuvent le consulter à tout moment. Et le malade repart avec une disquette. Mais cette prise en charge hypertechnologique, collective et anonyme, est en train de noyer la dimension humaine de l'acte médical.

L'hôpital moderne se doit de rester un lieu d'échanges entre malades – souvent gravement atteints – et médecins hautement qualifiés. L'acte médical repose sur une relation unique entre ces deux acteurs principaux que sont le patient et le médecin. Cette relation directe est même la condition de la confiance des malades et de leur famille. Le technicien que je suis demeure persuadé que, lieu de vie, l'hôpital du IIIe millénaire ne doit pas perdre sa dimension humaine au nom du progrès. La technologie doit être un outil au service de cette relation maladie-médecin et non un étouffoir.

Par ailleurs, quelques manques flagrants empêchent Georges-Pompidou d'entrer tout à fait dans le IIIe millénaire : pas d'héliport sur le toit, pas d'hôtel annexé à l'hôpital. Mais le dernier vrai scandale reste le bâtiment de recherche, qui n'est toujours pas construit ! Des blocages, en particulier financiers, persistent. Chez nos amis anglo-saxons, il aurait été bâti en premier, comme une priorité vitale.

Bien sûr, je suis critique parce que je suis français. Je réagis face à cet hôpital comme un supporter fanatique de son équipe de football, qui ne cesse de la dénigrer tant il l'aime. Oui, il faut bien le dire, comme tout le personnel, comme les malades qui y ont été soignés, comme les visiteurs qui y sont passés, j'aime cet endroit. En dépit de ses manques, il est splendide, et l'on se demande pourquoi tous les hôpitaux ne sont pas petit à petit mis à ce niveau. Outre la performance architecturale, outre le confort de travail et d'hospitalisation, cette structure est aussi une merveille technologique. Le laboratoire de biologie est totalement robotisé. En quelques heures, nous disposons d'informations complètes, qui représentent pour nous un outil thérapeutique inimaginable il y a quelques années. L'hôpital Georges-Pompidou exprime aussi la splendeur de la politique française de santé : on peut croiser dans le même service un prince koweïtien, un prisonnier de Fresnes et un SDF, qui ont tous le même accès aux soins.

Et je me prends à rêver, pourquoi n'irait-on pas plus loin ? La France créerait, par grandes régions, par grands bassins de population, de vastes hôpitaux publics ultramodernes, pôles d'excellence autant pour les soins que pour la recherche. Pourquoi ne pas créer un tel hôpital vers Marne-la-Vallée, puisque la population se concentre surtout à l'est de la région parisienne ? Pourquoi ne pas aller jusqu'au bout de l'idée d'hôpital européen avec un véritable hôpital de ce type à Strasbourg ? Malades, infirmiers, médecins seraient français, allemands, suisses, belges, luxembourgeois. Du coup, le mode de gestion devrait être revu et s'inspirer de ce qui se pratique ailleurs en Europe. Là, pas de prix de journée, mais une tarification forfaitaire pour un soin complet, incluant analyse préopératoire, opération et hospitalisation. Alors on verrait que l'hôpital public, libéré de ses entraves administratives et de sa tarification hypocrite, peut se révéler rentable et concurrentiel. Alors on constaterait que, dans le domaine de la santé, l'Europe tient parfaitement sa place face aux États-Unis et au Japon.

*
* *

Un mois à peine après sa tumultueuse inauguration, une nouvelle calamité s'abat sur l'établissement : une épidémie de légionellose, atteinte provoquée par des bactéries qui se développent dans l'eau chaude entre 25 et 45 °C. La contamination peut se faire soit par un nuage de micro-gouttelettes disséminées par un robinet ou une pomme de douche, soit par une tour extérieure de réfrigération. En tout cas, à Georges-Pompidou, des malades hospitalisés sont contaminés, certains en meurent. Les médias s'emparent de l'affaire et matraquent : « Des morts à Georges-Pompidou », « L'épidémie sévit et fait des ravages »...

Des conférences de presse sont organisées, des explications données : les kilomètres de canalisation sont difficiles à contrôler, l'hôpital est victime de son ouverture progressive avec zones de stagnation, sans compter que les légionelles se trouvent partout, y compris dehors, dans notre environnement proche. Rien n'y fait, nous sommes coupables. Les médecins tentent de dire que les quelques morts étaient déjà très gravement atteints par d'autres pathologies, mais nous devenons des pestiférés, presque condamnés à la quarantaine ou à l'isolement forcé. On parle même de fermeture, au nom du principe de précaution.

Bernard Kouchner, encore lui, vient sur place au sommet de la crise. Il parle net, comme à son habitude :

– L'hôpital ne sera pas fermé. Des mesures exceptionnelles vont être prises. L'hôpital sera sécurisé en quelques semaines, je m'y engage.

L'épidémie disparaît... mais la réputation perdure. Un grand nombre de malades s'éloigne. Les nouveaux patients se font rares. Même les chauffeurs de taxi dissuadent leurs clients de se rendre dans cet hôpital maudit.

Des mois plus tard, tout s'apaise. Le navire amiral a lâché ses amarres, il vogue au large et ne craint plus les coups de vent. Tout fonctionne enfin. Les malades sont satisfaits et même surpris du luxe étalé. Beaucoup ne veulent pas retourner dans d'autres hôpitaux, plus vétustes. La fille d'une de mes opérées me demande, un peu inquiète :

– Combien ça va coûter, tout ce luxe ?

– Rien, madame, nous sommes dans un hôpital public, vous avez déjà payé par vos impôts et vos cotisations sociales.

*
* *

L'ironie du sort a voulu que je puisse participer, presque coup sur coup, à l'ouverture de deux nouveaux centres hospitaliers : l'hôpital Georges-Pompidou à Paris et l'hôpital cardiologique de Phnom Penh, au Cambodge.

J'ai été quasiment passif pour le premier et particulièrement actif pour le second. L'un s'est fait dans l'opulence tapageuse, l'autre dans l'économie forcenée. L'un a mis huit ans pour être construit, l'autre a été achevé en quatorze mois. Mais tous deux font partie de ma vie.

– XXIV –

LE CHARME SUBTIL DU SOURIRE KHMER

La promesse faite de ne jamais abandonner le peuple cambodgien ne m'avait pas quitté. Dès 1990, je m'étais rendu régulièrement au Cambodge où je retrouvais Jean-Claude Prandi et sa femme Natacha, les maillons de la Chaîne de l'Espoir à Phnom Penh. Jean-Claude, biologiste de formation, était parti au Cambodge pour trois mois, il y était resté. Sa corpulence, son éternelle barbe, ses petits yeux malicieux font de lui un monument héroïque. Quant à son épouse Natacha, pédiatre russe, elle a œuvré sans relâche dans son domaine. En plus de sa rare beauté, cette femme en impose par son autorité naturelle, à l'hôpital et en toutes circonstances.

Je me sens bien au Cambodge. Ici dominent la paix et la sérénité. Tout est imprégné de bouddhisme. Chacun a son karma, et le bon karma ouvre les portes de la félicité. Le sourire khmer est rempli d'énigmes. Sur les fresques d'Asie, sur les statues, cet étrange rictus qui mêle joie, sérénité, harmonie et tragédie se trouve figé pour l'éternité.

Au Cambodge, je le retrouve tous les jours chez chacune, chez chacun. Il ne faudrait pas croire qu'il reflète obligatoirement un bonheur extrême ou une authentique sincérité. Il peut même s'afficher dans des situations dramatiques. Il constitue un écran de timidité et de politesse, peut-être une protection. Bien sûr, ce sourire facilite les contacts humains. N'empêche, certains Cambodgiens m'ont raconté que les Khmers rouges égorgeaient leurs victimes avec « un certain sourire ».

En Asie d'une façon générale, et au Cambodge en particulier, les interprétations sont toujours difficiles. Tout apparaît en permanence comme dans une image floue, et sans décodeur. En langue khmère, le « non » n'existe pas, la seule négation est « y a pas ». On se trouve vite en situation d'incompréhension. Même lors des consultations, la communication se fait difficile.

– Il est né quand, le petit Chiour ?

– À la saison des pluies...

Ou alors l'année du buffle...

De plus, les noms changent : un enfant se voit attribuer d'abord un prénom provisoire pendant un an, puis on lui en donne un autre selon le calendrier lunaire.

Pour ajouter à ces imbroglios, il faut se souvenir que le Cambodge n'existait pas officiellement au début des années quatre-vingt-dix. Le pays n'était pas reconnu et les ambassades occidentales étaient fermées. Alors, pour envoyer un enfant se faire opérer en France, on lui attribuait un « passeport volant » et chaque voyage était une aventure. Faute d'avion, il fallait rejoindre Ho Chi Minh-Ville par la route, cinq heures de voyage à travers des zones infestées par les Khmers rouges et les bandits. Au Vietnam, le consul de France délivrait des visas d'entrée à la limite de la légalité.

Après une cinquantaine de transferts, il apparut évident qu'il fallait envisager d'opérer les enfants sur place, au Cambodge, en créant un centre de cardiologie performant. La tâche se révélait urgente, car la liste des candidats à l'opération s'allongeait.

En novembre 1993, Jean-Claude Prandi, le père Ceyrac et moi étions reçus par le roi Sihanouk : nous venions lui promettre de bâtir un Centre du Cœur et lui proposions, pour parvenir à cet objectif, de créer sous son égide une fondation destinée à recueillir des fonds. En voyant le père Ceyrac, Sa Majesté se mit à genoux en lui murmurant :

– Vous êtes un saint homme.

Le père, ému mais imprégné de pragmatisme, a mené l'entretien comme un maître. Nous avons évoqué notre projet et le soutien nécessaire. Le roi Sihanouk a sollicité pour nous de grandes entreprises à travers le monde : Coca-Cola, General Electric, Toyota, la Lyonnaise des Eaux... Échec total. Un mauvais karma, sans doute. Le monde ignorait le Cambodge et ses enfants cardiaques en train de mourir.

Alors, le doute s'installa. Peut-être fallait-il se contenter de faire venir les enfants en France. Nous avons rapidement dépassé la centaine de petits Cambodgiens soignés dans l'Hexagone. Des rencontres toujours émouvantes et particulières...

Sot Kiel avait quatorze ans et se sentait proche de la mort en raison de ses fréquentes crises d'étouffement. Sa valve mitrale était très rétrécie et il a été sauvé par l'opération. Quelques mois plus tard, Natacha le retrouva en consultation... Le gamin avait rasé sa tête et portait la robe safran des élèves bonzes. Il expliqua, en s'inclinant devant la pédiatre :

– J'avais juré, si j'étais sauvé, de rentrer dans la pagode.

Il voulait pouvoir espérer arriver au Nirvana en se consacrant à la méditation et à l'ouverture aux astres. Tout cela pour remercier d'être en vie.

À seize ans, Haï a été opéré à Paris pour une grave malformation du genou. Avant son départ, sa famille lui avait intimé l'ordre de rester en France, pour son bien, pour son avenir, pour changer son karma. Afin d'obéir à cette injonction, il a cru qu'il suffisait de déchirer son billet d'avion... Hélas pour lui, il a dû rentrer. À son retour, à peine arrivé à l'aéroport, il a été giflé brutalement par sa mère, terriblement déçue de le voir revenir.

Un soir de 1997, je dînais à la Coupole, la fameuse brasserie de Montparnasse, avec Jean-Claude Prandi et Natacha. Nous échangions nos souvenirs de Médecins du Monde au Cambodge, la réhabilitation de l'hôpital Calmette à Phnom Penh en 1990, le lancement de la Chaîne de l'Espoir, le pavillon des pauvres... Le repas devait marquer le retour du couple en France et la fin de son engagement à Médecins du Monde. Jean-Claude et

Natacha ne supportaient plus les injonctions des dirigeants de l'association. Au dessert, j'ai lancé une bouteille à la mer :

– Et le Centre du Cœur ? Nous l'avons promis au roi Sihanouk. Si on se lançait ? Je ne peux le faire qu'avec vous... Nous avons les cartes en main, et avec Kry nous possédons l'atout maître.

Sans réfléchir, ils ont relevé le défi. La retraite attendra.

– Marquons d'abord un grand coup en envoyant une mission de chirurgie cardiaque là-bas.

Peu après, en octobre, la première opération à cœur ouvert était réalisée au Cambodge.

Le petit Cuong reste pour nous un héros. Il a été surnommé « l'Empereur », et avec lui nous avons finalement bâti un empire, l'empire du cœur.

Nous étions partis à douze avec plus de trois cents kilos de matériel pour créer une structure temporaire de chirurgie cardiaque à l'hôpital Calmette et avons opéré dix-huit enfants.

Au milieu de la troisième opération, une panne d'électricité a plongé le bloc opératoire dans l'obscurité. Les caméras de France 2 étaient là pour tout filmer et le reportage, réalisé encore une fois pour « Envoyé spécial », montrait les aléas de ce genre d'aventure. À la fin de l'émission, j'ai déplié le plan du futur Centre du Cœur avec en arrière-fond les toits du palais royal. Sur les conseils de Paul Nahon, je n'ai pas directement demandé d'argent à l'antenne, mais la création de ce Centre à Phnom Penh devenait, par le miracle de la télévision, une cause pour des millions de Français.

Quelques mois plus tard, à la fin d'une courte allocution faite au temple du Saint-Esprit, à Paris, un couple très digne s'approcha de moi :

– Nous aimons ce que vous faites pour le Cambodge... Nous allons faire un petit geste.

Ce « petit geste » était un don de deux millions de dollars. Presque en même temps, nous allions recevoir un virement anonyme en provenance d'une grande banque suisse et le soutien du laboratoire Servier.

Alors, tout pouvait prendre forme.

Le grand architecte Nicolas Malivel est allé inspecter les possibilités locales. Il arrêta son choix sur un espace situé dans l'enceinte même de l'hôpital Calmette. Hélas, le terrain était déjà vendu à Shell pour y construire une station-service. Jean-Claude Prandi et Kry se démenèrent, mobilisèrent les hautes autorités locales – en particulier le président du Sénat, Son Excellence Chia Sim – et obtinrent un entretien avec le Premier ministre Hun Sen. Au cours de l'entrevue, le chef du gouvernement, d'une simple griffe, changea la destinée du terrain. Nous n'étions pas en France !

Le chantier pouvait démarrer et je découvrais ce que signifiait un appel d'offres. Une multinationale française chercha à emporter le marché à un prix supérieur... mais avec, en contrepartie, un don et une commission personnelle ! Peine perdue. Tout a été finalement clôturé par une proposition exceptionnelle faite par Cao Chin Lee, le maître local de la construction. Une célébrité là-bas : il a été l'un des derniers à quitter le pays au moment de l'arrivée des Khmers rouges, et l'un des premiers à revenir au moment de la paix. Au nom du royaume, et pour les enfants cambodgiens, il a accepté de bâtir au prix coûtant.

Les travaux commencèrent en août 2000 et progressèrent à une vitesse vertigineuse, sept jours sur sept, avec une colonie d'ouvriers résidant sur place. Il fallut d'abord déminer le terrain, précaution indispensable : plusieurs obus et douze mines antipersonnel ont été mis au jour. Et puis l'espace se révéla peu propice à la construction car humide et sableux en profondeur. Les pieux ne tenaient pas. Une dalle en ciment fut nécessaire pour supporter l'édifice.

Nicolas Malivel s'est imprégné de la beauté de l'architecture khmère, avec des dominantes ocre et un patio central. Il a voulu que ce Centre puisse allier harmonie, élégance et fonctionnalité. Son message était simple : pour les enfants qui souffrent, il faut de la beauté.

En ce qui concernait l'indispensable matériel médical et chirurgical – sans lequel le Centre ne serait qu'une belle coquille vide –, la fermeture des trois hôpitaux parisiens destinés à être englobés dans la nouvelle structure Georges-Pompidou nous offrait une rare opportunité. Nous avons récupéré tous les équipements déclarés obsolètes... Deux surveillantes en retraite, Geneviève et Maryvonne, ont œuvré comme des fourmis pour tout repérer et tout pister. Les « Dames de Cœur », puisqu'on les surnommait ainsi, ont apporté leur compétence, leur énergie et leur savoir-faire afin de persuader l'administration de l'Assistance publique de faire œuvre utile en cédant ce matériel au Cambodge.

La règle veut qu'avant de se départir d'un équipement ancien, mais encore efficace, l'administration hospitalière le propose à l'ensemble des établissements parisiens. Ceux-ci disposent alors de huit jours pour faire connaître leur décision. Les Dames de Cœur ont envoyé une circulaire en plein mois d'août... Les réponses n'ont pas fusé. Tout a donc pu être récupéré et placé dans de vastes conteneurs pour être expédié au Cambodge. Par ailleurs, l'équipement plus sophistiqué a été quasi offert par Siemens en utilisant du matériel de seconde main complètement rénové en usine...

Restait encore à former des équipes chirurgicales sur place. Soigner pour former, former pour soigner, c'est aussi un objectif de la Chaîne de l'Espoir. La transmission du savoir me paraît primordiale.

L'art de la chirurgie me semble particulièrement bien adapté à l'âme khmère, si marquée par la danse. Je suis fasciné par l'art de la danse au Cambodge, et j'ai découvert une certaine similitude entre les gestes précis du ballet khmer et ceux, tout aussi précis, d'une intervention chirurgicale. Nous avons donc décidé d'enseigner la danse chirurgicale. Un jury franco-khmer a sélectionné les différents candidats à cette formation, après un appel lancé dans la presse. Les médecins et les infirmières ont été formés au Vietnam à l'Institut du Cœur de Ho Chi Minh-Ville dans leur seule langue commune : le français.

Le régime de formation a été excessivement dur. Il fallait se montrer prêt et assumer physiquement les longues heures en salle d'opération. Un chirurgien cambodgien a craqué, me laissant une lettre demandant à Dieu de lui pardonner, avant de disparaître sans plus d'explications.

Et puis, certaines rencontres ont changé le devenir du Centre. Saran avait perdu toute sa famille sous les Khmers rouges. Il avait fui son pays et, après un atroce séjour en camp de réfugiés, était arrivé à Paris où il avait travaillé pendant dix-sept ans comme infirmier en réanimation postopératoire, précisément en chirurgie cardiaque. Il est venu me voir un jour pour me demander de l'intégrer au projet cambodgien, car il souhaitait finir sa vie chez lui et se consacrer à la formation des infirmiers et des infirmières. Effectivement, il est devenu, à Phnom Penh, l'une des chevilles ouvrières de cet enseignement.

Avant d'ouvrir le Centre, il nous fallait encore mettre au point un système de gestion adaptée aux contraintes économiques. Alors, nous avons pratiqué la politique de Robin des Bois : prendre aux riches pour donner aux pauvres ! Un secteur « luxe » a été conçu, tout y est prévu pour accueillir les riches Chinois ou les hommes d'affaires japonais. La qualité des soins se hisse aux normes internationales... les prix de journée et le coût des prestations aussi. La diarrhée d'un Singapourien peut ainsi offrir l'opération cardiaque d'un enfant nécessiteux.

Les petits patients soignés bénévolement, eux, sont répertoriés par des visites médicales couplées à des enquêtes sociales. Mme Sy, dont la famille a été totalement décimée par les Khmers rouges, a dédié sa vie à ces enfants. Elle veille sur tout et constitue un maillon essentiel de la Chaîne de l'Espoir au Cambodge. Le couple royal l'a officiellement « remerciée d'exister ». Mme Sy nous protège des nombreux subterfuges inventés par certaines familles peu scrupuleuses pour tenter d'obtenir la gratuité totale d'une opération. Elle a découvert qu'il était facile de « louer » des parents pauvres pour se présenter à la consultation. Nous sommes en Asie, tout est possible.

Dès l'ouverture du Centre, nous nous surprenons à opérer à l'économie. Place aux casaques en coton réutilisables, place à la restriction dans tous les domaines. Une radio du thorax coûte deux dollars. Et chaque fois se pose cette question : faut-il vraiment la faire ? En tout cas pas de façon systématique.

Près de deux mille enfants victimes de graves affections cardiaques sont déjà sur liste d'attente et espèrent l'intervention qui leur rendra la santé. Globalement, on estime à plus de vingt mille le nombre de petits malades qui pourraient être sauvés [1]. Tout est organisé pour effectuer chaque année plus de vingt mille consultations et près de mille opérations à cœur ouvert.

Pour accomplir cette œuvre, pour bâtir ce Centre rempli des technologies les plus modernes, il nous a fallu mobiliser toutes les compétences, toutes les énergies et, bien sûr, susciter la générosité. Au départ, la tâche paraissait quasi insurmontable. Mais elle est vite devenue une grande aventure : une aventure du cœur. Ce projet avait dès son début un karma positif, qui perdure heureusement.

*
* *

Le 2 novembre 2001, jour de l'inauguration, a été soigneusement choisi par le roi. C'est la date de son anni-

1. Ces enfants cardiaques souffrent pour moitié de malformations de naissance et pour moitié d'atteintes cardiaques dues à des rhumatismes articulaires aigus liés à des angines mal soignées.

versaire et, selon le calendrier lunaire, les heures de la matinée se révèlent particulièrement fastes, d'autant plus que nous sommes en pleine fête des eaux. Au Cambodge, les astres dominent, il faut inaugurer un hôpital sous un ciel favorable. La veille, deux statues d'éléphants ont été scellées de part et d'autre de l'entrée. Par tradition, l'éléphant écarte le malheur : nos deux pachydermes seront les anges gardiens du Centre.

En fait, tout fonctionne depuis deux mois. Une petite fille, opérée à cœur ouvert, est rentrée dans son village et les parents ont accueilli l'accompagnateur avec cette question surréaliste :

– Est-ce qu'on a envoyé des morceaux du cœur en France pour les faire réparer ?

Quatre-vingt-neuf enfants ont subi des interventions majeures sans réelles complications, à une exception près. Nous avons malheureusement enregistré notre premier décès. Sophear, une fillette de douze ans, n'a pas survécu à une lourde opération. Ses parents, très pauvres, nous ont remerciés, ils étaient contents car c'était son karma, elle allait vivre mieux dans une autre existence. Kry m'a appris que le geste convenable en cette circonstance consistait à offrir les frais des obsèques.

À 9 heures pile – il ne faut pas manquer les heures favorables du matin –, le roi Sihanouk et la reine Monique arrivent. Leur voiture s'arrête au ras d'un tapis rouge. Protégés par un dais porté par des serviteurs, les souverains parcourent le court trajet jusqu'à la tribune. Des jeunes filles en habits traditionnels jettent des pétales de roses aux pieds du roi et de la reine. Le long du tapis, que Leurs Majestés foulent d'un pas auguste, s'alignent dans l'ordre strict des préséances et des hiérarchies tous les dignitaires du royaume et du gouvernement, qui s'inclinent au passage du roi en faisant le salut khmer, mains jointes. La scène nous replonge au début du XXe siècle. Il ne manque que les éléphants.

Le roi s'approche de moi. Je m'incline. Il me serre les deux mains et me dit de sa voix douce :

– Cher professeur, quelle joie suprême d'être là...

La cérémonie commence par un office religieux célébré par le vénérable Viot entouré d'un aréopage de bonzes en robe safran.

Un peu plus tard, je dois prendre la parole :

– Ce Centre du Cœur, créé par le cœur, animé par un cœur, présente de curieuses caractéristiques. Il possède deux chambres pulsatives : l'une khmère, l'autre française. D'où son extrême vigueur.

Amplifié par de puissants haut-parleurs, mon discours résonne au loin. Je me cramponne à mon petit pupitre. Tout en parlant, je lance un regard circulaire et m'aperçois que personne ne manque. Dans la tribune officielle, assis sur des fauteuils d'or et d'ivoire, le roi et la reine dominent l'assemblée. Ils sont le Cambodge, ils en incarnent la majesté et la permanence, avec, me semble-t-il, dans le regard du roi, le pétillement ironique et malicieux de celui qui a mené victorieusement la stratégie infiniment délicate du faible face au fort.

Derrière eux, le Premier ministre Hun Sen et son épouse, le prince Ranaritt, président de l'Assemblée nationale, et Son Excellence Chia Sim, président du Sénat. Je crois reconnaître aussi la princesse que j'avais rencontrée jadis, alors réfugiée dans un camp de la détresse en Thaïlande, celle qui avait aidé à la renaissance du ballet royal. Tous sont aujourd'hui réunis.

Le personnel médical de l'hôpital Calmette a pris place dans une autre tribune. Médecins, chirurgiens, infirmiers et infirmières, tous en blanc, brandissent de petits drapeaux.

À gauche est regroupée la délégation française. Bernard Kouchner est présent avec sa femme, Christine Ockrent. Il nous avait promis de venir, il a tenu sa promesse. L'ambassadeur de France est à leurs côtés. Il ne s'exprimera pas, notre pays est aujourd'hui représenté par Kouchner. C'est aussi bien, car le soutien officiel de la France pour ce projet s'est révélé plutôt faible, sans parler de l'aide financière réduite à presque rien.

Derrière eux, je vois le père Ceyrac. Il a quatre-vingt-sept ans et en paraît vingt de moins. Il est arrivé d'Inde, de Madras, ce matin même. Pas fatigué du tout, très tonique même. Il se montre ému d'être là, de voir surgir à nouveau l'espérance chez un peuple si profondément traumatisé.

– En faisant ce que tu fais, tu sèmes dans l'univers, m'a-t-il dit peu avant l'ouverture de la cérémonie. Avec beaucoup d'amour, on peut réaliser de grandes visions. Tu avais une grande vision, elle est devenue réalité.

Alain Carpentier a fait le voyage, lui aussi. Il a voulu demeurer en retrait de la cérémonie, mais sa présence signifie beaucoup pour moi. Mon patron en chirurgie est là. Avec lui, nous avons déjà fait l'Institut du Cœur au Vietnam... Il m'a appris comment bâtir un hôpital, m'a enseigné que seules l'énergie et la volonté comptent pour faire bouger les montagnes.

– Il faut rêver sa vie, me répète-t-il souvent.

Prononcer mon discours devant les trois personnalités qui ont orienté toute mon existence me bouleverse. J'y vois un signe, le signe de la cohérence de ce que j'ai entrepris et dont le Centre du Cœur de Phnom Penh constitue l'un des aboutissements. Malgré leurs intenses occupations, ils sont là... mes trois éléphants blancs !

Bernard Kouchner parle ensuite, avec une allure et des accents gaulliens. À Phnom Penh comme ailleurs, sa popularité est considérable. En quelques mots, il dit ce qu'il martèle depuis trente ans, une vérité presque trop limpide et trop simple pour être entendue.

– Rien n'est plus politique que de porter secours aux autres. Cet hôpital est un symbole et un signe, le signe que nous pouvons transformer la vie des hommes.

Une journaliste me demande ce que je pense de tout cela. Je lui réponds :

– La force de la Chaîne de l'Espoir ce sont ses maillons, tous ces hommes et ces femmes qui se sont trouvés dans le même élan, pour la même cause, avec la même solidarité...

La cérémonie se termine. Vient alors le moment très solennel de la remise des décorations. Tous les acteurs sont promus. Éric Cheysson est visiblement ému, le couple Prandi se voit également anobli ainsi que notre couple de grands donateurs. Et Sa Majesté me fait grand commandeur de l'ordre de l'Éléphant blanc ! Rétroactivement, en un éclair, l'animal sacré vient donner un sens à un parcours, et légitimer mes choix.

Plus tard, j'ose poser cette question au roi :

– Majesté, que représente pour vous l'éléphant blanc ?

Durant vingt minutes, il m'explique la manière dont le bouddhisme perçoit l'éléphant blanc, le *Dam Rei Sor*, symbole de prospérité, de chance et de bonheur, voire de perfection. Animal d'une rareté si absolue qu'elle confine au sacré. La reine Maya, mère de Bouddha, n'aurait pas conçu son enfant de façon humaine, elle aurait été pénétrée « magiquement » dans un songe par un éléphant blanc à six défenses...

Et puis, mi-sérieux, mi-ironique, le roi termine sur cette anecdote :

– Les Français ont offert à mon père un éléphant blanc. Je l'ai gardé au palais quand j'étais roi. Il est malheureusement mort en février 1970... Un mois après j'étais renversé du trône avec la complicité des Américains. Vous voyez, il ne faut jamais perdre son éléphant blanc !

Quelques jours avant mon départ, je fais une visite nocturne en réanimation. Sur un lit, j'aperçois un garçon en position quasi fœtale en train de suffoquer. J'interroge le jeune médecin de garde.

– C'est un stade terminal, il est arrivé il y a quelques heures avec sa famille en cyclo-pousse de Kampong-Chan... On ne peut rien faire, c'est son karma, me susurre ce médecin, par ailleurs très brillant.

Ce fatalisme finit par m'exaspérer.

– Pourquoi n'ai-je pas été prévenu ?

Le médecin me regarde avec le fameux sourire khmer,

un peu figé... À côté de moi, Antoine Lafont, cardiologue, ajoute brutalement :

– Son karma, c'est peut-être de mourir ici en réanimation, mais notre karma à nous, c'est de l'opérer pour lui donner une petite chance.

Le soir même, l'opération est tentée par Christophe Acar, professeur à la Pitié-Salpêtrière. Tout a été réparé en trois heures à peine.

Mais il faut retourner à Paris où m'attend mon quotidien hospitalier, les consultations, les interventions, la prochaine commission des effectifs... Juste avant de quitter le Cambodge, je passe voir le jeune opéré. Maigre, affaibli, avec des perfusions à chaque bras, il me regarde et, avec une extrême difficulté, ébauche un salut khmer, mains jointes avec un semblant de sourire. Les larmes me montent aux yeux. Je le regarde et lui rends son salut. Son image est à jamais gravée dans ma mémoire.

La résurrection de ce gosse, c'est peut-être une raison d'être, ma raison d'être. Tout cela tient un peu du miracle, mais un miracle accompli, un karma abouti. Ces gestes opératoires et ces rencontres revêtent une signification peut-être divine, qui échappe en tout cas à notre entendement... mais sans doute pas à celui de l'éléphant blanc.

Car je suis revenu du Cambodge épuisé.

*
* *

Ma mère me répétait que j'en faisais trop, que j'allais tomber malade... Une mère ne se trompe jamais dans ses intuitions.

– XXV –

PASSAGE INITIATIQUE SOUS LE BISTOURI

Un ordre me parvient à travers la porte :

– Il faut emmener le 708 au scanner.

Le 708, c'est moi.

– Il faut qu'*il* mette sa petite laine... Il fait frais dans les couloirs, *il* pourrait prendre froid.

C'est presque un ordre de monsieur le brancardier. À la fois affectueux et un peu sévère, il m'infantilise complètement. Début d'un difficile apprentissage...

Depuis vingt-quatre heures, je suis à l'hôpital P. totalement inconnu du personnel infirmier. J'ai la chance d'occuper une chambre individuelle, sans doute grâce à une recommandation discrète d'Éric, brillant chirurgien, chef de service en ces lieux.

Vers minuit, une petite stagiaire timide allume la lumière de ma chambre et me donne la consigne :

– À partir de maintenant, vous ne devez ni boire ni manger.

Je n'ai aucunement envie d'avaler quoi que ce soit. En effet, je souffre probablement d'une grave infection biliaire avec une cholécystite aiguë...

Il y a deux jours, parti à la montagne, je me régalais, en famille, d'une solide raclette. La nuit suivante, les vomissements ont commencé, accompagnés de fièvre. Par salves, les douleurs abdominales me coupaient en deux. Mon entourage a fait un brillant diagnostic d'indigestion. Moi également. L'ensemble des signes persistant, je suis resté prostré sur mon lit pendant que tout le monde partait skier. Complètement seul, j'ai commencé à délirer...

Le chirurgien malade imagine tout de suite le pire.

Je me souviens d'un pneumologue de renom atteint d'une tuberculose banale... Persuadé – à tort – que son entourage et ses médecins lui cachaient la vérité, et certain d'avoir autodiagnostiqué un cancer généralisé, il a fini par se suicider.

Pour ma part, sans aller jusqu'à cette extrémité, je me demande si je ne suis pas frappé par une pancréatite aiguë dans sa forme mortelle, ou une perforation d'ulcère, ou alors un cancer des voies biliaires...

En plus, je me vois mal hospitalisé à l'établissement tout proche, celui de Sallanches. Une peur imbécile ! Je réagis comme si je ne savais pas que cet établissement était tout à fait capable de me soigner et, s'il ne l'était pas, de m'envoyer ailleurs.

Moi qui, dans mon état normal, tiens des raisonnements cohérents sur la hiérarchisation des hôpitaux, je voulais, comme tous les malades, que le monde s'arrête pour ma petite personne.

La famille commençait à s'inquiéter. Olivier, mon gendre, prit les choses en main :

– Alain, c'est du sérieux, il faut agir. Je vous ramène à Paris cette nuit.

À grande vitesse, sous une pluie battante, nous avons rejoint la capitale. Au grand étonnement d'Olivier, j'ai refusé Georges-Pompidou. Pourquoi ? Parce que, être trop connu dans un hôpital constitue un réel problème. Tout se complexifie. Le personnel et les médecins en font trop. Ou pas assez. La bonne médecine nécessite une parfaite neutralité, je suis même persuadé que l'on est mieux soigné inconnu que recommandé.

Malheur aux grands de ce monde ! Sans le vouloir, sans le savoir, ils paralysent bien souvent l'équipe médicale placée devant une responsabilité qui lui paraît écrasante. Je connais le cas d'une célébrité victime d'un infarctus en province et admise d'urgence dans un centre de proximité. Si le prestigieux personnage avait été le *vulgum pecus*, le médecin sur place aurait immédiatement pratiqué une thrombolyse pour faire fondre les caillots. Hélas, en considération de la renommée du malade, certains ont voulu prendre différents avis et faire venir un cardiologue de Paris. Ces atermoiements ont pris du temps, quatre heures ont été perdues, une catastrophe pour un infarctus qui représente toujours une course contre la montre... et le patient est mort d'une rupture du cœur. Peut-être aurait-il succombé dans tous les cas, qui peut le dire ? Mais il est certain que cet illustre malade n'a pas eu toutes ses chances.

Très souvent, on me demande de recommander un patient à tel médecin ou on m'appelle pour me recommander particulièrement tel patient... J'accepte ces interventions et je m'efforce de les satisfaire, mais je ne les comprends pas. Qui peut vraiment penser que l'on opère différemment selon que l'on soit puissant ou misérable, selon que le médecin a reçu un coup de fil ou non ? J'essaie d'expliquer à mes interlocuteurs qu'à l'heure actuelle, dans la chirurgie cardiaque, je peux prendre le relais d'une opération menée par un autre et vais terminer l'intervention exactement comme mon collègue l'aurait fait. Il n'y a aucune improvisation, ce n'est pas une partition que l'on joue selon son inspiration.

Plusieurs études ont été menées aux États-Unis, qui démontrent que les ennuis possibles ne sont pas dépendants du chirurgien. Le geste est si bien codifié que l'on ne peut pas distinguer un praticien d'un autre. Vérité à la fois rassurante et désespérante : à partir d'un certain niveau d'expérience, nous sommes interchangeables ! La différence se fait surtout sur la condition du malade avant l'opération. À tel point que les Américains tracent des grilles précises sur les risques qui peuvent survenir selon un état physique donné.

*
* *

Le brancardier pousse la petite chaise roulante sur laquelle je suis assis, une perfusion branchée sur mon bras droit.

– Il faut que j'aille vite, me confie Roger, mon conducteur. J'ai encore trois appels, deux radios et un gynéco. Alors je vais vous laisser au scanner, je viendrai vous rechercher après.

Nous traversons un dédale de couloirs pour arriver à la radiologie centrale.

Il y a foule.

– Monsieur Deloche est-il là ?

J'ose me manifester. Une charmante manipulatrice de radio, la quarantaine, petite et un peu rondelette, vient vers moi.

– Vous êtes à jeun ? Le Dr E. est appelé aux urgences, il vous prendra dès qu'il aura un créneau.

Je suis un peu favorisé, je vais moins attendre... Car, le matin, la structure est généralement saturée. Pourquoi ne pas mieux réguler les rendez-vous ? Voilà des années que ça dure. On regroupe tous les malades dès les premières heures et ils passent un à un. C'est un réflexe administratif, l'hôpital n'a toujours pas compris qu'il est au service des patients et non l'inverse. J'y vois un manque de respect, presque du mépris.

On vient enfin me chercher et je me trouve rapidement allongé dans la cage d'acier du scanner. On m'ordonne d'obéir strictement aux ordres.

Le Dr E. pénètre dans la salle et se montre jovial :

– Salut Deloche, dis-moi, tu as une petite mine.

Il rejoint son abri anti-rayons au milieu des techniciens

qui œuvrent déjà. Tout dialogue est dès lors limité, la machine me parle d'une voix métallique :

– Ne respirez pas, ne bougez pas.

Le gros aimant tourne autour de moi avec un bruit d'hélice agrémenté de petits éclats en rafale. Environ dix minutes se passent. Comme elles sont longues, ces minutes ! Finalement, retour du Dr E. :

– Ta vésicule est épaisse, il y a un double contour. C'est pas bon.

Même si je suis du métier, ces mots font mal. Ils me rassurent quand même, car le diagnostic s'affine. Tout sauf l'incertitude !

Mais le médecin ajoute :

– Je vais te faire un scanner total pour vérifier le poumon, on ne sait jamais.

Aussitôt, j'imagine un cancer du poumon associé. Ou alors, ne serait-ce pas un cancer du foie avec extension pulmonaire ?

Au loin, derrière l'épaisse vitre, j'aperçois les médecins regroupés. Même Éric, le chirurgien chef de service, est venu se joindre à eux. Je suis un corps qu'on explore en quête d'un mal, un corps livré à l'avis médical. À la fin de l'examen, ils viennent me voir en délégation pour me congratuler : rien au poumon.

Ouf !

– Ta vésicule, elle doit sauter ! me lance amicalement Éric. Mais il faut que tu consultes Irène, la gastro, elle seule peut tout voir.

À la sortie je regarde – anxieux – si Roger, le brancardier, est là. Mais non. Un grand Antillais me dit qu'il va me ramener au septième étage. Le rythme du retour est nettement plus rapide que celui de l'aller : ce chauffeur est un athlète. On rase les murs, on fonce sur les gens qui doivent s'écarter brutalement. Le brancardier en impose par sa carrure et fonce tout droit. Une sacrée technique.

Dès mon retour dans la chambre, une infirmière entre, la trentaine, blonde, souriante, pleine de charme. On sent chez elle l'expérience et l'assurance. Elle examine mon bras avec gourmandise :

– Monsieur, c'est la saignée ! Vous êtes à jeun ? Oh, les belles veines, c'est du gâteau...

Nous discutons un peu. Elle me confie qu'elle n'en peut plus... Le matin, elle doit s'occuper de quatorze malades et n'a pas le temps de parler avec eux.

Ce n'est plus comme avant, soupire-t-elle. Les trente-cinq heures ont fait leur effet, comme un coup de grâce pour l'hôpital public. Pourquoi ne pas avoir institué une sorte d'exception sanitaire ?

– On n'avait rien réclamé, remarque-t-elle.

C'est vrai, la réduction du temps de travail a été imposée d'en haut.

Je suis toujours à jeun, j'attends en vain un petit déjeuner. M'ont-ils oublié ? Irène, la gastro, ouvre brutalement les portes après avoir frappé, sans attendre la réponse. Une pratique courante dans les hôpitaux : le malade n'est plus un humain avec sa vie privée, mais un patient à la disposition du corps médical.

Irène est une femme d'une cinquantaine d'années très distinguée avec des cheveux noirs serrés dans un chignon savamment négligé. Elle s'assied sur le lit et commence un interminable interrogatoire. Tout y passe : mon cursus personnel, ma famille, mes activités... Son intérêt est éveillé par mes nombreux voyages. Elle voit partout des parasites possibles ou des germes rares. Sa précision de policier revient à la charge sur plusieurs points. Enfin, elle conclut :

– J'ai besoin de quelques examens pour y voir plus clair. Un s'impose en particulier : l'endoscopie. Vous avez un profil d'ulcéreux.

Elle s'aventure dans une description technique pour faire comprendre ses craintes à son collègue chirurgien. Et me voilà parti dans le centre d'endoscopie...

Je redoutais depuis longtemps cet examen. Il nécessite d'ingurgiter un gros tube pour gagner progressivement l'œsophage, puis l'estomac. Cette fois, je suis au pied du mur. Je ne peux pas refuser. Alors je me laisse faire et m'abandonne à une complète passivité, je laisse couler ma salive sans tenter d'avaler, je pense à autre chose et, surtout, j'espère que cela ne va pas trop durer. J'ai l'impression d'étouffer. De longues minutes d'angoisse...

– Tiens, un morceau de raclette, me lance Irène, figée devant son écran. Eh bien en voilà, un bel ulcère...

Irène m'annonce enfin qu'il lui faut une échographie pour conclure. Mais, d'ores et déjà, elle me propose de choisir entre une opération précoce et un traitement de quinze jours suivi d'une opération plus tardive. J'ignore pourquoi, mais je ne veux pas d'intervention dans l'immédiat. Et puis, le choix est impossible, pourquoi ne pas m'imposer les choses ? Je préférerais entrer en régression psychologique.

Une anxiété extrême me gagne... Je n'ai jamais subi d'anesthésie générale et, à l'exception de quelques broutilles, je n'ai jamais été opéré.

Dans l'après-midi, Éric me sort de ma torpeur. Sa visite amicale casse ma spirale infernale. Le chirurgien, par sa simple présence, transforme la situation. Il rassure par sa force. Il me dit qu'à son avis la cœlio-chirurgie est possible. Trois petits trous, et hop, c'est fait !

Durant notre dialogue, presque confraternel, l'anesthésiste nous rejoint. Il est calme, d'allure sportive, et dit à Éric :

– Je n'aime pas son électrocardiogramme. Il faudrait l'avis du cardiologue.

Alors là, c'est le comble, un cardiologue, pour moi ?

Après examen, on me rassure : tout va bien de ce côté-là.

Mais tout se complique, le radiologue me parle bientôt de ma vésicule :

– Vous avez une bombe dans l'abdomen, qui n'était pas détectable. L'intervention s'impose de toutes les façons, maintenant ou plus tard.

Après une intense réflexion, tempête sous un crâne, je prends une décision importante et décide de remettre l'opération à plus tard, même si je dois courir quelques risques.

De retour dans ma chambre, je médite. Il est certain que l'avenir des hôpitaux doit se situer dans l'amélioration de la qualité de l'hospitalisation et dans l'accueil, car personne ne peut contester la qualité des soins.

La philosophie de l'hôpital peut s'étendre à un certain art de vivre en bonne intelligence avec soi-même et avec les équipes soignantes. Je ne suis pas chargé de réformer les incohérences et de résoudre les déficits, mais je constate qu'au-delà des lois et des décrets il y a des hommes et des femmes qui souffrent. C'est à eux que je pense pour que, à l'horizon sombre de la maladie, s'ouvre une lueur d'espoir qui aide à vivre ou à accepter.

Dissiper l'angoisse qui étreint les patients et leur famille, permettre d'alléger le fardeau de l'hospitalisé, tout doit être fait pour humaniser la prise en charge.

Des mesures simples et peu coûteuses devraient être mises en place. Étendre la possibilité de chambre seule, mais ne pas la généraliser. Beaucoup de gens se sentent abandonnés ou ont peur dans la nuit, d'autres apprécient la compagnie. Mais attention à qui l'on assemble. Par exemple, selon moi, il ne faut jamais aliter côte à côte une personne qui va être opérée et une autre qui vient de l'être, ni deux patients qui ont la même affection, au risque que les conversations et la coexistence affectent le moral des deux malades.

Pour le bien-être, il faudrait aussi simplifier les procédures de surveillance. Pourquoi réveiller un patient en pleine nuit pour une prise de tension artérielle ?

En ce qui concerne les repas, les choses se sont améliorées, mais il y aurait encore à dire sur les horaires. Pour moi, ce soir, c'est yaourt et compote, car malgré ma décision la rumeur court que je serai opéré demain matin...

Maintenant que je suis passé de l'autre côté, je comprends combien tout hospitalisé reste aux aguets : attentif à une visite, une phrase, un geste.

La surveillante générale vient me voir. Une grande dame. Elle est presque au bout de sa carrière et, toute sa vie, elle a côtoyé la maladie et la mort. On sait que, idéalistes au début, les infirmières encourent le risque de devenir dures au fil des ans, mais on leur demande tant de choses : le soin, l'écoute, la disponibilité, la technique. On leur interdit la grogne et on leur réclame un équilibre psychique solide, hors du commun dans certaines circonstances. La surveillante générale me rassure et je l'écoute me narrer ses difficultés.

– C'est vrai, ce n'est plus comme avant, monsieur Deloche. Allez, dormez bien... Les chirurgiens ne sont pas de bons malades, on peut le comprendre.

Le lendemain, je décide de quitter l'hôpital, sans opération, un peu contre l'avis médical. Éric voudrait me garder. J'ai l'avantage de connaître sa rhétorique... On ne sait jamais... On vous a sous la main...

C'est que l'hôpital, dans sa partie non technique, n'est qu'un hôtel. Un hôtel hors de prix. Je suis, je l'ai dit, un fanatique de l'hôpital de jour. Pourquoi faire connaître au plus grand nombre l'univers un peu carcéral et débilitant de l'hôpital de nuit ? Et que de dépenses seraient évitées !

Obéissant à cette logique, je pars à 17 heures.

*
* *

Pendant deux semaines, je me traite activement. J'avale une vingtaine de comprimés par jour. Il faut absolument guérir l'ulcère et traiter l'infection. La perspective de l'opération m'est insupportable. Comment se laisser endormir ? J'ai tant de fois vu les gestes stéréotypés de cette plongée dans l'inconscient...

Certes, l'anesthésie est sûre, mais on ne sait jamais... La chirurgie ne me rassure pas pleinement. Même une simple intervention sur la vésicule peut conduire à la catastrophe. Et s'il y avait un calcul dans le bas-cholédoque ? Dans un film en accéléré, je revois tous les échecs, toutes les complications possibles. Chirurgien, je n'ai pas assez compris combien le futur opéré se trouve seul face à son destin.

Peu à peu, le stoïcisme me gagne. J'opte pour un certain détachement, une sorte de passivité. Curieusement, la souffrance ne me fait pas peur. Elle peut s'expliquer. Bref, j'accepte l'opération.

Le jour J arrive. Le protocole est précis comme pour un condamné. La douche aux antiseptiques, puis le rasage. Ces poils bien plantés, vierges de toute agression, sacrifiés, jetés sur un plateau... Un sexe sans poil, c'est comme une poupée sans perruque. Cette scène revêt une allure de dépouillement castrateur. Et puis, j'endosse l'habit : une sorte de camisole bien propre.

Prémédiqué – j'ai demandé de doubler la dose –, j'éprouve une légère torpeur mais demeure pleinement lucide. Je ressens profondément que le malade et le chirurgien ne sont pas sur le même niveau : à aucun moment ne peuvent se développer entre l'un et l'autre des rapports d'égal à égal. D'ailleurs, ce chirurgien, je ne l'ai même pas vu avant l'intervention.

Étendu sur mon lit roulant, je vois les plafonds défiler au-dessus de moi, entrecoupés de lézardes et de lampes jaunes, je note des parois aux couleurs crème, marronnasse et vert pâle. L'ascenseur est lent. Il arrive enfin. Un virage à angle droit et je suis poussé dans un sas. Toujours allongé, redevenu fœtus, je pénètre dans un univers froid, étincelant. Des personnages calmes, dominants, masqués, m'entourent. On m'enveloppe dans une couverture chauffante. Je suis échoué comme une grosse larve en état de léthargie, dans une dépendance absolue.

Symphonie en bleu, en blanc, du verre, du métal, de la toile, de la céramique. L'électroscope égrène son bruit, c'est mon cœur... « Vous allez dormir... » Et, comme un coup de massue, soudain c'est le grand vide.

Je perçois une voix :

– Ne vous agitez pas tant.

J'ai du mal à ouvrir les yeux. Je perçois dans le flou l'agitation de la salle de réveil...

Éric m'annonce :

– Dis donc, c'était quelque chose. Trois heures de combat !

C'est fait et bien fait. Je n'ai plus de vésicule biliaire. Je souris : selon la légende indienne, l'éléphant blanc se trouve, lui aussi, dépourvu de cet organe.

Quelques heures plus tard, je regagne ma chambre. Encore dans les vapeurs de l'anesthésie, je devine autour de moi un parfum de rose à la fois entêtant et familier...

*
* *

Après cette expérience, je me suis trouvé un peu changé. Sans souhaiter un passage obligatoire en tant que patient pour tout soignant, je peux dire que j'ai beaucoup appris. J'ai surtout retenu que l'hôpital demeure constamment dans un équilibre fragile et précaire. La technique ne vaut qu'avec un petit supplément d'âme. Je l'ai toujours su, mais j'en suis encore plus convaincu à présent.

Les infirmières, mais aussi les aides soignantes et les brancardiers, sont des rouages essentiels de l'hôpital public, ils portent en eux, outre leur technicité propre, l'humanité de l'hôpital.

Encore une fois, les trente-cinq heures, sans augmentation du personnel, ont dégradé un peu plus des conditions de travail déjà difficiles. Une partie de la solution devrait être recherchée dans les nouvelles techniques : même à Georges-Pompidou, la télésurveillance avec bracelet électronique n'a pas été mise en place, pas même prévue ! Pourtant cela permettrait aux infirmières de s'épuiser un peu moins, tout en effectuant une surveillance plus fine des malades, et sans être dérangées inutilement.

Enfin, il serait temps de réfléchir au rôle de la famille et des proches, de reconnaître leur importance dans l'hospitalisation. Ils peuvent assurer ce soutien psychologique, ces petits soins, cette micro-observation de tous les instants, qui apaisent les fausses angoisses et les extrapolations de l'imaginaire.

– XXVI –

DANSE AVEC MAMAN AFRIQUE

Dès mon arrivée à Brazzaville, je suis convié à un dîner de gala en présence du président Sassou Nguesso. En cette année 2003, une grande soirée spectacle est donnée en l'honneur des vingt ans de la fondation Congo-Assistance, fondation de Mme la présidente congolaise, en lien avec la Chaîne de l'Espoir. Je suis étonné par le faste de cette réception de charité destinée à collecter des fonds pour construire un hôpital pédiatrique. Un seul des diamants carrés des colliers étalés ce soir suffirait à équiper une salle d'opération, quelques bracelets en or pour un respirateur, des pierres étincelantes pour une ambulance...

Tout est réuni pour une fête jusqu'au bout de la nuit : défilés de mannequins, danses, loteries... et le bal s'ouvre à 3 h 30 du matin ! À cette heure, l'Afrique s'éveille et commence à danser. Le rythme, les corps, les regards se mettent en mouvement. Puis le tempo se fait plus fort, plus impérieux, et l'Afrique danse, danse encore, toujours et sans fin, comme seule elle sait le faire.

C'est Maman Afrique qui triomphe ce soir, l'Afrique joyeuse et généreuse. L'Afrique marâtre, celle des drames et des déchirements, n'est pas invitée. Et l'on danse, et l'on montre son plaisir, et l'on étale sa richesse avec d'autant plus de frénésie et d'ostentation que l'on sait la misère et le malheur tapis de l'autre côté de la porte. On rit et on se divertit avec toute la ferveur endiablée qu'exige une sorte d'exorcisme, attitude trop éloignée de notre rationalité étroite pour que nous la comprenions vraiment.

Le lendemain, dans la voiture mise à ma disposition par la présidente du Congo, je traverse une partie de Brazzaville. Les séquelles des deux conflits fratricides qui ont déchiré le Congo sont très présentes. Des bâtiments restent éboulés, délabrés ou noircis par les incendies. Tout n'a pas été relevé après les guerres civiles, la première qui a fait deux mille morts entre 1993 et 1994 et la seconde, celle de 1997, qui a opposé les partisans des différentes tendances politiques.

Après avoir longé le majestueux fleuve Zaïre, je peux apercevoir, sur l'autre rive, la mégalopole de Kinshasa, capitale de l'autre Congo, celui de la République populaire.

– Où allons-nous, président ? me demande le chauffeur.

– Au CHU.

En ce début d'après-midi, il fait très chaud et surtout très humide La voiture, heureusement, est climatisée. Le chauffeur, petit et râblé, aime à dire qu'il s'appelle Renaud et conduit une Renault. Va-t-il me chanter *Mistral gagnant* ?

Nous arrivons à proximité du grand hôpital de Brazzaville. Le centre hospitalier universitaire a été inauguré en 1986. Encore un vaste projet de la France. Mais pourquoi absolument agir comme si nous étions à Limoges, Rouen ou Poitiers ? Pourquoi bâtir ces monstres inadaptés et quasi impossibles à gérer ? Cet établissement de huit étages est entré dans le marasme absolu après les affrontements, il a même été en partie détruit et pillé. Des installations plus modestes, mieux réparties dans la ville, éventuellement dans le pays tout entier, se révéleraient moins coûteuses, plus appropriées à la réalité congolaise, et sans doute plus discrètes en cas d'agitation. Mais peut-être ces réalisations ostentatoires n'ont-elles pas pour but d'être utiles aux populations, peut-être cherchent-elles seulement à valoriser ceux qui en décident et en assurent la construction.

*
* *

La consultation pour les enfants suivis par la Chaîne de l'Espoir doit se dérouler dans le service de pédiatrie, une sorte d'enclave préservée où tout modernisme est exclu. Comme à chaque fois, il y a déjà foule au moment où j'arrive. Beaucoup de familles sont venues de provinces éloignées en quête d'un miracle. Pour l'occasion, le père, la mère, un ou deux enfants, parfois un aïeul, ont fait le voyage vêtus de leurs plus beaux atours. Dans ces tenues se mêlent l'exubérance des tissus africains et les vestes plus strictes d'un hypothétique costume occidental, le tout agrémenté d'un ou deux détails, symboles du chic, tennis de marque, casquette griffée, pantalon de jogging aux trois bandes blanches. À tout hasard, et connaissant les usages, on a aussi apporté un cabri, quelques beaux coqs ou d'autres volailles.

Le Pr Samuel Nzingoula m'accueille avec tout son personnel en blouse blanche. L'assistante sociale, Mme Likibi, m'offre des fleurs. Chantal, surnommée ici « Maman Chantal », reçoit aussi son bouquet. La gourmandise de Maman Chantal ayant été repérée lors de ses précédents voyages, elle doit encore accepter des gâteaux faits pour elle, friandises emballées dans des feuilles de bananier.

Le Pr Nzingoula, responsable de la Chaîne de l'Espoir Congo depuis près de quatorze ans, est un pédiatre de haut niveau formé à Lille et à Tours. Il préfère une consultation en plein air autour d'une grande table en bois plutôt que d'entasser les patients dans de petites salles exiguës, étouffantes et insalubres.

Plus de cinquante enfants sont là. Nous commençons par quelques anciens patients. Nous voyons d'abord arriver Huguette, une jeune fille opérée il y a dix ans pour une réparation de la valve mitrale. Huguette, qui a maintenant vingt-deux ans, paraît rayonnante. Elle m'apporte une statuette, des fruits, du miel... et surtout elle vient me dire qu'elle a réussi son examen d'entrée à la Faculté de médecine ! C'est mon plus beau cadeau. Voir tous ces petits malades devenus grands est un spectacle bouleversant. Ce spectacle apaise mes doutes sur l'efficacité de notre action. De plus, résultat de la générosité incroyable de l'Afrique, la reconnaissance est ici une joie, un enrichissement pour celui qui éprouve et témoigne sa gratitude. Nos anciens malades nous soutiennent, nous informent, nous évitent les faux pas.

Nous sommes immédiatement happés par la Mère Afrique, sa chaleureuse générosité, sa luxuriance affectueuse, son exubérance chatoyante. Mais l'Afrique marâtre est embusquée derrière, et maintenant elle se montre. Garry arrive, porté par deux infirmières. Très maigre, il ne peut plus marcher. Il n'a pas douze ans et son regard est terrible. Garry est séropositif, et il se trouve en insuffisance cardiaque par suite d'une péricardite surinfectée.

Pour lui, je conseille l'évacuation du liquide qui comprime le cœur. Ce n'est qu'un petit geste dans le contexte. Reste la trithérapie, le traitement capable de ralentir l'évolution du sida...

– Il faut voir si cela est possible, nous n'avons pas les moyens, me rétorque-t-on.

Renseignements pris, le papa de Garry est mort et deux de ses frères sont contaminés. Sa mère, heureusement, n'est pas encore gravement atteinte. Le sida fait des ravages chez les enfants africains... Ils naissent séropositifs et la maladie sans traitement évolue souvent peu à peu. Au Congo, on estime à environ dix pour cent le taux de contamination. Mais comment savoir vraiment ? On ne teste pas toute la population et la maladie galope. Pour dédramatiser la situation et entrevoir un début de solution, un haut fonctionnaire atteint du sida a fait publier dans un journal tous les noms de ses partenaires féminines, en mentionnant que l'une d'elles était la coupable... Je trouverais cela comique, si toutes n'étaient pas des victimes.

Ici, le sida fait partie de la vie quotidienne de chacun, et dans toutes les couches de la société. La prévention par le préservatif est connue, mais pas totalement utilisée.

Elle se heurte à des croyances, à des superstitions, mais comment critiquer les Africains quand de très hautes autorités morales, en Europe, défendent et prônent le même aveuglement suicidaire ? Et puis être séropositif ce n'est pas être malade, n'est-ce pas ? Une opinion terrible, car beaucoup de porteurs sains appliquent cette dramatique logique : quand on est séropositif on n'est pas malade, et quand on n'est pas malade on n'est pas contagieux.

Arrive maintenant la petite Vidalie. Je la reconnais. Nous l'avons opérée il y a trois ans pour une maladie bleue. Elle a aujourd'hui sept ans et il faut envisager une deuxième opération pour la guérir. Elle est élevée par sa tante, car sa mère est morte et son père a disparu. Au Congo, comme ailleurs en Afrique, la solidarité familiale reste souvent intacte.

La consultation se poursuit, je ressens un peu de fatigue due à la fête d'hier soir, mais il faut continuer... Le Dr Koutaba, chirurgien pédiatre formé en Roumanie, me demande mon avis sur une autre gamine. C'est sœur Anna qui accompagne la petite Sabrina. Sœur Anna vit à Brazzaville depuis plus de trente ans.

– J'ai changé de couleur de peau, me dit-elle parfois.

Sa protégée a onze ans. Lors des dernières fêtes de Noël, un jeune garçon portait dans sa poche une grenade... Après une mauvaise manipulation, l'engin a explosé, tuant deux personnes et blessant Sabrina au visage. Elle a perdu l'œil gauche tandis que le droit, bourré d'éclats, est manifestement très menacé. Elle est désormais presque aveugle en raison du développement d'une cataracte post-traumatique. La décision s'impose, il faut organiser un transfert rapide vers Paris pour sauver l'œil de la fillette.

C'est cela, la morale de la Chaîne de l'Espoir : répondre immédiatement à une situation dramatique. Nous ne pouvons pas tous les sauver, hélas, mais nous nous concentrons sur les quelques cas qui viennent à nous. « En voulant rendre juste ce qui est injuste, on établit une véritable injustice », m'a-t-on souvent objecté. Je ne sais pas. Mais aujourd'hui, je dois répondre à l'angoisse de la maman de Sabrina.

Certes, faire venir des enfants en France n'est qu'une réponse, une première réponse à l'urgence. Pour la suite, nous essayons d'apporter des réponses plus fines, c'est-à-dire des équipements et des formations adaptés au contexte. La suite logique serait, en Afrique comme ailleurs, la construction d'un hôpital. Pour nous, Chaîne de l'Espoir, il est hors de question de remettre à niveau l'immense CHU de Brazzaville, mais nous sommes totalement impliqués dans la construction d'un hôpital pédiatrique.

Je finis ma consultation en examinant une dizaine d'enfants cardiaques. Je fais une démonstration de sémiologie clinique. Je démontre aux jeunes internes ébahis qu'avec mon seul stéthoscope, associé à une simple radio du thorax, je peux établir un diagnostic sûr. Je les interroge tour à tour :

– Tu perçois le frémissement à la palpation ? C'est comme un chat qui ronronne. Tu entends le roulement à l'auscultation ? C'est un rythme à trois temps qui évoque le galop d'un cheval.

Samuel Nzingoula s'esclaffe :

– Une véritable ménagerie !

Je lui réponds :

– À moi de libérer le chat et le cheval, à moi de mettre un tigre dans le moteur.

Rires. En Afrique, il faut rire, rire beaucoup parce que la tragédie n'est jamais loin.

Tout à la fin de la consultation débarque l'équipe de télévision locale. C'est vrai, je dois faire le 20 heures de la télévision du Congo. Une journaliste, jeune, belle et très élancée, me demande :

– Professeur, est-il possible d'avoir un entretien filmé avec vous ?

Même plus, s'il le faut...

Samuel expose le but de ma visite de façon claire et percutante. Pour ma part, je sais qu'il me faut utiliser des images pour mieux me faire comprendre. J'adore le football, tous les Africains aussi, alors je me lance :

– Je ne suis que l'entraîneur. Il faut bâtir une équipe performante avec les meilleurs d'ici et quelques Français. La chirurgie, comme le football, c'est beaucoup de technicité et beaucoup de pratique. Nous devons gagner. Et notre victoire à nous c'est de sauver des vies d'enfants... mais croyez-moi, je ne jouerai pas seul.

Avant que la nuit tombe, je vais visiter le terrain où le futur hôpital pédiatrique va être construit, dans les faubourgs de Brazzaville. Il faut plus de vingt minutes de voiture pour y parvenir. Nous voyons la ville, le marché qui commence à fermer, l'agitation autour des minibus qui partent vers les provinces... Nous nous trouvons bloqués par un fond d'émeute : c'est la sortie de la messe. Beaucoup d'agitation, de chants, d'incantations.

Le terrain du futur hôpital est vaste. C'est celui d'un ancien lycée complètement détruit durant la dernière guerre civile. Il faut tout raser et bâtir un établissement sur le mode pavillonnaire puisqu'il y a de la place pour s'étendre. Nous prévoyons un vaste bâtiment pour la consultation et un autre réservé à la technologie. Les efforts seront concentrés sur une sorte de « bunker » destiné à recevoir les salles d'opération, la réanimation et la salle de scanner. Tout le reste s'éparpillera dans les pavillons. Ce choix est dicté par la capacité réelle de maintenance dans un pays éprouvé et, comme en France au XIXe siècle, par les précautions à prendre contre les épidémies et les contagions. Peu à peu nous sommes devenus experts en architecture, en ingénierie hospitalière et en gestion.

Ce petit tour effectué, il faut revenir en ville, pour participer au journal télévisé. Nous arrivons dans un bâtiment délabré du centre... L'antenne dans cinq minutes... Nous parcourons les dédales d'un vieil immeuble et pénétrons dans le studio. On m'assied sur une chaise de jardin, très loin d'un micro posé sur une table bancale. En face de moi se trouve le journaliste. Il est intimidé, car il n'a pas parfaitement travaillé le sujet. Deux caméras assez antiques nous observent.

– Mesdames, messieurs, bonsoir. Nous avons l'honneur de recevoir le Pr Laloge, président de la Chaîne de l'Amour.

Finalement Laloge est un beau nom et la Chaîne de l'Amour me convient. Nous vivons en direct le journal télévisé du Congo : l'Irak, le conflit israélo-palestinien, la visite du président du Tchad. Nous avons droit ensuite à un reportage sur la soirée de gala de la veille et, avant mon interview, à un court reportage sur notre consultation.

– Alors, professeur... Je m'excuse, je sais que vous vous appelez Deloche et que la Chaîne n'est pas d'Amour mais d'Espoir.

Je lui réponds que l'espoir est fait d'amour, et que bien souvent l'amour est fait d'espoir...

– Alors, dites-nous, pourquoi êtes-vous là ?

J'essaie de décrire brièvement le but de notre visite. Ensuite nous parlons un peu football. Je suis vivement remercié, fêté, célébré, comme un ami longtemps attendu. En sortant, le cameraman me serre la main et me déclare :

– C'est bien, ce que vous faites, que Dieu vous protège.

Tout est dit.

Nous regagnons l'hôtel et nous nous préparons au dîner des médecins. Une vraie tradition. Pour ce repas, qui va vite tourner à la réunion de salle de garde, le doyen Fortuné Mayenda, pédiatre de grande renommée, nous rejoint. C'est un vieil ami, ancien international de football. Avec lui, nous refaisons tous les matches. L'équipe de France, l'Olympique de Marseille, le Paris-Saint-Germain... Chaque action est commentée avec vivacité et humour. La gêne passagère du début du repas ne résiste pas aux réalités tangibles que sont un but de légende, un corner réussi ou une passe audacieuse.

Je suis fasciné par le Congo. Comment ce pays de trois millions d'habitants, si richement doté en ressources naturelles, le bois et le pétrole, est-il à ce point délabré ? Pourquoi une partie de sa population baigne-t-elle dans la pauvreté ? Quelle est la part de la concussion ou de la corruption ? Je le sais, beaucoup d'hommes politiques apparaissent ici comme des prédateurs. Place à l'enrichissement effréné.

*
* *

Quelques semaines plus tard, me voilà dans l'ex-Haute-Volta, rebaptisée Burkina Faso : « le pays des hommes intègres ». Trente ans après ma mission à Fada N'Gourma, c'est presque un pèlerinage.

Je suis appelé par le ministre de la Santé pour visiter un magnifique hôpital pavillonnaire construit à Ouagadougou par la France et inauguré en grande pompe deux ans auparavant. Une structure devenue tellement inutile que la population l'appelle ironiquement « l'Éléphant blanc », au sens du *white elephant* anglo-saxon. En traduction libre : le fiasco.

Cet hôpital de la mère et de l'enfant se trouve quasi déserté. Il est même délaissé par les médecins locaux. Nous visitons l'établissement de fond en comble. L'équipement est là, il ne manque que le dynamisme ou, dans notre jargon, le projet médical... Bref, j'ai sous mes yeux l'exemple même de ce qu'il ne faut pas faire ! Un superbe hôpital, mais vide. Pourquoi ? Parce que le projet médical, justement, n'a pas été bien mené. De fait, définir un hôpital pour enfants est compliqué dans un contexte où d'autres structures existent. Beaucoup de cabinets privés sont prospères, ici, et des dispensaires pour enfants pauvres sont tenus par des ONG. Les experts français de la coopération ont établi un plan parfait pour couvrir les dépenses par des recettes... Mais au Burkina Faso, la Sécurité sociale n'existe pas. Tout est payant à l'hôpital de la mère et de l'enfant de Ouagadougou, et les pauvres ne peuvent pas y entrer. Après des années d'expérience, je sais que construire un hôpital ne suffit pas. Il faut aussi prévoir un fonds de solidarité pour prendre en charge la population démunie. Sinon, qui peut payer ?

Avec l'ex-doyen d'Abidjan, Bertrand qui, bien que blanc, mérite le titre de Grand Africain, nous avançons des propositions plus réalistes. Faire dans cet hôpital ce qui ne peut pas être réalisé ailleurs : de la chirurgie cardiaque et orthopédique.

Après de nouvelles consultations et une conférence à la Faculté de médecine, nous allons dîner à L'Eau vive en compagnie de nos amis médecins et des directeurs d'hôpitaux. Ce restaurant a une originalité : il est tenu par des religieuses. Alors, avant le dessert, les clients se lèvent pour entonner en chœur l'*Ave Maria*. Je chante avec les autres dans une sorte d'union, celle des grands projets à réaliser, des vastes desseins où chacun retrouvera son identité. Car la coopération, c'est faire avec. Mais il faut se hâter, l'Afrique ne pourra pas attendre encore longtemps.

Je voudrais que l'Afrique soit mon prochain chantier. L'éléphant blanc se sent bien en Asie, puisque ce sont ses racines, mais il ne se sent pas si mal en Afrique. Il apporte sur ce continent une sorte de certitude. Il est vite accepté, vite vénéré. En Afrique, soit on est adopté et tout se passe bien, soit on est rejeté. Pour être admis, le première règle consiste à établir un lien humain. Cet attachement n'existe pas immédiatement, il se révèle subtil, en apparence superficiel, mais en réalité fruit d'une fine analyse et d'une attentive observation. Le visiteur doit se méfier avant tout du mépris, or l'éléphant blanc n'est pas méprisant, il est éventuellement compatissant. Surtout, il n'est pas envahi par l'afro-pessimisme, sans plonger cependant dans l'afro-optimisme béat.

Celui qui débarque en Afrique avec pessimisme ne doit pas y rester, trop de faits lui donnent raison. Moi, je peux trouver des raisons de me dire afro-optimiste. Depuis vingt ans, je sillonne régulièrement le continent africain, du Mali au Sénégal, du Togo au Bénin. Je parcours ces pays et je m'y suis fait des poches d'amis avec lesquels les relations humaines sont fortes. J'ai opéré plusieurs fois à Dakar à l'hôpital Le Dantec, à Yaoundé à l'hôpital Principal et, chaque fois, j'ai constaté que l'Afrique bouge plus vite que nous. Ces pays jeunes sont prêts à réaliser de grands projets médicaux. J'ai vu les médecins africains me seconder brillamment, avant de s'approprier mes techniques avec maestria.

Même dans l'acte chirurgical, l'Afrique reste l'Afrique : la danse, le rythme ne sont jamais loin. Dans le besoin irrépressible de séduire qui anime les Africains, toujours et partout, je ne suis pas certain que la beauté du geste et la dextérité ne soient pas destinées d'abord à impressionner l'infirmière, au risque de compromettre la rigueur et la discipline. Cela dit, le niveau médical et la volonté d'apprendre des jeunes Africains sont bien réels. J'ai formé des chirurgiens sénégalais à Paris, ils sont prêts mais ne disposent pas de structures pour opérer. Quelle frustration !

Tous ces médecins possèdent une formation française, mais les liens se sont malheureusement distendus ces quinze dernières années : les bourses attribués par la France aux étudiants africains se font rares. Un jeune Congolais ou un jeune Sénégalais obtient aujourd'hui plus facilement une bourse pour aller étudier au Canada ou aux États-Unis que pour venir suivre un enseignement en France. Du temps où j'étais moi-même en formation, tous les grands patrons ne cessaient de sillonner l'Afrique. Ce n'est plus le cas. De plus, les médecins africains poursuivant leurs études à l'étranger ne reviennent pas toujours au pays. L'ambassadeur de France au Tchad m'a confié que, sur les quatorze derniers boursiers, un seul est revenu à N'Djamena son diplôme en poche. Pourquoi cette défection ? Parce qu'il n'y a pas de programme, parce que les propositions ne sont ni lucratives ni intéressantes. Comment vouloir pratiquer dans un pays où, par exemple, on trouve un seul échocardiogramme pour une population de huit millions d'habitants ? Par comparaison, à l'hôpital Georges-Pompidou, nous disposons de quelque soixante-dix échocardiogrammes.

Alors, parfois le doute s'installe en moi. Toute l'agitation dont nous témoignons se révèle-t-elle vraiment utile ? Cette question, que j'ose parfois poser à mes interlocuteurs africains, n'est pas comprise. Au Tchad, une ministre a répondu à mon interrogation par ces mots :

– C'est la Terre et la Lune !

Elle voulait dire que deux mondes éloignés dans l'espace, mais liés par le destin, parvenaient à se rencontrer grâce à des actions menées par des organisations comme la Chaîne de l'Espoir. Finalement, s'attaquer à ce qui est vécu comme irréversible peut ne pas être vain. Le refus de l'acceptation, moteur de mon engagement, est susceptible de donner de beaux fruits.

Pourtant, je ne suis pas encore arrivé à réaliser mon rêve : la construction d'un institut du cœur pour l'Afrique de l'Ouest, un institut panafricain. Le projet est sur ma table, mais il faut trouver l'argent et je me heurte à des réticences inébranlables. Certains donateurs n'hésitent pas à me dire :

– Tout, sauf l'Afrique !

Aujourd'hui, là-bas, les grands chantiers sont chinois. En effet, les techniciens de l'Empire du milieu développent la culture du riz, construisent des routes, des ponts, des hôpitaux. Parmi les médecins, on trouve aussi de nombreux Cubains venus apporter la bonne parole du Lider Maximo et gagner un peu plus qu'ils ne toucheraient chez eux. Dans cette conjoncture, la France perd sa place. Mes amis africains ne comprennent pas que je fasse un hôpital à Phnom Penh, un autre à Kaboul, et rien chez eux. Ils y voient comme une trahison. Mais je n'imagine pas, pour l'heure, une grande fortune hexagonale me donner pour l'Afrique dix millions d'euros, le prix d'un hôpital. J'ai envoyé un mot au président de la République, qui m'a conseillé de m'adresser à Xavier Darcos, ministre de la Coopération. Celui-ci m'a reçu fort civilement :

– Magnifique, professeur ! Un très beau projet. On voudrait vous aider... mais les caisses sont vides.

Il est vrai que les fonds destinés à l'Afrique sont, en grande partie, dévorés par la lutte contre le sida.

Malheureusement, sans aide financière, nous ne pouvons rien faire. La Chaîne de l'Espoir est totalement argent-dépendante, elle n'est pas riche et son honneur consiste seulement à équilibrer ses comptes en fin d'année.

Nous organisons régulièrement en France de belles soirées pour l'Afrique, des vedettes viennent chanter, le public se rend régulièrement à ces rendez-vous, mais nous ne parvenons pas à déclencher un véritable mouvement de solidarité. L'espoir peut venir du côté afro-américain ; on voit actuellement, outre-Atlantique, se mobiliser des basketteurs célèbres ou des vedettes de la chanson.

Chaque fois que je vais voir les gens des médias, ils m'écoutent poliment parler de l'Afrique... et me demandent si je n'ai pas autre chose à leur proposer ! Je voudrais participer à un reportage qui montrerait l'inverse de ce que l'on voit habituellement, un anti-reportage en quelque sorte ; j'y ferais découvrir une Afrique où l'on ne parlerait ni du sida, ni des luttes internes, ni de l'insécurité, ni de la corruption. On y verrait seulement des médecins de haut niveau, des étudiants enthousiastes et, même si elles sont trop rares, des réalisations qui durent.

– XXVII –

UNE PIERRE À KABOUL

Jadis, j'avais manqué ma première mission en Afghanistan. Pour cause de bourrasque et de froid, il m'avait fallu renoncer à jouer au *French Doctor* dans les montagnes enneigées. Plus de vingt ans après, l'Afghanistan se trouvait à nouveau au centre de mes préoccupations. Encore une fois, un indispensable grain de folie et un élan de générosité conduisaient à réaliser un projet délirant... Marine Jacquemin, grand reporter à TF1, et Muriel Robin étaient venues un soir de novembre 2001 dans les locaux de la Chaîne de l'Espoir pour nous inciter à lancer un grand projet pour Kaboul, libéré de la coupe des talibans : un hôpital pour la mère et l'enfant, tout simplement !

La connaissance de la situation sur le terrain, grâce à un récent voyage d'Éric Cheysson, constituait notre seule richesse.

– C'est le Moyen Âge, racontait Éric. Même le grand hôpital pédiatrique Indira-Gandhi manque de tout. Le célèbre hôpital Ali Abad n'est plus qu'un tas de ruines, après les combats des années quatre-vingt-dix.

Ce soir-là, nous avons rêvé à haute voix, nous avons divagué et déliré ensemble. Pour tous ceux qui ne vivent pas les yeux rivés sur les émissions de la prétendue téléréalité, l'Afghanistan revêt une charge symbolique exceptionnelle. C'est le pays des mythes et des légendes. Dans ce coin d'Asie sont passés Alexandre le Grand, Gengis Khan et les Mongols. Les tribus afghanes restent symbole de résistance, d'insoumission, de liberté. Elles ont repoussé les forces de l'Empire soviétique autant que celles, jadis, de l'Empire britannique. L'Afghanistan, c'est pour toute une génération, même pour ceux qui ne fumaient pas de joints, le royaume de l'imaginaire et du rêve, le but du voyage initiatique en 2-CV dont on rapportait des vestes en mouton retourné, des tapis et un regard illuminé par tant de souvenirs...

Ce pays était en guerre depuis près de vingt-cinq ans. C'est en Afghanistan qu'a eu lieu le dernier conflit ouvert de l'affrontement Est-Ouest, c'est en Afghanistan que l'Union soviétique a commencé de se déliter, dévoilant au grand jour la nature de son régime et l'intensité de ses contradictions. C'est en Afghanistan que le néofascisme islamisant, après avoir asservi, humilié et détruit le peuple afghan, a entamé sa guerre contre la liberté dans le monde. C'est en Afghanistan que les grandes puissances ont montré leur vrai visage, leurs réelles motivations : les Soviétiques dévastaient le pays au nom de l'expansion territoriale, les Américains pactisaient avec les talibans au nom de l'anticommunisme et de la rentabilité des gazoducs.

Il fallait agir pour l'Afghanistan ravagé. Nous avons décidé de créer « Enfants afghans », association qui incorporait Nilab, une chirurgienne afghane proche du commandant Massoud. Elle travaillait comme attachée à titre étranger à l'hôpital de Pontoise et, en un instant, elle devint la pierre angulaire du projet. L'accroche fut aussitôt trouvée, proposée par Françoise Monard, la grande prêtresse de la communication de la Chaîne de l'Espoir : « Un hôpital pour Kaboul. »

En quelques mois, tout s'enchaîna. Muriel Robin et Marine Jacquemin développèrent une énergie surhumaine pour trouver des alliés dans le monde de la finance et des médias. TF1 devint un partenaire actif, en particulier à travers l'engagement sans faille de Claire Chazal. Bouygues s'engagea à construire ce qui sera le premier chantier de Kaboul après la guerre. Nous avons obtenu l'appui de grands financiers mécènes et, dès la pose de la première pierre, l'Aga Khan s'intéressera au projet.

L'humanitaire moderne prenait une nouvelle forme, celle d'une vision, non pas de charité condescendante, mais de solidarité respectueuse, qui devait se traduire par des réalisations pratiques et ambitieuses nécessitant compétences et technologies. Notre message, celui de la Chaîne de l'Espoir, était simple et frappant : « Si on le veut, on le peut. » À condition, encore une fois, d'impliquer les multiples forces nécessaires.

*
* *

Au mois de mai 2003, je suis à Kaboul en délégation officielle – avec Bernadette Chirac – pour poser la première pierre de l'hôpital des enfants. La petite villa que nous habitons se trouve au matin cernée par une foule de gamins cardiaques. Le bouche à oreille a fonctionné et me force à improviser une consultation. Une mère a relevé sa bourka bleue... je découvre une femme envoûtante avec des traits fins et des yeux magnifiques. Elle nous amène son enfant comme une offrande désespérée. Avec son gros ventre, la petite Mansourah marche avec peine ; épuisée, elle n'arrive pas à parler.

Éric, très occupé par les dernières démarches officielles, se trouve dans la pièce voisine. Je l'appelle aussitôt :

– Il faut transporter la petite en France. Sinon nous ne la reverrons pas à notre prochain passage.

– Tu es fou, Alain ! Nous sommes une délégation officielle.

– Eh bien justement, cela devrait faciliter les démarches... et en plus j'ajoute la petite Leïla qui est aussi très mal.

Il faudra soumettre notre problème à Mme Chirac. En attendant, Éric et moi montons dans notre taxi jaune, pauvre carriole rafistolée, pour aller voir le ministre de la Santé, une femme général de l'armée, médecin et chirurgien.

J'observe discrètement Éric et, dans mon for intérieur, je m'amuse. Éric est tout à son affaire, pour une raison simple, c'est qu'il est quasi afghan ! Il continue de jouer son rôle d'homme responsable et détaché, un peu froid, comme imperméable aux émotions, mais je l'ai entendu parler, et je sais que l'Afghanistan est pour lui ce que l'Asie du Sud-Est est pour moi : une passion et un coup de foudre.

Nous avons tous un lieu qui représente notre autre chez nous ; ce peut être une région ou un pays, nous n'y avons a priori aucun lien et pourtant quelque chose d'inconnu fait que l'on s'y sent proche, que l'on s'y sent bien. Quelque part, c'est notre deuxième patrie.

En entendant Éric parler, j'ai su qu'il était afghan, même s'il garde un air indifférent... Et peut-être précisément parce qu'il conserve ce visage impassible, comme le font si bien les Afghans. Il m'a décrit l'aride beauté des montagnes, la complémentarité contrastée des cultures et des jardins où les roses parfumées sont douces comme la brise du soir, où les fruits dorés de vermeil, gorgés de saveur, font comme un îlot suave dans ces paysages grandioses. Sites éblouissants qui sans cesse rappellent la puissance de la nature et l'immanence des choses, la fragilité de l'homme et de ses créations éphémères. Éric a parlé du bouquet des plats, de cette cuisine afghane où se mêlent le raffinement de la Perse, l'exubérance de l'Inde, l'austérité des peuples du Nord. Quant à l'art afghan par excellence, l'art du tapis, il conjugue jusqu'au vertige simplicité et sensualité. J'ai compris l'Afghanistan en entendant Éric parler de sa fascination pour ces tapis d'un rouge profond comme une amitié sincère, dont les motifs géométriques, souvent simplement noirs, se répètent à l'infini. Le pays est à l'image de ces tapis, faits pour être regardés longtemps avant de laisser apparaître toute la densité de leur couleur, teinte qui change dans le temps, dans la lumière, quand la répétition obsessionnelle des ornements parle de la place de l'homme dans l'univers.

Éric est chez lui en Afghanistan, parfaitement à l'aise avec ces hommes farouches à l'honneur sourcilleux, avec ces femmes souvent si belles, au regard magnifique qui fait si bien comprendre que les yeux sont les fenêtres de l'âme.

Le soleil écrase tout par sa chaleur. L'air étouffant prend à la gorge, sensation en partie liée à l'altitude – Kaboul est à mille huit cents mètres – et en partie au niveau exceptionnel de pollution dégagée par les camions et les automobiles qui pétaradent et empestent l'atmosphère. La vie à Kaboul est intense : carrioles, charrettes à bras, troupeaux de buffles et de moutons, voitures officielles aux vitres teintées, camions pakistanais ornés de fétiches pour conjurer les mauvais esprits composent une noria interminable. Éric et moi sommes captivés par ce capharnaüm.

Arrêt au *check-point* devant le ministère de la Santé. Il est tenu par des Italiens avec leurs chapeaux à plumes. Tout est passé au crible. Un miroir inspecte les entrailles de notre pauvre taxi.

Nous parvenons devant la ministre, femme d'une grande dignité qui, en vertu de son grade dans l'armée, a pu oser refuser de porter le voile sous les talibans. Elle est entourée de ses conseillers qui transcrivent notre entretien sur de petits cahiers. Notre message est simple : l'hôpital pédiatrique de Kaboul va être bâti. Nous dévoilons les plans, décrivons les phases de la construction, définissons les équipements. Notre démonstration rencontre une certaine incrédulité... Mme la ministre et ses conseillers nous révèlent, un peu las, que le ministère est confronté à une foule de promesses de mirifiques dotations qui n'aboutissent jamais à rien de concret. La présence de la première dame de France et la cérémonie de la pose de la première pierre, prévue pour le lendemain, commencent tout de même à ébranler nos interlocuteurs.

Le terrain du futur hôpital se situe dans l'enceinte même de l'hôpital Ali Abad, l'ancien hôpital français. Pour la circonstance, les lieux sont cernés par des parachutistes français qui sécurisent la zone. Il faut montrer patte blanche pour pénétrer dans l'enceinte.

Les autorités afghanes sont là, autour de Mme Chirac. Martin Bouygues a pu atterrir le matin même, venant du Tadjikistan en *jet* privé. Le père Ceyrac est présent lui aussi, plus qu'ému car il sait que normalement il ne devrait pas se trouver là. Je l'ai presque fait sortir de force de l'hôpital Cochin, à Paris, où il venait de subir une opération. Il a encore son pansement à l'oreille droite. Mais il est avec nous, rayonnant. Malgré ses tennis trop grandes dépourvues de lacets, il a l'allure d'un prince. Autour du cou, il porte son éternelle écharpe, un *shatouch* d'une extraordinaire finesse, rebrodé par les femmes indiennes de bouquets tous différents, tous somptueux, si fins qu'ils tiendraient sur l'ongle du petit doigt. Cette écharpe, c'est la bannière de l'amour reçu et donné. La vigilance du père est toujours la même. Furieux, il note que l'ambassade n'a pas arboré le drapeau français ! Il est à la limite de ses légendaires colères :

– Ils ont honte, ou quoi ?

Non, c'est un simple oubli.

Cette première pierre du futur hôpital symbolise un peu la renaissance de ce pays après tant de souffrances. Moi, à la lumière des *Cavaliers* de Joseph Kessel ou du *Livre de la jungle* de Rudyard Kipling, j'y perçois plutôt une grande aventure moderne... Mais un proverbe afghan nous dit: «L'Afghanistan n'est que temps et poussière, les Afghans gardent le temps et les étrangers prennent la poussière.»

Pour arracher aux griffes d'une mort certaine deux enfants, Mansourah et Leïla, nous développons une belle énergie. Le père Ceyrac résume les choses:

– Cela donnerait un sens profond à notre déplacement.

J'emmène les enfants à l'hôpital de la Croix-Rouge, dernière visite de Mme Chirac. J'attire celle-ci dans un véritable piège:

– Madame, les deux fillettes, comme vous pouvez le voir, sont condamnées. Il faut les ramener avec nous.

Elle est bouleversée et silencieuse. Pragmatique, elle suspend sa visite pour faire venir un membre du cabinet de l'Élysée et l'ambassadeur de France. À ma stupéfaction, elle prend les choses totalement en charge.

– Je voudrais ramener avec nous ces deux enfants. Monsieur Deloche nous le demande. Pourriez-vous faire le nécessaire ? Ce n'est qu'une affaire de papiers !

Pourtant, ce n'est pas si simple. Obtenir en quelques heures un titre de voyage, un visa de sortie du territoire afghan et un visa d'entrée en France représente un véritable tour de force. Mais on y parvient, grâce à la volonté de la première dame de France.

En fin d'après-midi, nous voici sanglés sur les banquettes étroites et inconfortables du Transall de l'armée française. Nous avons tous revêtu un gilet pare-balles, sécurité oblige. Leïla s'assied sur son fauteuil. Mansourah est allongée sur un brancard, juste à mes pieds. Une infirmière militaire s'affaire auprès d'elle. Elle prépare l'oxygène car l'avion n'est pas pressurisé.

Hurlement des moteurs. On sent les vibrations et les tremblements de la carlingue. Il faut décoller quasiment à la verticale, pour déjouer les missiles qui pourraient être lancés par d'obscurs mouvements en lutte permanente contre le pouvoir.

Nous prenons vite de l'altitude. Mansourah respire mal. Son gros ventre la gêne terriblement quand elle est allongée, son visage est cyanosé. Je suggère une position demi-assise. Pour le reste, il faut prier. Par le hublot on aperçoit le coucher du soleil sur les montagnes de l'Himalaya. Des îles minérales incandescentes semblent émerger d'une mer de nuages diaprés.

Je serre la main de Mansourah. Elle me regarde de ses grands yeux noirs, presque implorante, peut-être interrogative. Je me surprends à lui caresser le front et les cheveux.

Puis c'est la descente vers Douchanbé, la capitale du Tadjikistan. Le tarmac est cerné d'immeubles gris et de montagnes pelées. Nous gagnons l'Airbus présidentiel et les deux petites patientes sont installées près des premières classes. Mansourah découvre les écouteurs, elle hoche la tête au rythme d'une musique qu'elle n'a jamais entendue.

Bernadette Chirac s'identifie totalement au projet de l'hôpital de Kaboul et, durant, le vol, m'interroge sur les suites :

– Bon, alors ? On n'a pas l'argent. Que peut-on faire ? Des conférences ?

– Oui, madame, on peut. Mais on obtiendra quoi ? Vingt mille euros ?

En fait, pour aller plus loin que la première pierre symbolique, il nous faut réunir la modique somme de dix millions d'euros. Cependant il faut progresser, avancer, foncer. Si l'on n'y croit pas soi-même, on ne parviendra jamais à convaincre les autres.

À l'arrivée à Roissy, tout est prêt pour recevoir les deux fillettes... Les familles d'accueil font connaissance avec elles. Mme Chirac découvre une France qui s'engage au nom d'une simple générosité, sans rien en retour. Pour le geste. Elle est émue et sait trouver le mot qu'il faut.

Mais place à la médecine. Une ambulance médicalisée nous attend. Nous avons refusé le Samu, hors de prix – plus de mille cinq cents euros pour un transport. Nicolas d'Attelis, anesthésiste-réanimateur de Georges-Pompidou, est là pour convoyer bénévolement les deux fillettes.

Nous arrivons à l'hôpital vers 1 heure du matin. Tout est calme en cette veille d'Ascension. Notre réanimation, en revanche, ressemble à une ruche. Trois heures plus tôt, le Samu, toutes sirènes hurlantes, a amené dans le service un petit garçon de l'hôpital Bicêtre. Quelques jours auparavant, Christian a fait une sorte de grippe... Puis tout a été très vite, une myocardite fulgurante a presque terrassé l'enfant. C'est une atteinte virale du muscle cardiaque qui aboutit à une insuffisance cardiaque ultime. Christian a fait plusieurs arrêts cardiaques, et c'est dans un état très précaire qu'il nous a été adressé pour implantation temporaire d'un cœur artificiel.

Jean-Michel Grinda, expert de la nouvelle chirurgie en ce domaine, est de garde. Je suis d'emblée plongé dans un débat qui réunit les anesthésistes, les réanimateurs et les cardiologues. L'échocardiogramme fait au lit de l'enfant se révèle impressionnant : le cœur ne se contracte plus, il est comme sidéré. Jean-Michel me demande mon avis.

– Écoutez, vu le tableau, c'est assez clair. La seule inconnue est l'éventuelle récupération qui, si elle survient, va se faire en deux semaines environ. Sinon, c'est la transplantation. Et la transplantation chez l'enfant, ce n'est pas le succès assuré.

Ce débat nocturne traite de la dernière avancée en chirurgie cardiaque. Le cœur artificiel, c'est-à-dire la suppléance totale, est aujourd'hui possible.

Au début du IIIe millénaire, l'homme se prend à rêver. Autour de la planète cœur gravitent les greffes cardiaques humaines, les greffes d'origine animale, les greffes de cellules qui reproduisent le muscle cardiaque ou encore le cœur artificiel totalement implantable. Pour l'heure, Christian doit être opéré en urgence pour être mis à l'abri de nouveaux arrêts cardiaques qui pourraient vite conduire à une mort certaine.

Le lendemain, le jeune malade ne survit que grâce à un double ventricule artificiel. Dans son lit de réanimation trop grand pour lui, il a l'air d'un petit ange blond.

C'est l'Ascension. L'établissement est désert. Une ambiance presque pesante, celle de l'hôpital public un jour férié. Il faut absolument s'occuper des deux petites Afghanes, qui ont passé une bonne nuit, mais impossible de trouver ici un cardiologue performant pour ce genre de pathologie chez l'enfant. Heureusement, Daniel Sidi fait sa visite à l'hôpital Necker et peut être joint rapidement. Professeur en cardiologie pédiatrique de renommée mondiale, vice-président de la Chaîne de l'Espoir, il vole comme d'habitude à mon secours. Il examine les enfants minutieusement, pose la sonde d'échographie cardiaque sur la frêle poitrine de Mansourah... En quelques minutes, son diagnostic tombe.

– Anomalie de naissance, communication interventriculaire, endocardite de la valve tricuspide. Place à la chirurgie d'urgence.

Les propos de Daniel sont impressionnants. Quelle expérience !

Nous opérons Mansourah en urgence. Tout est mis en branle pour aborder cette longue opération à cœur ouvert qui seule pourra sauver la petite. Dès son entrée au bloc opératoire, tout le personnel s'affaire autour d'elle. Elle est assise, ne pouvant s'allonger car elle a plus de quatre litres d'épanchement liquide dans l'abdomen. Diagnostic : une ascite d'origine cardiaque. Sa respiration se fait saccadée et superficielle. Tout en l'endormant avec d'infinies précautions, nous évacuons très progressivement son liquide abdominal. Et puis, le drame ! En ouvrant la cage thoracique, la scie électrique déchire l'oreillette droite trop volumineuse qui collait anormalement au sternum. Une hémorragie effrayante survient.

J'effectue le massage cardiaque d'un petit cœur vide dans un thorax plein de sang.

– L'électroencéphalogramme est plat, annonce le technicien.

C'est la mort du cerveau. Je me démène, la machine cœur-poumons artificiels est installée dans un délai record. En moi-même je me répète : « Il faut qu'elle vive, cette môme, il faut qu'elle vive... » Je sens que je me bats un peu contre l'opinion de l'entourage. Pour les membres de mon équipe, il est déjà trop tard. Je lance la consigne, décision de la dernière chance :

– Nous faisons la réparation cardiaque, on verra après !

Pour tout réparer, il faut plus de quatre heures. Vers 20 heures, c'est-à-dire douze heures après le début de l'opération, nous faisons le point : l'électroencéphalo est toujours plat, aucune activité du cerveau, mais le cœur et les reins fonctionnent. Danielle, l'anesthésiste, oriente la décision :

– On la met en réa. Avec les enfants, on ne sait jamais !

Je rentre chez moi, plutôt déprimé. De façon irrationnelle, je reste accroché au destin de cette petite Afghane. Le lendemain, vers 23 h 45, mon portable sonne.

– Allô, monsieur Deloche ? C'est Faziah. Je suis de garde en réanimation. Je voulais simplement vous dire que Mansourah vient d'ouvrir les yeux, je sais que cela vous tient à cœur.

– Merci, Faziah, merci de la nouvelle !

Une sorte de joie profonde me gagne. Après des heures de tension nerveuse, un soulagement extrême m'envahit. Je reste assis, immobile, me parlant à haute voix :

– Ce n'est pas possible, un miracle...

À quoi peut penser Mansourah en ouvrant ses grands yeux noirs en amande ? Aux belles montagnes de l'Hindikush qui bordent l'Afghanistan ? À son village, avec ses cultures étagées nourries par un système d'irrigation multiséculaire ? Pense-t-elle à sa mère et à sa petite sœur ? Dans la pénombre de la salle de réanimation, imagine-t-elle le ciel pur de la nuit afghane ?

*
* *

Dans une convergence mystérieuse, Christian, Mansourah et Leïla, tous trois opérés à cœur ouvert, résument un peu ma vie. Il y a trente ans, je côtoyais les pionniers de la chirurgie et de la greffe cardiaques. Aujourd'hui, responsable du pôle cardio-vasculaire de l'hôpital Georges-Pompidou, j'évolue dans un monde de technologie. Sans ces avancées, Mansourah, Leïla et Christian ne seraient plus parmi nous.

Vingt-cinq ans plus tôt, nous avions joué les ambulances dans un Afghanistan qui commençait à imploser, aventuriers d'une association humanitaire minuscule, Médecins du Monde. Aujourd'hui, dans un Afghanistan qui commence à se reconstruire après avoir été si longtemps une ligne de front, nous avons pris la tête d'un projet pour la construction d'un hôpital.

Il fallait que ces enfants survivent et que l'hôpital de Kaboul se construise. C'est maintenant chose faite. « Quand tu lances une pierre dans l'océan, c'est toute la mer qui s'en trouve changée », dit le père Ceyrac.

– Épilogue –

SUR LE CHEMIN DU FACE-À-FACE

– Ce serait une autobiographie ? Ce serait le livre d'un grand patron frôlant l'âge de la retraite ? Ce serait un ouvrage sur la réussite, facteur de gloire et source de puissance ? Ce serait une histoire de l'évolution de la chirurgie dans les quarante dernières années ? Ce serait une description des mutations de l'humanitaire ? Ce serait simplement un album de vie ou un roman véridique ?

Enveloppé de nuages diaprés et de volutes nacrées, chargé de brocart de soie, de pierreries et d'amulettes, émerge soudain le grand éléphant blanc. Il me toise de ses yeux blancs, m'interroge, m'incite à m'expliquer, m'engage à avancer sur le chemin du face-à-face. Je bredouille et je tâtonne.

– Ce serait autre chose... À travers un parcours de vie, une leçon que m'ont transmise d'autres éléphants blancs : tout est toujours possible, il suffit de le vouloir et de persévérer. L'éléphant blanc est porteur d'une sorte de magie qui révèle les trésors de compassion dont chacun de nous est dépositaire. Il faut seulement quitter les sentiers balisés des éléphants gris... Par une prédisposition peut-être, par mon métier sûrement, je me suis toujours senti à part.

– Tu imagines l'éléphant blanc supérieur aux autres ?

– Pas supérieur, simplement différent, un peu à côté. Il n'a aucune importance, et pourtant il est indispensable. Programmé par des liens génétiques mystérieux, il a du mal à rester dans le troupeau. Quant au chirurgien que je suis, par le contact avec les secrets de la vie, par l'angoisse de la mort qui le taraude, il éprouve quelques difficultés à entrer de plain-pied dans la société. Dans la cathédrale technologique de l'hôpital public, j'ai usé ma jeunesse, j'ai déposé mes espoirs, j'ai nourri mes enthousiasmes, j'ai enfoui mes incertitudes. J'ai préféré faire, faire pour exister, pour sortir du néant qui m'habitait. Il m'a fallu, lentement, emprunter un parcours initiatique, gravir les pans de la montagne médicale, rêvant d'atteindre un jour les sommets. Pour étancher sa soif rien ne sert de rêver de boire, il faut prendre le chemin et aller à la source. J'ai tailladé les corps pour voir, comprendre et savoir. J'ai fouillé les cœurs pour débusquer la mort et rendre la vie. Et puis, quand le geste technique ne m'a plus suffi, quand il a fallu que je pénètre les tréfonds de l'âme humaine, quand le cœur m'a paru autre chose qu'un muscle fait de quatre soupapes, je me suis échappé ailleurs.

L'éléphant blanc brandit sa trompe vers un soleil jaune aux rayons dessinés par la main d'un enfant. Il veut en savoir plus...

– Et qu'as-tu trouvé, sur tes routes escarpées ?

– La détresse des hommes, la misère des hommes et, pire, le malheur des hommes par les hommes. Mais c'est l'Asie bouddhiste qui m'a changé. Là-bas, le sens de la culpabilité qui a bercé mon enfance calviniste n'existe pas, et je me libère d'une partie de mon angoisse. Je suis passé de la culpabilité à la responsabilité : la terrible prédestination de la grâce a fait place en moi à la certitude rassurante de la perfectibilité humaine par la compassion, la droiture et l'éveil. Les anxieux devraient partir se ressourcer en Asie bouddhiste. L'angoisse de mort n'atteint pas cette partie de la planète, la mort s'apprend comme un élément de la vie. On y rencontre la paix, la paix avec soi-même, la paix avec ses proches. Car si je ne fais pas la paix avec moi-même, comment puis-je faire la paix avec mon prochain et mon lointain ? C'est la théorie des cercles... Je suis le premier cercle. La famille au sens large représente le deuxième, puis viennent le village, le pays, l'univers... Cela me plaît et me convient. Je pense, en effet, que l'on doit se montrer soucieux de tout ce qui se passe dans le cercle. Si un enfant est menacé de mort, je suis concerné puisqu'il se situe dans le cercle. Ainsi, les éléphants blancs, ceux qui construisent et avancent sans tomber, trouvent leur place en Asie. Ils sont vénérés et écoutés.

L'éléphant secoue ses clochettes d'or. Il ricane et me lance :

– L'éléphant blanc n'existe que dans le regard des autres. S'il n'y a pas une grand-mère ou un parent pour le reconnaître, peut-être serait-il un éléphant gris, seulement un peu plus malheureux que les autres.

– Mais alors l'éléphant blanc existe-t-il, oui ou non ?

– En Inde, on te répondrait : « Dieu existe, c'est une certitude ; mais toi, existes-tu vraiment ? » Nous, les pachydermes sacrés, avons-nous encore notre chance ? Maintenant, les éléphants blancs, on les met au zoo. Triste fin. La société change, même la médecine entre dans une crise existentielle ou plus exactement dans une crise identitaire. La manière de nous percevoir a évolué, nous ne sommes plus sacralisés...

J'interromps son barrissement maussade.

– Mais tu viendras à notre secours !

Je ne sais pas si les éléphants savent rire. Celui-là, en tout cas, se fait caustique et railleur.

– Dans un univers standardisé, on n'a besoin que d'éléphants gris. À l'heure actuelle, j'aurais peur pour l'avenir d'un éléphant blanc entrant en médecine. Trouverait-il sa place dans l'humanitaire du XXIe siècle où tout est hiérarchisé, organisé, prédigéré ? Peut-on encore rêver ou innover ? L'aventure est-elle encore même imaginable ? J'ai encore plus peur des icônes modernes et des veaux d'or.

Mon éléphant blanc m'assène ses vérités de vieux sage pessimiste. J'essaie de lui indiquer une voie plus encourageante, je me surprends à hausser le ton...

– Des éléphants blancs, il y en a toujours eu, il y en aura toujours ! Ils ne seront peut-être plus chirurgiens, mais astronautes, ébénistes, informaticiens, que sais-je ? Il n'y aura jamais d'élevage d'éléphants blancs, pourtant partout, en Chine, au Burkina Faso, à Knokke-le-Zoute, à Saint-Jean-les-Flots grandissent en ce moment même des éléphants blancs. Il faut souhaiter qu'ils puissent croiser sur leur route des âmes assez généreuses, assez éloignées des préjugés pour les reconnaître et les aider à grandir sans gommer leurs différences...

Soudain, l'image se trouble, une forme semble s'approcher de moi et je crois voir maintenant comme dans un miroir le merveilleux sourire de ma grand-mère. Mon éléphant blanc s'évapore dans les nuages, encore présent et déjà incertain. J'essaie de lui proclamer un message de vie :

– Moi, chirurgien, je suis un homme de l'avoir et du faire, fidèle à la tradition occidentale. L'avoir et le faire sont sources de nécessaires progrès, mais il y a autre chose... Si je suis plus que ce que je fais, si une goutte d'eau jetée dans la mer n'est pas vaine, alors je deviens, à l'asiatique, un homme de l'être et l'amour. Oui, le monde a changé, et nous l'avons fait changer. Ainsi s'éclaire peut-être le parcours d'une existence.

– *Fasten seat belt...* (Attachez vos ceintures...)

La voix crachote ses ordres, mon éléphant blanc se dissout tout à fait dans les nuages. Je me réveille. L'avion amorce sa descente. Dans quelques heures, nous inaugurerons l'hôpital des enfants de Kaboul. Les doutes et les angoisses se taisent. Demain, je retrouverai mes craintes intactes et mes questions sans réponses. Demain, je repartirai sur les routes pour croiser d'autres éléphants blancs et rêver avec eux.

– REMERCIEMENTS –

Comment terminer sans remercier celles et ceux qui m'ont aidé et soutenu dans le long cheminement qu'ont représenté l'élaboration et la rédaction de ce livre ?

Merci à Jean-Luc Azoulay, Dominique Cantien et Franz-Olivier Giesbert pour m'avoir incité à écrire cet ouvrage et m'avoir épaulé dans sa conception.

Merci à Chantal Allermoz, Christine Couton, Hélène Tétard qui, toujours souriantes, ont déchiffré mes versions successives tout en supportant mes hésitations et mes doutes.

Merci à Michel Cymès, Charlotte Fafart, Danièle Kimon, Antoine Lafon, Françoise Monard, Paul Nahon, Marie-Hélène Puchaud, Olivier Tarragano, Antoine Vaccaro pour avoir relu avec attention le manuscrit et m'avoir fait bénéficier de leur talent.

Merci à Mme Chauvaud, Pascal Deloche, Bernard Fau, Raphaël Gaillarde, Marc Garanger, Bernard Matussière pour les photos qui retracent un parcours.

– TABLE DES MATIÈRES –

La Chaîne de l'Espoir
96, rue Didot
75014 Paris

CCP 3703700 B La Source
Site Internet : www.chainedelespoir.org

Crédits photographiques

Pascal Deloche/Godong : pp. 2 (haut droit), 3 (haut), 4 (haut gauche, bas), 5 (bas).
Bernard Matussière : pp. 6 (centre et bas), 7 (bas gauche).
Bruno Delamain : p. 3 (centre).
Raphaël Gaillarde/Gamma : p. 6 (haut gauche).
Marc Garanger : p. 7 (haut gauche).
Autres photos : droits réservés.

Direction littéraire
Huguette Maure

assistée de
Maggy Noël

Composition DV Arts Graphiques
28630 Nogent-le-Phaye

Impression réalisée sur CAMERON par

BRODARD & TAUPIN
GROUPE CPI

La Flèche

pour le compte des Éditions Michel Lafon
en décembre 2005

Imprimé en France
Dépôt légal : décembre 2005
N° d'impression : 33234
ISBN : 2-7499-0254-1
LAF : 709